H. Jäger

Der Obstbau

Anleitung zur Anlage von Obstgärten und Baumgütern

H. Jäger

Der Obstbau
Anleitung zur Anlage von Obstgärten und Baumgütern

ISBN/EAN: 9783743300880

Hergestellt in Europa, USA, Kanada, Australien, Japan

Cover: Foto ©Andreas Hilbeck / pixelio.de

Manufactured and distributed by brebook publishing software (www.brebook.com)

H. Jäger

Der Obstbau

Der Obstbau.

Anleitung zur Anlage von Obstgärten und Baumgütern zur Kultur der Obstbäume und Sträucher jeder Art Behandlung der Baumkrankheiten;

sowie zur

Aufbewahrung, Versendung, Verwerthung u. Verwendung des Obstes.

Für Land- und Gartenbesitzer, Gärtner und Obstfreunde.

Mit Benutzung der besten und neuesten Quellen bearbeitet

von

H. Jäger,

Großherzogl. Sächs. Hofgärtner und Inspector von Gemeindebaumschulen rc.

Mit 49 in den Text gedruckten Abbildungen, sowie einem Verzeichniß der bekanntesten Obstbaumschulen Deutschlands und der angrenzenden Gegenden des Auslandes.

Leipzig,

Verlag von Otto Spamer.

1856.

Zu haben bei C. Witter in St. Louis.

Der

praktische Obstgärtner.

in drei Bänden.

---

1. Die Baumschule. — 2. Der Obstbau.

3. Der Obstbaumschnitt.

Vorwort.

Mit diesem zweiten Bande der „Illustrirten Bibliothek des landwirthschaftlichen Gärtenbaues“, welcher den gesammten Obstbau enthält, ist die Obstbaumzucht im weitesten Sinne nun vollständig, da der erschienene dritte Band den Obstbaumschnitt, die wissenschaftliche und künstliche Behandlung der Obstbäume enthält. Beide Bände, der zweite und dritte, obschon selbstständig, ergänzen sich einander, und bilden dadurch eine vollständige Anleitung zur Obstkultur im Großen und Kleinen, auf einfache natürliche und künstliche Weise. Während der zweite Band für denjenigen ausreicht, der die Grundregeln eines nutzbringenden und angenehmen Obstbaues unter allen Verhältnissen kennen lernen will, ist der dritte für die nach höheren Kenntnissen Strebenden unentbehrlich. Obschon auch der völlig Unwissende diese Schrift zur Erwerbung der nothwendigsten

Vorkenntnisse mit Nutzen gebrauchen wird, so habe ich doch alles, was man in jedem einigermaßen gutem Fachbuche findet, kürzer behandelt, und mich nicht bei der Beschreibung von Arbeiten und Verrichtungen aufgehalten, die man eigentlich doch nur praktisch lernen kann; auch konnte ich dies um so mehr, da es zahlreiche, zum Theil sehr gute Elementarbücher giebt. Desto mehr konnte ich Neues und noch wenig Bekanntes aufnehmen, um die nicht mehr auf den untersten Stufen stehenden Obstzüchter der Vollkommenheit näher zu führen. Ich habe mit Absicht nichts versäumt, was dem deutschen Obstzüchter, der über den gewöhnlichen herkömmlichen Gebrauch gehen will, von Nutzen sein kann, und mich der undankbaren, Zeit raubenden Mühe unterzogen, eine Menge von Zeitschriften, Vereinsschriften und Werke durchzusuchen, um die darin zerstreuten Goldkörner zu finden, eine Arbeit, die, obschon von Manchen als „Büchermacherei“ angesehen, nicht so leicht und angenehm ist, wie man vielleicht denkt, wenigstens nicht für den Schriftsteller, der es gewissenhaft nimmt. Daß ich bei diesem Suchen und Streben nach Vollkommenheit den französischen Betrieb des Obstbaues voranstellte, wird mir Niemand verdenken, der den französischen Obstbau aus eigener Anschauung kennt. Es wird noch lange Zeit vergehen, ehe bei uns die Landleute die Märkte mit solchen Früchten versehen, wie man es in Frankreich gewöhnt ist. Deswegen habe ich aber die hohe Stufe, welche der Obstbau hie und da in Deutschland häufig einnimmt, und die Verdienste unserer Landsleute keineswegs verkannt, wie man aus den zahlreichen Anführungen deutscher Quellen sehen kann. Ich habe sogar aus Achtung vor den deutschen Kenntnissen die Herausgabe dieses Bändchens absichtlich so lange verzögert, bis mir wenigstens ein Jahrgang der vortrefflichen „Monatsschrift für Pomologie und praktischen Obstbau" von Oberdieck und Lucas, welche einen wahren Schatz von Kenntnissen enthält, vorlag, und habe ich dieselbe bis zu diesem Augenblick fleißig benutzt.

Zur Bequemlichkeit des Nachschlagens dient das sehr ausführliche Inhaltsverzeichniß, welches nicht nur die Ueberschriften der Abschnitte, Abtheilungen u. s. w. enthält, sondern den Inhalt so vollständig als möglich andeutet, und wie jene so bequemen, früher allgemeinen und auch neuerdings wieder eingeführten Randbemerkungen über den Inhalt zu gebrauchen ist. Der angedeutete Inhalt bezieht sich stets auf die Sätze von einer vorgedruckten Nummer zur andern. — Die beigegebenen Abbildungen dienen entweder zur nothwendigen Erläuterung, oder sie stellen Werkzeuge und Hilfsmittel dar. Unter den letzteren hat man jetzt eine ungeheure Menge erfunden, von denen jedoch die wenigsten gebraucht werden, weil sie entweder entbehrlich oder unpraktisch sind. Von diesen habe ch absichtlich keine Abbildungen aufgenommen, und nicht blos auf Neuheit, sondern mehr auf Zweckmäßigkeit gesehen.

Wie wichtig der Obstbau für den Einzelnen und ganze Gegenden werden kann, habe ich in der Einleitung angedeutet. Möge diese Schrift dazu beitragen, denselben zum Wohle des Volkes noch mehr zu heben; und auch dieser Band sich einer so guten Aufnahme zu erfreuen haben, als die beiden andern Bände der ersten Abtheilung dieser illustrirten Bibliothek des landwirthschaftlichen Gartenbaues. — Die Verlagshandlung hat die vollendeten drei ersten Bände unter dem Titel: der praktische Obstgärtner in einem elegant gebundenen Bande vereinigt und ist in Stand gesetzt, die nächstfolgende Abtheilung „den praktischen Gemüsegärtner", in drei Bändchen, den Freunden des Gartenbaues noch bis zum Schlusse dieses Jahres zu liefern.

Der Verfasser.

☞ Man bittet, das Druckfehlerverzeichniß nicht zu übersehen, weil sonst Mißverständnisse entstehen könnten.

Inhalt.

Der Obstbau.

Einleitung.

Erster Abschnitt.

Allgemeine Bemerkungen über Lage, Boden und Wasser.

Zweiter Abschnitt.

Wahl und Vertheilung der Obstarten und Sorten in verschiedenen Lagen und zu gewissen Zwecken.

Dritter Abschnitt.

Werkzeuge und Hilfsmittel.

Vierter Abschnitt.

Einrichtung der verschiedenen Arten von Obstgärten und Pflanzungen.

Fünfter Abschnitt.

Vorbereitung zu den Pflanzungen. Beschaffung der Bäume und nöthige Vorsichtsmaßregeln.

Sechster Abschnitt.

Das Pflanzen und die damit verbundenen Verrichtungen.

Siebenter Abschnitt.

Behandlung der gepflanzten Bäume und Sträucher in den ersten Jahren.

Achter Abschnitt.

Pflege der tragbaren Obstbäume und Sträucher und Unterhaltung der ganzen Pflanzungen.

Neunter Abschnitt.

Krankheiten und Feinde der Obstbäume. Mittel dagegen.

Zehnter Abschnitt.

Abnehmen, Aufbewahrung, Versendung und Benutzung des Obstes.

Elfter Abschnitt.

Kultureigenthümlichkeiten der einzelnen Obstarten.

Zwölfter Abschnitt.

Pflege der Obstpflanzungen durch Baumwärter.

Druckfehler.

Seite	6	Zeile	4	von	oben	lies: Birnen statt Birn.
„	11	„	1	„	unten	„ Getreide statt Geireide.
„	28	„	2	„	„	„ Zällinger statt Zellinger.
„	30	„	17	„	oben	„ Diapree statt Diapren.
„	30	„	4	„	unten	„ Robe de Sergant statt Robe, de Sergant.
„	32	„	12	„	„	„ Leberrother Himbeerapfel statt Leberrother, Himbeerapfel.
„	33	„	3	„	„	„ Wintergoldparmäne statt Wintergoldgermäne.
„	35	„	16	„	oben	„ Herbstreinette statt Herhstreinette.
„	38	„	3	„	unten	„ Colmar statt Colmer
„	39	„	5	„	oben	„ Brumbirne statt Brunebirne.
„	39	„	10	„	„	„ Schweizerbergamotte statt Schweizerpergamotte.
„	43	„	7	„	unten	„ Herrenhäuser deutscher Pepping statt Herrenhäuser, Deutscher P.
„	44	„	15	„	„	„ Coloma's statt Colema's.
„	52	„	9	„	oben	„ Fig. 7 statt Fig. 8.
„	55	„	2	„	„	„ Baumscharre statt Baumscheere.
„	60	„	8	„	„	„ 38 statt 40.
„	80	„	2 u. 3	„	„	„ Futterpflanzen statt Futter bepflanzen.
„	92	„	2	„	„	„ Punkten statt Punkte.
„	95	„	11	„	„	„ Ausroden statt Ausrotten.
„	117	„	15	„	„	„ Bäumen statt Bäume.
„	118	„	2	„	unten	„ an statt von.
„	135	„	2	„	oben	„ woran statt wovon.
„	144	„	1	„	unten	„ Herbst statt Herast.
„	149	„	5, 6, 8	„	„	„ Chlorcalcium statt Chlorkalk.
„	156	„	18	„	„	„ Stelle statt Stile.
„	161	„	5	„	oben	„ selten statt seltene.
„	161	„	5	„	unten	„ Api le gros statt Apile gros.
„	163	„	2	„	„	„ milde statt wilde.
„	165	„	12	„	oben	„ teich statt früh.
„	182	„	14u.15	„	„	„ Collodium statt Collodeum.
„	185	„	8	„	unten	„ alt statt all.
„	191	„	1	„	oben	„ Weinstock st. Weinston.
„	198	„	14	„	„	„ auf statt auf.

Der Obstbau.

Einleitung.

1. Unter Obst begreifen wir im weiteren Sinne: alle Früchte, die reif ohne weitere Zubereitung als Nahrungsmittel dienen. Demnach gehören auch Erdbeeren, Melonen u. s. w. zum Obst. Im engeren Sinne verstehen wir unter Obst jedoch nur die Früchte holzartiger Pflanzen, und nur von diesen wird hier die Rede sein.

Der allgemeine Gebrauch unterscheidet: 1) Kernobst, wozu Aepfel, Birnen, Quitten, Mispeln, Hagebuttenbirn (Pyrus Pollveria), Speierlinge oder Escheritzen, (Sorbus domestica), Azerolen (Crataegus Azerolus), Els- oder Elzebeeren (Darmbeeren Crataegus v. Pyrus torminalis) und die Schneebirne (Pyrus nivalis) gehören; 2) Steinobst, nämlich: Kirschen, Pflaumen, Pfirsiche, Aprikosen, Mandeln und Corneliuskirschen oder Herlitzen; 3) Schalen- oder Kapselobst: Wallnüsse oder welsche Nüsse, Haselnüsse, Maronen oder eßbare Kastanien; 4) endlich Beerenobst, welches Weintrauben, Stachelbeeren, Johannisbeeren, Brombeeren, Maulbeeren, Feigen, Dattelpflaumen oder Persimonen (Diospyros), Berberitzen, Rosenäpfel, Hollunderbeeren und Heidelbeeren in sich begreift. Feigen, Maulbeeren, Himbeeren, Brombeeren und Rosenäpfel gehören streng genommen nicht unter die Beeren und müßten besonders aufgestellt werden. Es kommt jedoch hier nicht auf botanische oder pomologische Genauigkeit, sondern auf Sprachgebrauch an.

Ich brauche wohl nicht zu erwähnen, daß hier nur die in Deutschland und der Schweiz kultivirten und in gleichem Klima zu ziehenden Obstarten genannt werden, denn südlichere Gegenden haben noch verschiedene andere Arten. Ich hätte sogar mit gutem Rechte die Orange,

Citrone, die Granate, den Oelbaum (Olive), die indianische Feige (Cactus Opuntia) und die eßbare Pistazie (Pistacia vera) hierher zählen können, denn im südlichen Tyrol werden Citronen, Orangen und andere Hesperidische Früchte unter Bedeckung des Obstgewinnes wegen im freien Lande gezogen, die Granate wächst dort wild und reift bei guter Kultur ihre prächtige Frucht; der Oelbaum ist am Gardasee im Großen und bis Trient hinauf noch in Gärten angebaut: die Indianische Feige wächst bei Botzen häufig wild, und die Pistazie würde auf Pistacia Terebinthus, die ebenfalls bei Botzen wild wächst, veredelt, sich im südlichsten Oesterreichischen Deutschland sehr gut anbauen lassen. An das südliche Ilyrien mit der Umgebung von Triest habe ich dabei gar noch nicht gedacht, und es kann diese Gegend, obschon politisch zu Deutschland gehörend, nicht in den deutschen Obstbaubezirk gezogen werden.

2. Etwas zu Gunsten des Obstbaues zu sagen, seinen Nutzen und Gewinn hervorzuheben, möchte fast überflüssig erscheinen, denn wer in einer Gegend wohnt, wo der Obstbau im Großen betrieben wird, oder auch nur, wo es wohlgepflegte Obstgärten giebt, ja, wer nur solche Gegenden gesehen hat, ist sicher von dem außerordentlichen Nutzen und der großen Annehmlichkeit des Obstbaues überzeugt und der viel Obst bauende Landbewohner kann sich gar nicht denken, wie man ohne Obst und Obstverkauf bestehen könne. Leider giebt es aber noch immer viele Ortschaften, ja ganze Gegenden, wo der Obstbau gar nicht oder äußerst lässig betrieben wird, es giebt immer noch viele Leute, denen das Obst als ein überflüssiger Luxus, als bloßes Naschwerk erscheint. An diese will ich einige Worte zur Aufklärung richten.

Das Obst ist bekanntlich im reifen Zustande frisch genossen ein sehr gesundes und für einen gesunden Magen leicht verdauliches Nahrungsmittel; gekocht, getrocknet, oder auf andere Weise zubereitet aber auch den Schwachen und Kranken sehr zuträglich und oft ein wahres Labsal. Man hat sogar viele Fälle, daß sich Kranke nur mit Obst wiederhergestellt haben. Sollte auch mancher Hausvater wenig Werth auf den Genuß von Obst legen, so thun das ihm doch gewiß die jungen Familienglieder nicht nach und halten sich wacker an das Obst. Es wird darum das Obst wesentlich zur Verringerung der häuslichen Ausgaben beitragen. In der That wird durch Obst viel an anderen

Nahrungsmitteln gespart, selbst wenn es frisch gegessen wird, was man am ersten in solchen Jahren spürt, wo es kein Obst giebt. Eine reichliche oder mangelnde Obsternte kann sogar auf die Getreidepreise Einfluß üben, wie wir es in den letzten zehn Jahren mehrmals erfahren haben. Genügsam erzogene Kinder fühlen sich glücklich, Obst frisch oder zubereitet zu ihrem Brode zu bekommen, und somit werden andere Zuthaten rein erspart. Wo man viel Obst hat und es zu verwenden versteht, bringt es im Haushalte als Welkobst, Syrup, Muß oder Latwerge, eingemacht, als Wein, Branntwein u. s. w., abgesehen vom Verkauf, noch ungleich größeren Nutzen. Einen weiteren Nutzen gewährt das aus großen Obstbäumen gewonnene Holz. Wo es viele Obstbäume giebt, ist meist der Wald nicht häufig und daher die Feuerung theurer. Da nun Obstbäume alljährlich ausgeputzt werden müssen, um dürres und überflüssiges Holz zu beseitigen, endlich im höheren Alter ganz abgeschlagen werden, so tritt eine fortwährende Holznutzung ein, die gar nicht so gering anzuschlagen ist. Außerdem liefern gesunde Wallnuß-, Kirschen-, selbst Zwetschen-, Birn- und Apfelstämme ein gutes gesuchtes Nutzholz. Zwanzig schöne Nußstämme haben nach Gasparin gegenwärtig einen Holzwerth von 3000 Franken. Dieselben haben auf einem Hectare (= 3,^{9182296} preuß. Morgen) Land genügend Raum, ohne die Bodenbenutzung sehr zu schmälern, wachsen aber auch auf Stellen, wo gar kein Feldbau möglich ist, wodurch solches, sonst als untauglich betrachtete Land einen Werth des besten Ackerlandes erhält.

Wo Obst im Großen gebaut wird, also mehr, als die Haushaltungen brauchen, da wird es ein sehr einträglicher Verkaufsgegenstand. Ich kenne Fälle genug, wo in der Nähe von Städten kleine Bauern und Tagelöhner, die nur einige Obstbäume besitzen, aus dem Marktverkauf so viel erlösen, daß sie sich das Winterholz dafür anschaffen konnten. Da sie sonst weder Getreide noch sonst ein landwirthschaftliches Produkt zu verkaufen haben, so müßten sie dieses Geld von ihrem kümmerlichen Verdienste ersparen. Hat man größere Obstgärten, so wird der Handel und Gewinn bedeutend, und dieser Gewinn ist fast reine Einnahme so lange durch die Obstpflanzung die Bodenbenutzung nicht verringert wird; denn die Arbeit, welche die Pflege gewöhnlicher Obstbäume macht, wird durch den Holzgewinn und Selbstverbrauch bezahlt gemacht. Leider fehlt es sehr an statistischen Angaben über den Werth der Obstpflanzen und die daraus erzielten Einnahmen, doch lassen sich aus der Einnahme einzelner Orte leicht Schlüsse ziehen. So werden z. B. bei Jena in guten Jahren für beiläufig 400,000 Thaler getrocknete Pflaumen (Zwetschen) und für 10—12,000 Thaler Wallnüsse gezogen, welche sämmtlich im Saalthale im Umkreise von wenig Stunden wachsen. Wie viele Bedürfnisse können durch diese Summen befriedigt und wie viel Annehmlichkeiten müßten ohne dieselben entbehrt werden. Dabei sind außer den Grasgärten meistens nur Wege und Raine, selten Felder bepflanzt. Im Jahre 1854 wurden auf den Märkten zu Eisenach wöchentlich durchschnittlich 1200 Körbe frische Zwetschen verkauft, die während der ganzen Verkaufszeit einen Gesammtwerth von 8000—10,000 Thaler haben mochten. Ich bemerke dabei, daß diese Gegend durchaus nicht obstreich und wenig günstig für den Obstbau ist.

Ich wähle hier als Beispiel absichtlich eine Gegend aus Mitteldeutschland und ferne von großen Städten, während am Rhein und in Süddeutschland der Obstbau noch viel bedeutender und vollkommener ist und noch ganz andere Summen abwirft. Selbst in der Nähe von Berlin, in dem unfruchtbaren Sandboden der Mark und bei Hamburg nähren sich mehrere Ortschaften fast ausschließlich vom Obstbau. Noch auffallendere Beispiele giebt es in Frankreich, wo z. B. der kleine Ort Triel an der Seine jährlich für Aprikosen 8—10,000 Franken, Thomery noch viel mehr für Weintrauben und Montreuil allein vielleicht 100,000 Franken jährlich für Pfirsiche einnimmt. Die Wallnußbäume Frankreichs liefern nach Gasparin's Angabe ungefähr die Hälfte des im ganzen Reiche verbrauchten Speise- und Maschinenöls. Welche ungeheure Summe mag daher der Werth dieser Pflanzungen betragen. Im Jahre 1852 wurden in manchem Thüringer Dorfe für 100—150 Thaler Haselnüsse in den Wäldern und Hecken gesammelt und verkauft. Wären es große Zellernüsse gewesen, die ebenfalls auf unfruchtbaren Bergen stehen können, so konnte man für 300 Thaler verkaufen. Franken giebt davon ein Beispiel, was der Anbau von großfrüchtigen Haselnüssen einbringt. Der kleine Ort Ostheim vor der Rhön zieht aus dem Verkaufe der bekannten Ostheimer Zwergweichseln und der Kirschen eine bedeutende Einnahme und zwar fast ohne alle Mühe; denn diese Weichseln wachsen dort fast verwildert auf kahlen, sonst unbrauchbaren Anhöhen. Der Werth dieser Pflanzungen ließe sich leicht verdreifachen, wenn man sich mehr Mühe mit der Kultur geben wollte. Ebenso giebt es an der untern Werra in der Gegend von Wanfried und Treffurt ganze Ortschaften, die sich fast nur vom Obstbau, hauptsächlich vom Kirschbau nähren. Die Gegend von Witzenhausen an der Werra, welche auch Wein und Aprikosen baut, schlägt den Ertrag auf 30—40,000 Thaler jährlich an. In dem nördlichen und mittleren Deutschland, wo der Weinbau im Großen nicht gut möglich oder lohnend ist, bringt mancher Weinstock am Hause bei guter Behandlung 5—6 Thaler jährlich ein, und in Baden und andern Rheinländern macht mancher Hausbesitzer von den an Häusern und Lauben, (also an Orten, die sonst nichts einbringen) gezogenen Reben, ohne einen Weinberg zu besitzen, 8—10 Ohm Wein. Von einer sehr ergiebigen Weinsorte, dem Gänsefüßer, gewinnt man, nach Herrn Bronners Angabe, in seiner Umgegend zuweilen von einem Rebstocke 4—5 Ohm rothen Wein. Südtyrol bezieht aus Bayern ungeheuere Summen für Obst jeder Art, besonders für Aepfel, Pfirsiche und Weintrauben. Hierbei stehen sich nicht allein die Verkäufer gut, sondern es nähren sich dabei auch noch viele Familien als Zwischenhändler. Noch lebhafter und großartiger ist der Handel mit frischem Obst, besonders mit Aepfeln, aus den Ost- und Nordseehäfen nach Scandinavien und Rußland, wohl auch nach Großbritannien. Bekannt ist der hohe Preis, welcher für feines Welkobst, besonders für Prünellen und feinere Pflaumen bezahlt wird, und daß diese in allen guten Lagen auch in Deutschland zu ziehen sind, beweisen die fränkischen und rheinischen Prünellen, welche ersteren meistens von einer grünen Zwetsche, letztere aber von Mirabellen gemacht werden. Wo man genug Obst baut, um daraus Obstwein (Cyder), Essig und Branntwein bereiten zu können, tritt eine neue Erwerbsquelle, eine neue Annehmlichkeit des Lebens hervor. Wir brauchen die Normandie nicht als Beispiel einer Obstweingegend, denn auch in Deutschland nimmt die Obstweinbereitung und dessen Verbrauch immer mehr und mehr zu und wird sich noch allgemeiner verbreiten, wenn erst Gall's Entsäuerungsverfahren durch Wasser- und gleichzeitigen Zuckerzusatz mehr bekannt sein wird. Schon ist der so gesunde Obstweingenuß aus den Rheinlanden und Schwaben nach Mitteldeutschland vorgedrungen, selbst Berlin verbraucht gegenwärtig aus Gesundheitsrücksichten große Massen von Apfelwein, die aus Frankfurt a. M. und Thürigen eingeführt werden. Selbst wenn der

Obstwein im Hause verbraucht wird, ist er von hohem Werth; denn dann wird um so weniger Bier und Branntwein getrunken. Minder wichtig als Handelsartikel ist der Obstessig, den man besonders aus Birn ausgezeichnet gewinnt, weil er mit dem auf chemischem Wege künstlich hergestellten nicht so gesunden Essig im Preise nicht concurriren kann. Er wird jedoch in vielen Familien sehr gesucht, den Landleuten gern abgekauft, und fast noch einmal so theuer als Fabrikatsessig, wohl auch häufig von den Kaufleuten als Weinessig verkauft. Je häufiger das Obst wird, desto mehr wird man es zur Branntweinbereitung benutzen. Bisher sind unsere Steuereinrichtungen und Brennereien, die nur auf Kartoffel und Korn mit damit verbundener Viehmast eingerichtet waren, ein Hinderniß des Branntweinbrennens aus Obst gewesen. Seitdem aber die Kartoffelbrennerei fast ganz aufgehört hat, und die Branntweinbereitung aus Korn wegen Fruchtmangel sehr vermindert worden ist, wird man hoffentlich das Beispiel der Schweizer, Tyroler, Ungarn u. s. w. nachahmen und aus Kirschen, Zwetschen und Kernobst häufiger Branntwein brennen. Es handelt sich nur um gehörige Regelung der Versteuerung, die dem Brennen in kleineren Parthien hinderlich ist. In der Schweiz ist der Gewinn vom sogenannten Kirschwasser (Kirschbranntwein), wovon in Deutschland die Maßflasche mit $1\frac{1}{3}$—$1\frac{2}{3}$ Thaler bezahlt wird, außerordentlich groß, ebenso bereitet man in andern Alpenländern, selbst noch im Schwarzwald ein schönes Kirschwasser. Das Dorf Fougerolles (Dep. Ober-Saone in Frankreich) erzielt in guten Jahren gegen 800,000 Litre Kirschwasser, die auf eine Million Franken geschätzt werden können. Die Durchschnittseinnahme mag sich daher leicht auf 100,000 Thaler belaufen. Rechnet man davon die Hälfte für Steuern und Erzeugungskosten, so bleibt immer noch eine große Summe. In Ungarn brennen nur einige wenige Ortschaften Slibowitzer, oder Branntwein aus Zwetschen, andern Pflaumen und Schlehen, und noch weniger Ratafia (Weichselbranntwein, Kirschliqueur) aus einer eignen Art Weichsel (Sauerkirsche); und doch verbraucht die Stadt Wien, Ungarn und Unterösterreich fast nur diese feineren Spirituosen. Durch den Anbau von Stachelbeeren und Johannisbeeren im Großen können auch nordische und Gebirgsgegenden, wo weder Reben gedeihen, noch das Obst zur Weinbereitung tauglich ist, vortrefflichen Wein erzeugen, der gut zubereitet von gutem spanischen Wein nicht zu unterscheiden ist.

Da der Weinbau im Großen in diesem Buche nicht abgehandelt werden kann, so will ich von dieser ehemals außerordentlich reichen, jetzt aber wegen Mißwachs und Steuerverhältnisse immer mehr sinkenden Erwerbsquelle gar nicht reden. Ebensowenig will ich die vielfache Benutzung der Beerenfrüchte besonders hervorheben. Ich bemerke jedoch, daß eingemachte Himbeeren, Johannisbeeren u. s. w., sowie Obst in anderen Aufbewahrungsformen einen guten Handelsartikel bilden würden, wenn sich Land- und Gartenbesitzer die Mühe geben wollten, die Früchte, welche sie frisch nicht verkaufen oder sonst verwerthen können, mit Sorgfalt einzumachen.

Für Dorfgemeinden, welche keinen Wald haben, bilden die Obstbaumanlagen fast die beste, oft einzige Einnahme. Man sollte daher nicht länger zögern, alle Wege, Hutungen und sonstige unkultivirte Gemeindeplätze, insofern sie sich zum Obstbau eignen, mit Obstbäumen passender Art zu bepflanzen. Obgleich dies von allen Regierungen befohlen ist, so ist die Bepflanzung doch in vielen Gegenden immer noch sehr mangelhaft. Die Gemeinden können hierbei gar nichts wagen. Wenn die Bäume, wie es überall der Fall sein sollte, in einer besonderen Gemeinde-Baumschule gezogen werden, so sind die Kosten der Pflanzung und Unterhaltung gering. Im schlimmsten Falle bringen die Pflanzungen so viel ein, daß nach Abzug der Kosten für die Unterhaltung durch den Baumwärter immer noch ein Ueberschuß bleibt. Dies ist selbst in solchen Gegenden der Fall, deren Lage und Boden für den Obstbau sehr ungünstig ist. Dagegen bringen die Pflanzungen in günstigeren Verhältnissen einen sehr hohen reinen Ertrag. Rechnen wir den Ertrag eines tragbaren Obstbaumes durchschnittlich jährlich nur einen halben Thaler, (mancher Baum bringt bis 10 Thaler in einem Jahre ein), weil wir die ausfallenden Ernten mit einschlagen müssen, so bringt das jährlich auf 1000 Bäume, die sehr leicht in einer nicht kleinen Flur Platz finden, 500 Thaler. Die Gemeinde besitzt also daran ein Kapital von 12,500 Thalern, die Zinsen nur zu 4 Procent gerechnet. Der Baumwärter wird in diesem Falle schwerlich mehr als 50 Thlr. Lohn bekommen, und sonstige Ausgaben für die Baumschule werden durch das Abfallholz gedeckt. Es bleibt also der Gemeinde eine baare Einnahme von 450 Thalern. Dabei brauchen nicht einmal Obstbäume auf kultivirtem Lande zu stehen. Ich stelle diese Berechnung absichtlich sehr niedrig, damit Jedermann sich leicht überzeugen kann, daß keine Täuschung möglich ist, und daß hier nicht besonders gute Obstgegenden zu Grunde gelegt sind. Manche werden fragen: was ist eigentlich ein Obstbaum werth? Was bringen Pflanzungen von gewissem Umfange ein? Die Beantwortung ist sehr schwer bestimmt zu geben, denn der Werth eines Obstbaumes ist je nach seiner Größe, Ergiebigkeit, Lage und Güte der Früchte verschieden. Ich hatte bei Abschätzungen zum Behufe der Expropriation durch die Eisenbahn oft Gelegenheit, mich von dem Werth der Obstpflanzungen zu überzeugen. Die Obstbäume eines Gartens von 5 Acker, mit großentheils im Anfang voller Tragbarkeit stehenden Bäumen wurden von mir auf beiläufig 5700 Thaler angeschlagen, eine andere Abschätzung nach den König'schen Tabellen war noch höher. *) In Württemberg, wo es Sitte ist, einzelne Obstbäume förmlich zu kaufen, werden für manchen guten Baum mehrere Hundert Gulden bezahlt. Am Rhein, wo die Güterzerstückelung so weit gekommen ist, daß in manchen Orten das Feld nicht mehr getheilt werden kann, weil es oft kaum 20 Ruthen hält, bekommen die Töchter oft einzelne Obstbäume zum Heirathsgut; ein Beweis, welchen Werth man darauf legt. Es giebt große Obstbäume, die durchschnittlich jährlich 6 Thaler eintragen, also einen Kapitalwerth von 150 Thalern haben. Nach der oben aufgestellten niedrigen Berechnung, wobei der jährliche Ertrag nur zu einem halben Thaler angenommen ist, haben 8 Bäume einen Werth von 100 Thalern, weil ihr Ertrag 4 Thaler Zinsen abwirft. Ein armer Mann, den ich kenne, verkauft jährlich von seinem Weinstocke am Hause für 2 Thaler Trauben, folglich ist derselbe mindestens 50 Thaler werth. Große Pfirsich- Aprikosen- und Reineclaudenbäume bringen bei angemessener Pflege 6—8 Thaler; haben also einen Werth von 150—200 Thaler. In den Städten wird für gewisse Lieblingssorten von Obst oft doppelt so viel, als für gewöhnliches Obst bezahlt, und im Einzelverkauf verwerthet sich ein Apfel oder eine Birne oft im Winter mit 1 Kreuzer

*) Man fand diese Taxation zu hoch, obschon ich die Ertragsfähigkeit auch der gesundesten Bäume nur zu 25 Jahre angenommen hatte, während viele Bäume noch 50 und 100 Jahre alt werden konnten. Jeder Baum wurde einzeln abgeschätzt und zuletzt der ganze Brennholzwerth der Stämme nach 25 Jahren nach forstlichen Grundsätzen berechnet und zur übrigen Summe gezogen.

oder $\frac{3}{4}$ Groschen. Metzger berechnet im „Bauernspiegel" den Ertrag eines Obstgartens mit 100 Stämmen in 44 Jahren auf 11,910 Gulden, mit den Zinseszinsen zu 23,000 Gulden.

Ich habe bisher nur zu Denen gesprochen, die stets fragen, was eine Sache einbringt. Bei den Freunden von feinem Obst, überhaupt bei Allen, die sinnliche Genüsse nur verfeinert lieben, brauche ich wohl nur anzudeuten, welch köstlichen Nachtisch gutes Obst liefert, wie herrlich die Compote, Marmeladen u. s. w. als Zwischenspeisen sind; endlich daß Obst fast das einzige Nahrungsmittel ist, welches zugleich den Schönheitssinn befriedigt. Kein anderer genießbarer Gegenstand zeigt sich in so schönen Formen und Farben. Wer Sinn für das wahre Schöne hat, wird selbst, wenn er das Obst nicht schätzt, seine Freude an dem schönen Anblick fruchtbeladener Bäume und Reben, schön geordneter Fruchtteller und einzelnen schönen Früchten haben. Diese Eigenschaft des Obstes befähigt die fruchttragenden Bäume und Sträucher sogar zum Eintritt in den Ziergarten.

3. Bedenken wir die Vortheile und Genüsse, welche uns der Obstbau bereitet, so erscheint es wahrhaft unbegreiflich, daß der Obstbau in vielen Gegenden immer noch so im Argen liegt; daß der Einzelne immer noch aufgemuntert sein will, daß Gemeinden ihren Vortheil nicht begreifen. So mancher wird um seinen schönen, volltragenden Obstbaum oder Garten beneidet, und doch thun die Neider nichts, um sich den gleichen Genuß und Vortheil zu verschaffen. So lange sie jung sind, läßt der Leichtsinn oft nicht dazu kommen, später halten sie es, von elendem Egoismus befangen, nicht mehr der Mühe werth, Anpflanzungen zu machen und so wenigstens für die Zukunft zu sorgen. Es giebt unzählige Gemeinden, die, ungeachtet der schönen Einkünfte, die sie vom Obstbau haben, sich nicht entschließen können, Ausgaben für neue Anpflanzungen zu machen oder etwas an die Erhaltung der alten zu wenden. Sie sollten doch bedenken, daß die Milchkuh gut im Futter erhalten werden muß, wenn sie einträglich bleiben soll. Aber die meisten Bauern sind nun einmal Hartköpfe.

Viele meinen, das Obst gedeihe nicht in ihrer Gegend. Aber es gedeihet fast überall Obst. Bis zu 2000 Fuß in Mitteldeutschland und bis zu 3000 Fuß und höher in den Alpen kommen noch überall Obstbäume fort, und wären es auch nur unveredelte Kirschen, Zwetschen und

Kernobstbäume, die immerhin noch Genuß und Gewinn bringen. In einigermaßen durch höhere Berge oder Wald geschützten Lagen kommen sogar in solchen Höhen noch verschiedene recht gute edle Obstsorten fort. Man kann annehmen, daß überall, wo Wintergetreide (Korn) mit Vortheil gebaut wird, auch Obst, nämlich Aepfel, Birnen, Kirschen und einige Pflaumensorten gezogen werden können; Himbeere, Stachel- und Johannisbeere, sogar noch höher in den unbebauten Regionen der Gebirge, wovon ich mich in den Alpen oft überzeugt habe. Im Thale Grindelwald im Berner Oberlande, stehen nach der Wengeralp zu schöne Süßkirschenbäume viel höher, als der untere Grindelwalder Gletscher, und es macht einen eigenen Eindruck, im August ewiges Eis und reife Kirschen so nahe beisammen zu sehen. Wenn auch Pflanzungen in so bedeutenden Höhen nicht einträglich, und die Früchte nicht besonders gut sein können, so erhöhen sie immerhin die Annehmlichkeiten des Lebens und bringen Abwechslung in die Nahrungsmittel. Rauhe, hohe Gegenden haben sogar einen Vorzug vor Thälern und Orten, die unmittelbar am Gebirge liegen, denn die Fröste vernichten auf den Höhen die Blüthen weit seltener, als im Thale, so daß man oben Obst erntet, wenn es unten nichts giebt, weßhalb es auch gut bezahlt wird. — Andere sagen, daß der Boden nicht geeignet für den Obstbau ist. Dies ist wiederum falsch, wie Beispiele aus allen Ländern und Gegenden beweisen. Man muß nur die rechten Arten und Sorten wählen. Das Mißlingen der Obstpflanzungen hat meist ganz andere Ursachen. Die gewöhnlichste ist, daß man die Bäume schlecht pflanzt, kleine Löcher macht, sie nicht schützt, anfangs nicht beschneidet u. s. w. So muß der kräftigste junge Baum zu Grunde gehen oder verkrüppeln. Noch häufiger pflanzt man unpassende Arten und Sorten, oder schlecht gezogene, verzärtelte, oder schon in der Baumschule verkrüppelte Bäumchen und Schwächlinge; oder man holt wohl gar die Wildlinge aus dem Schatten und Schutz des Waldes und setzt sie nachher der brennenden Sonne und den Winden aus. Ich sah auf diese Weise oft große Kirschpflanzungen zu Grunde gehen, während die Pflanzer glaubten, der Boden und das Klima seien daran Schuld.

Andere meinen, das Obst werde an Werth verlieren, wenn es zu häufig werde. Es ist aber bewiesen, daß, je häufiger die Obstbäume werden, je mehr gutes Obst gezogen wird, desto mehr zieht sich der

Handel nach solchen Gegenden, desto größer wird der Selbstverbrauch. Natürlich muß man in Gegenden, welche keinen Markt für frisches Obst haben, vorzugsweise Obst bauen, das sich zum Trocknen, zu Wein u. s. w. eignet. Aber auch hartes Winterobst läßt sich bekanntlich frisch Hunderte von Meilen verführen und wird häufig verführt. Selbst wenn der Absatz nicht groß wäre, so gewährt das Obst zum Selbstverbrauch, getrocknet und auf andere Weise verwendet, noch immer gute Zinsen, wie man aus den beispielsweise aufgestellten Mittheilungen schließen kann. Die Bepflanzung der Felder, wie es hie und da in Frankreich, in der nördlichen Schweiz und in verschiedenen Gegenden Süddeutschlands gebräuchlich ist, will ich nicht einmal anempfehlen, obschon Gegenden, wo dies im Gebrauch ist, ihren Vortheil dabei finden und es in sehr warmen Gegenden erwiesen ist, daß die Obstbäume den Ertrag der Felder nicht vermindern. — Man bepflanze nur erst alle Wege, Feldraine, Gemeindeplätze, überhaupt Plätze, die sich nicht zum Feldbau eignen. Ist dies geschehen und hat man den Vortheil des Obstbaues erkannt, so wird man in guten Obstgegenden auch anfangen, einzelne Bäume in die Felder zu setzen, wohl wissend, daß der entstehende Ausfall im Feldbau durch den Obstbau mehr als reichlich ersetzt wird.

Ein weiteres Hinderniß des Obstbaues liegt in unseren Einrichtungen und socialen Verhältnissen. Anstatt, daß die große Vertheilung des Grundbesitzes die kleinen Leute anspornen sollte, ihr kleines Einkommen durch den Obstbau zu vermehren, verhindert sie die Anflanzung, weil der Arme von der Hand zum Munde lebt, und nicht 10—15 Jahr auf den Ertrag warten will. Außerdem wechselt der Besitz so häufig, daß selten Jemand etwas gern unternimmt, was erst in der Zukunft Nutzen bringt. Noch schlimmer wirken die Pachtverhältnisse und der Wirthschaftsbetrieb unserer jetzigen großen Landwirthe. Es wäre viel darüber zu sagen, wenn hier Raum dazu wäre, und ich bemerke nur, daß die Grundbesitzer, wenn nicht besondere Liebhaberei vorliegt, sich um die Obstpflanzungen wenig bekümmern, die Pächter aber gar nichts für die Zukunft thun, weil sie nicht wissen, ob sie den Nutzen davon ziehen. Man sollte die Obstbäume ganz besonders verpachten. Es ist unbegreiflich, daß sonst intelligente und tüchtige große Landwirthe auf den Obstbau ganz und gar keinen Werth legen und die Pflanzungen vernachlässigen. Alles dreht sich bei ihnen um Getreide, Wintersamen, Kartoffeln und Runkeln. Allerdings giebt es auch viele Ausnahmen, — aber doch nur Ausnahmen. Mit Recht gelten Ortschaften, die mit zahlreichen Obstbäumen umgeben sind, für gesegnete, und obstarme für arm und elend. Diesen Eindruck empfindet jeder Reisende, und er wird den Wohlstand der Einwohner eher nach den Obstbäumen, als nach der Beschaffenheit der Felder beurtheilen. Das Obst erscheint, obschon mit Unrecht, gleichsam als Ueberfluß, als nicht nothwendiges Nahrungsmittel, und es ist daher dieses Gefühl, welches man in obstreichen Gegenden hat, ein sehr richtiges. Wer höhere Ansprüche an das Leben stellt, kann sich ein angenehmes glückliches Landleben ohne Obst gar nicht denken.

Doch nun genug vom Werth der Obstbäume und der Wichtigkeit des Obstbaues. Ich hoffe in dem Vorhergehenden manchen Zweifler bekehrt, manchen Gleichgiltigen für den Obstbau gewonnen zu haben. In den vorliegenden Blättern will ich nun eine vollständige Anleitung zu einem gewinnreichen Betrieb des Obstbaues im Kleinen und Großen geben.

Ausdehnung und Betrieb des Obstbaues.

4. Obstbau kann von Jedermann betrieben werden. Der Pomolog und Obstfreund ohne Garten hat durch die Obstkultur in Töpfen zwar keinen Gewinn, aber immerhin viel Freude zu erwarten. Der Besitzer eines kleinen gut gelegenen Gartens kann sich schon seinen Bedarf an feinen Tafelfrüchten und etwas Wirthschaftsobst selbst ziehen und hat Vortheil davon; ja er kann, wenn die Lage günstig für Spalierbäume ist, sogar durch den Verkauf von feinen Tafelfrüchten Gewinn ziehen. So dehnt sich der Betrieb des Obstbaues immer mehr aus, bis er ganze Gegenden umfaßt, Länder zu Gärten macht und allgemeine Erwerbsquelle wird.

Um später nicht falsch verstanden zu werden, will ich den verschiedenartigen Betrieb in einer gewissen Ordnung aufführen. Wir unterscheiden darnach: 1) den Haus-Obstgarten, wo Obstbau in Verbindung mit Gemüsebau betrieben wird; 2) den großen Obstgarten oder eigentlichen Baumgarten, wo der Boden entweder Rasen oder kultivirtes Land ist; 3) die Pflanzungen im freien Felde an

Wegen, auf Triften und Aeckern; 4) der **Weinbau** im Großen; dessen jedoch in diesen Blättern nur flüchtig Erwähnung gethan werden kann *).

Im **Haus-Obstgarten** wird hauptsächlich die Kultur des feineren Obstes an Formbäumen, nämlich Spalier-, Pyramiden-, Zwergbäumen u. s. w. und die der Beerensträucher betrieben. Von Hochstämmen finden nur selten einige Kernobstbäume, häufig Pflaumen, Aprikosen, Mandeln und ähnliche kleine Bäume Platz. Nur hier ist die Spalierobstbaumzucht möglich und in günstigen Lagen sehr einträglich. Der eigentliche Baumgarten enthält nur Hochstämme jeder Art, sowie ausgedehnte Pflanzungen von strauchartig wachsendem Obst. Hat er eine Umfassungsmauer, was jedoch selten gebräuchlich ist, so dienen die Mauern zum Spalier-Obstbau. Wo außer diesen Obstgärten noch Feldpflanzungen bestehen, pflanzt man in denselben vorzugsweise Frühobst, welches dem Diebstahl mehr ausgesetzt ist, während das späte Obst in den Feldern steht. Die **Pflanzungen im freien Felde** bestehen vorzugsweise aus Kirschen, späterem Wirthschafts-, Kernobst, Pflaumen, Wallnuß- und Maronenbäumen und großfrüchtigen Haselnüssen. In den südlicheren warmen Lagen unseres Obstbezirkes sind auch Aprikosen, Pfirsiche, Mandeln u. s. w. im freien Felde zu finden. Der **Weinbau** wird im Großen meist in offenen Bergen betrieben. Wo aber die Weinpflanzungen vereinzelt sind und nur Trauben zum frischen Verkaufe gezogen werden, da ist immerhin eine Umschließung zu empfehlen.

*) Diese Lücke wird „das **Winzerbuch**" von **F. Rubens**, einem längst rühmlichst bekannten Schriftsteller in diesem Fache, in nächster Zeit ausfüllen; und es bildet diese Schrift einen Theil der „Illustrirten Bibliothek des landwirthschaftlichen Gartenbaues.

Erster Abschnitt.

Allgemeine Bemerkungen über Lage, Boden und Wasser.

1. Lage.

5. Es wurde schon in der Einleitung (unter 3) bemerkt, daß der Obstbau überall betrieben werden könne, wo Feldbau noch mit Vortheil betrieben wird. Im Allgemeinen läßt sich daher sehr wenig über die Lage sagen, denn wer Obstbau betreiben will, ist an seinen Wohnort, meistens sogar an einen kleinen begrenzten Raum gebunden. Man muß sie also in den meisten Fällen nehmen, wie sie ist. Da es aber doch zuweilen vorkommt, daß man bei der Wahl eines Wohnplatzes die Lage für die Obstpflanzungen berücksichtigen kann, sogar, daß man aus besonderer Freude am Obstbau sich eine besonders günstige Gegend auswählen will, (was z. B. bei Gutspächtern und beim Ankauf von Gütern vorkommt,) so will ich nicht versäumen, die Bedingungen einer für den Obstbau günstigen Lage hervorzuheben.

Wir müssen hierbei die Lage eines Ortes oder einer Gegend von der ganz örtlichen eines bestimmten Raumes unterscheiden. Besonders gute Obstgegenden sind bekanntlich alle an der Südseite von Gebirgen und Anhöhen liegenden Landstriche und die nach südlicher Richtung auslaufenden Thäler und Vorberge. Diese Wirkung der Gebirge erstreckt sich weit in die Ebenen hinaus. Hiermit ist jedoch keineswegs gesagt daß die von Westen nach Osten laufenden großen Thäler nicht eben so gut sein können, besonders wenn durch starke Biegungen der Ostwind abgehalten wird. Die wesentlichste Bedingung ist, daß die Sonnenstrahlen durch nordwärts aufsteigende Höhen in ihrer Wirkung verstärkt werden, denn die Sonne und Wärme ist für den Obstbau nothwendiger, als für die meisten anderen Kulturpflanzen. In den meisten Theilen Deutschlands kann nur auf der Sommerseite (Süd, Südost, Südwest) und in warmen Ebenen wirklich gutes Obst gezogen werden. In den südlichsten Theilen des Oesterreichischen Deutschlands wird zwar das Obst auf der sogenannten Winterseite immer noch besser oder eben so gut als bei uns in den besten Lagen, aber man zieht auch dort die Sommerseite vor. Die erwähnten Lagen haben auch stets ein nach Süden, Südwesten oder Südosten gerichtetes Bodengefälle oder sie sind eben. Niederungen und Wiesengegenden sind nie so gut für Obst jeder Art, als mäßige Anhöhen. Die Feuchtigkeit des Bodens wirkt auf die Güte der Früchte und begünstigt und verstärkt Nebel und Fröste. Am ungünstigsten ist eine Gegend für den Obstbau, wenn sie gegen Osten oder Norden abhängig ist und dem Ostwinde ganz offen steht. Auf der Ostseite gedeihen im Ganzen zwar die Obstbäume gut und auch das Obst wird schön und schmackhaft; aber die Wirkung der Spätfröste äußert sich hier am stärksten, weil die Sonne sogleich auf die gefrorenen Blüthen scheint und sie zu schnell aufthaut. Dieser Nachtheil vermehrt sich, je mehr man nach Norden kommt. Die Spätfröste im Frühjahr kommen bei uns fast immer mit Ostwind, und thun da am meisten Schaden, wo dieser hinstreicht. Hat eine Gegend viel Sümpfe, nasse, von Wassergräben durchschnittene Wiesen, viele Teiche oder kleine Seen, so ist der Obstbau in der Nähe dieser wasserreichen Plätze sehr mißlich, denn solche Orte sind kalt, so daß die Blüthe im Frühjahr oft durch Fröste vernichtet wird, und zärtlichere Obstbäume, als Pfirsiche, Weinreben u. s. w. im Winter erfrieren. Dagegen haben die Küstengegenden am Meere und an großen Landseen ein viel milderes Klima, obschon dort das Obst selten sehr gut ist, weil die Nebel zu häufig und anhaltend sind.

Man kann in Bezug auf Obstbau die Gegenden Deutschlands in 4 Regionen oder klimatische Bezirke theilen, nämlich: 1. in Weingegenden; 2. in Waizengegenden; 3. Korngegenden und 4. Hafergegenden. — Wo die W e i n g e g e n d e n Deutschlands liegen, ist bekannt genug. Oestlich gehen sie nicht weit über die Donau nach Norden, dagegen sehr weit südlich; in Mitteldeutschland bis an den Fuß des Rhöngebirges; in Westdeutschland am weitesten nördlich, nämlich bis Bonn am Rhein. Die Weingegenden Mitteldeutschlands z. B. an der Saale, Elbe, Werra, bei Grüneberg u. s. w. stehen nur vereinzelt da und gehören in Bezug auf Obstbau mehr in die folgende Region. Das Weinland ist zugleich das beste Obstland, und nur hier können Pfirsich-, Aprikosen- und Mandelbäume mit Vortheil unbeschützt im Freien gezogen werden. Nur in dieser Region erreichen die feinen Pflaumen ihre ganze Vollkommenheit und nur hier reifen die späteren Traubensorten, Feigen und Maulbeeren. Auf den Anhöhen ist der Stand für Nußbäume und eßbare Kastanien.

Die Weizengegenden bilden ebenfalls noch vorzügliches Obstland und es können die feinsten Obstarten und Sorten hier gebaut werden, Pfirsiche, Aprikosen, Feigen, Maulbeeren und Mandeln, jedoch nur im Schutz von Mauern und Gebäuden oder in ganz besonders günstigen Lagen. Hierher gehören außer den Weingegenden die besten fruchtbarsten Gegenden Deutschlands, wo vorzugsweise Waizen gebaut wird, die Anhöhen, Thal- und Hochflächen des Weinlandes und die warmen Thäler Nord- und Mitteldeutschlands. Wallnüsse und Kastanien gedeihen hier ebenfalls sehr gut. Die Korngegend umfaßt den größten Theil Deutschlands, die Ebenen und Mittelgebirge, wo der Kornbau allgemeiner ist, als Waizenbau und die Kornernte Ende Juli bis Anfang August stattfindet. Hier gedeihen die gewöhnlichen Obstarten, als Aepfel, Birnen, Pflaumen, Kirschen u. s. w., überall noch in größerer oder geringerer Güte, doch müssen die feineren Sorten einen geschützten Standpunkt haben; Pfirsiche gedeihen nur am Spalier in südlichen Lagen, Aprikosen nur sehr geschützt hochstämmig, Wallnüsse und Kastanien nur in sehr geschützten Lagen auf Anhöhen; spätere Weintrauben reifen nur an südlichen Mauern. Die Obsternte ist in dieser Region oft durch Spätfröste gefährdet, und die Weinreben, Pfirsich- und Aprikosenbäume müssen im Winter bedeckt werden. Kirschen gedeihen noch sehr gut, am besten jedoch die Zwetschen, welche für diese Region charakteristisch sind. Unter Hafergegenden endlich begreifen wir alle rauhen Gegenden und Lagen, soweit der Obstbau noch betrieben werden kann, wo der Kornbau schon schwierig ist, und nur Hafer noch vorzüglich gedeiht. Hier gedeihen in den besseren Lagen noch einige gewöhnliche Sorten Kernobst, zur Noth Kirschen und Zwetschen, außerdem nur noch Beerenobst, mit Ausnahme des Weinstocks und der Maulbeere. In den höheren ausgesetzteren Lagen kommt nur noch wildes Obst fort. — Es versteht sich von selbst, daß keine scharfen Grenzen zwischen diesen Regionen bestehen.

6. Ganz ähnliche Verhältnisse bietet die örtliche Lage. Eine in der zweiten Region liegende Besitzung kann durch Berge so geschützt sein, daß sie vollkommen so warm ist, wie Weinland und also auch dieselben Vortheile bietet. In gleicher Weise wirken Gebäude, Mauern und andere Schutzwände. Selbst in einem und demselben Orte sind die Lagen höchst verschieden, und wer die Wahl des Platzes hat, thut wohl, seine Obstgärten und Pflanzungen an Plätzen anzulegen, wo die Frühlings- und Herbstfröste wenig Schaden thun, und die Sonne stark wirkt.

2. Boden.

7. Auch den Boden muß man nehmen, wie er ist, denn auf großen Flächen, wie sie die Obstpflanzungen verlangen, läßt sich eine durchgehende Bodenveränderung nicht durchführen. In kalkhaltigem Boden erreichen alle Baumfrüchte ihre größte Güte. Glücklicherweise ist dieser verbreitet genug. Wirklicher Sandboden und Moorboden eignen sich unverändert nicht für Obstbaumpflanzungen; da aber unter dem Sand in der Regel Lehm oder Thon lagert, so läßt sich leicht eine Vermischung beider Bestandtheile herstellen, und die Bäume gedeihen, wenn sie erst in den Untergrund gedrungen sind, sehr gut. In lehmigem Sandboden zieht man überall schönes Obst. Schwieriger ist es, im Moorboden Obstbäume aufzubringen, wenn diese Erdschichte stark ist und keine Unterlage von Lehm in geringer Tiefe hat; denn die Bäume verlangen zum Gedeihen durchaus anorganische, d. h. aus verwitterten Gesteinen bestehende Stoffe, und nur einige Beerensträucher kommen in einer meist aus Humus (Pflanzenerde) bestehenden Erde fort. Aus dem Obigen geht hervor, daß für den Obstbau eine mehr schwere als leichte gute Ackererde erforderlich ist. Der Boden kann immer steinig sein; ja, diese Eigenschaft scheint manchen Obstarten sogar besonders zuzusagen. Man kann also annehmen, daß, mit wenigen Ausnahmen, in jedem Boden Obst gezogen werden kann, wenn nur dafür gesorgt wird, daß in ungünstigen Fällen durch sehr große Pflanzgruben das Gedeihen der jungen Stämme in den ersten 8—10 Jahren gesichert ist. Wenn die Kosten nicht gescheut werden, so läßt sich auch der schlechteste Boden so verändern, daß Obstbäume darin gut gedeihen. Da aber Obstpflanzungen fast nur zum Nutzen angelegt werden, so kann von einem Kosten-

aufwand, der dem zu hoffenden Gewinn gleich ist oder gar übersteigt, nicht die Rede sein und man muß in diesem Falle das Pflanzen von Obstbäumen unterlassen. Es handelt sich aber zuweilen darum, um jeden Preis etwas Obst zu bauen, weil der Gartenbesitzer es wünscht, kein gutes Obst zu kaufen bekommen kann, und es doch nicht entbehren will. In diesem Falle wird man aber blos einen Hausobstgarten von geringer Ausdehnung anlegen, dessen Bodenverbesserungen keine zu große Schwierigkeiten macht.

Von größerer Wichtigkeit ist die Tiefe des fruchtbaren Bodens und die Beschaffenheit des Untergrundes. Wenn Obstbäume gut gedeihen sollen, so darf die fruchtbare Bodenschaft nicht unter 3 Fuß stark sein. Dies ist nun freilich nicht überall der Fall, und es kommen häufig Fälle vor, daß der Ackerboden nur 2 oder 1½ Fuß mächtig ist und auf Felsen, Kies, Tuff oder unfruchtbarem Thone lagert, wohin die Baumwurzeln nicht dringen. In diesem Falle kann natürlich von gutem Gedeihen nicht die Rede sein, namentlich kommen Birnen, Kirschen, Wallnußbäume und Kastanien schwer fort, weil deren Wurzeln tief eindringen und absterben, sowie sie das undurchdringliche Lager erreichen, was sich sofort an dem Gelbwerden und Absterben der Baumwipfel zeigt. Apfel- und Pflaumenbäume kommen zur Noth auch in flachgründigem Boden fort, sind jedoch im Allgemeinen dann unfruchtbar. Kirschen wachsen auch auf Kies leidlich. Etwas Anderes ist es, wenn Felsboden vielfach zerklüftet und mit Mergel-, Lehm- oder anderen erdigen Adern durchzogen ist, wie es besonders in den jüngeren Kalkgebirgen häufig vorkommt. In diesem Falle dringen die Wurzeln ein, und die Bäume gedeihen meist sehr gut. Dies gilt besonders von Wallnüssen, Kastanien und Kirschen, sogar von Birnen. Sucht man daher auf felsigen Plätzen, wo die Erdschicht gewöhnlich nur einige Zoll stark ist, und kaum eine schwache Ackerkrume gestattet, die mit Erde und lockerem Gesteine angefüllten Vertiefungen als Pflanzstellen aus, so ist immerhin Hoffnung auf ein gutes Gedeihen.

Wo der Boden für Obstbäume zu flach ist, muß für eine Verstärkung gesorgt werden. Dies geschieht entweder, indem man große, tiefe Pflanzgruben macht, oder indem man auf künstliche Hügel pflanzt. Die erstere Verbesserung genügt und eignet sich besonders für die Formbäume (Spalierbäume, Pyramiden u. s. w.) des Hausobstgartens; die

Hügelpflanzung ist bei Hochstämmen vorzuziehen und muß in nassem Boden überall angewendet werden, ist dagegen in trockenen Lagen mißlich.

8. Eine sehr wesentliche Verbesserung des Bodens wird durch Düngung erreicht. Die Erfolge einer zeitweilig angewendeten starken Düngung sind ganz außerordentlich, und durch dieselbe kann man selbst in ganz schlechtem Boden vorzügliches Obst erzeugen. Wenn Bäume gedüngt werden sollen, so wird entweder der umgebende Boden, soweit die Krone reicht, aufgelockert und mit flüssigem Dünger (Mistjauche oder Gülle, Seifenwasser, Blut u. s. w.) tüchtig getränkt, oder man gräbt verrotteten Mist unter, oder läßt denselben auch nur während des Winters auf der gelockerten Erde liegen. Hat man genug fette Komposterde, so kann man die obere Erdschicht bis auf die Wurzeln ganz wegnehmen und Kompost darauf bringen. Auf diese Weise kann man selbst alte, halb abgestorbene Bäume wieder aufbringen. Vortrefflich sind alle Düngerarten, welche viel Kali enthalten, also die Salze. Ein flüssiger Dünger von 8 Loth Salpeter auf 50 Maaß Wasser hat sich als außerordentlich gut erwiesen. Ebenso sind Düngersalz, Kochsalz und Chilisalpeter gute Düngmittel. Es ist nur Schade, daß die Salze zu theuer sind, um sie im Großen verwenden zu können. Kalkphosphate, Hornspäne, Knochenmehl, Haare, Lederstücke, mit Mistjauche oder Salzwasser getränkte wollene Lumpen und Malzkeime sind von ausgezeichneter und nachhaltiger Wirkung. Der Weinstock bedarf besonders Kali, deshalb düngen auch die Weintrestern, welche 2½ Procent Potaschen-Karbonat enthalten, so gut. Bei Kirschbäumen, namentlich bei Süßkirschen, darf man frischen Dünger nicht an die Wurzeln bringen, weil sie sonst leicht stammfaul werden, oder den Harzfluß bekommen. In nicht besonders weichem Boden wird sogleich in die Pflanzgruben Dünger gebracht, jedoch nicht unmittelbar an die Wurzeln. Außerordentliche Erfolge habe ich auf magerem, felsigen Boden dadurch erzielt, daß ich den schlechten Boden in den Pflanzgruben auflockern und einige Wochen vor der Pflanzung in jedes Loch einige Eimer voll flüssigen Abtrittsdünger gießen ließ, welcher nach und nach in den umgebenden Kieselboden eindrang. Will man schnelle Wirkung für das kommende Jahr, so wende man flüssigen Dünger an, und zwar um Johanni, vor Eintritt des zweiten Saftes. Dies kann in günstigen Fällen die Umbildung von Laubaugen in Tragknospen zur Folge haben.

Leider verbraucht der Feldbau so viel Dünger, daß es an das Düngen der Obstbäume selten kommt. Man sollte daher vorzugsweise Düngerstoffe anwenden, welche nicht eigentlich Mist sind und von den Feldbauern, obschon mit Unrecht, weniger hoch geachtet werden. Hierzu gehört auch der Kompost, welcher überhaupt in einer guten Baumgärtnerei nicht zu entbehren ist. Wenn aber auch Feldbesitzer sich nicht bewogen finden, Mist an die Obstbäume zu wenden, so sollten es doch solche Gartenbesitzer nicht versäumen, die Dünger dazu erübrigen können. Aber man denkt so wenig an das Düngen der Obstbäume, es ist Vielen eine so unbekannte Sache, daß viele Gartenbesitzer ihren Hausdünger billig verkaufen, verschenken, oder gar das Wegbringen noch bezahlen (z. B. des Abtritts), anstatt ihn in dem Garten zu verwenden. Spalierbäume und andere Zwergbäume des Hausobstgartens müssen durchaus gedüngt werden, jedoch erst, wenn ihr Holzwuchs mäßiger geworden ist und sie in voller Tragbarkeit sind; denn bei jungen Bäumen würde es nur Schaden bringen, weil die Bäume zu viel in das Holz treiben. Dies gilt auch von Hochstämmen in gutem Boden. Wer Bäume im Felde hat und im Herbste Mist auf das Feld fährt, ohne ihn unterzuackern, sollte die Winterhaufen stets unter die Obstbäume machen, weil dem Boden dadurch eine Menge Düngstoffe zugeführt werden. Sehr reichliche Düngung vertragen und verlangen die kleinen Beerensträucher.

9. In kultivirtem bearbeitetem Boden gedeihen alle Obstbäume besser. Im Hausobstgarten, welcher außerdem zum Gemüsebau und zur Blumenzucht benutzt wird, wird ohnedies der Boden um die Bäume gegraben. Jeder Gärtner ist von dem Nutzen des Umgrabens überzeugt. Gleichwohl thuen es die Pfirsichgärtner von Montreuil, die man als die geschicktesten der ganzen Welt betrachten muß, vor ihren Mauern höchst selten, nachdem die Pflanzung vorüber ist. Sie beschränken sich darauf, die Rabatten von Unkraut rein zu erhalten und oberflächlich zu behacken. Da der Anbau von nicht tief wurzelnden Gemüsen den Obstbäumen nichts schadet, sondern, weil dabei gedüngt wird, noch nützt, so wird dieses Beispiel wenig Nachahmer finden. Im großen Baumgarten wird gewöhnlich der Boden nicht umgegraben, und besteht aus Rasen. Obschon es nun erwiesen ist, daß die Bäume fruchtbarer und die Früchte besser sind, wenn der Boden darunter bearbeitet wird, so weiß man doch auch, daß auf Grasboden oft vortreffliche Früchte wachsen, und

darum will ich den alten Gebrauch nicht geradezu verwerfen. Braucht man das Gras nicht nothwendig, oder dient nicht der Baumgarten als Ziergarten, so rathe ich unbedingt, den Boden unter den Hochstämmen mit Gemüse zu bebauen, wozu sich besonders Winter- oder Krauskohlarten eignen. In den ersten zehn Jahren sollten in jedem Baumgarten Gemüse oder Feldfrüchte gebaut werden, schon weil sie zwischen den jungen Bäumen noch gut gedeihen, und es Schade um das Land wäre. Später kann man aber, wenn man will, das Land zu Rasen machen und gräbt oder hackt nur eine runde Fläche von 6—8 Fuß Durchmesser bei jungen Bäumen und 10—15 Fuß bei älteren Bäumen alljährlich vor Winter um. Wenn man die Bäume stark düngt, so braucht das Auflockern des Bodens nur bei dieser Arbeit, also alle 4—6 Jahre zu geschehen.

Bei flach wurzelnden Apfel-, Pflaumen- und Sauerkirschbäumen muß man sich hüten, den Boden tief zu bearbeiten, weil sonst die Wurzeln verletzt werden, was bei Pflaumen und Sauerkirschen die Veranlassung zu vielen Wurzelausläufern giebt. Besonders schädlich kann das Pflügen werden, weil dabei die Wurzeln stets zerrissen werden.

3. Wasser.

10. Unter allen Kulturpflanzen unserer Gegenden bedürfen die Obstbäume am wenigsten Wasser und einer Bewässerung; ja, sie scheuen sogar die Feuchtigkeit und bringen bei Uebermaß von Wasser nie gute Früchte. Des Begießens bedürfen eingewurzelte, freistehende Bäume selten, weil die Wurzeln tief in die Erde dringen und Feuchtigkeit finden. Dagegen können es die Spalierbäume an den Mauern nicht entbehren, und ein starkes Begießen ist auch bei freistehenden Bäumen oft von großer Wirkung. Wenn man es ohne große Mühe und Kosten haben kann, so würde ich rathen, auf heißen Bodenarten in trockenen Jahren die besten Bäume im Sommer einige Male tüchtig zu begießen, wobei man sich mit Vortheil der Wasserzubringer bedienen kann. Die Größe, Schönheit und Güte der Früchte wird die Mühe gewiß bezahlt machen. An Bergen kann sehr leicht eine Einrichtung zum Auffangen des düngerreichen Regenwassers getroffen werden, indem man die Bäume durch Gräben verbindet. Dieselbe ist am Odenwald gebräuchlich und wurde zuerst durch Herrn Holderbock in Götzingen auf der Versamm-

lung deutscher Wein- und Obstproducenten in Heilbronn 1846 und weiter durch Herrn Garteninspector Lucas in Hohenheim bekannt gemacht. Diese Art Bewässerung ist im Odenwald gebräuchlich. Fig. 1 zeigt die Verbindung der Gräben so deutlich, daß es keiner weiteren Beschreibung bedarf. Sind die Bäume nicht im Verband gepflanzt, sondern einander gegenüberstehend, so ist die Verbindung und Anlage der Gräben etwas anders. Es werden aber wohl hierüber keine weiteren Vorschriften nöthig sein, da man in der Praxis leicht die nöthigen Abänderungen erkennen wird. Das Wasser wird in dem Sammelgraben G den Bäumen zugeführt. Die Löcher werden etwas oberhalb vom Stamme angebracht und länglich gemacht. Am Ende der Pflanzung wird ein großer Schlammfang gut sein, doch gelangt nur selten Wasser dahin. Der in den Gruben sich sammelnde Schlamm wird zuweilen ausgeräumt und ausgebreitet oder zu Composthaufen verwendet. Der Erfolg solcher Bewässerungen soll außerordentlich sein, was sehr glaubhaft ist, wenn man bedenkt, welche befruchtende Stoffe solches meist aus den Feldern kommende Wasser mit sich führt. Eine besondere Art der Bewässerung ist die durch Schnee, indem man den Schnee aus der Umgebung der Bäume unter der Baumkrone zu Haufen aufwirft, was an freistehenden Bäumen allerdings nur auf sehr trockenem Boden anzurathen ist. Dagegen wird diese Bewässerung bei den Spalierbäumen an Mauern unter allen Umständen ausgezeichnete Dienste thun.

Fig. 1.

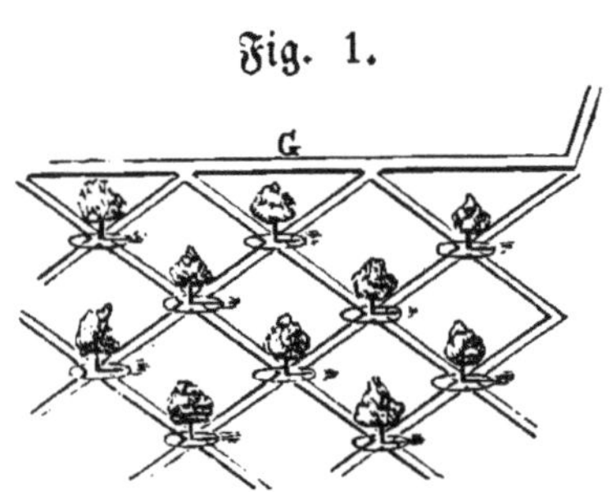

11. Viel schädlicher als der Wassermangel ist das Uebermaß von Wasser. Ich habe schon (unter 5.) bemerkt, wie ungünstig der Standort auf feuchten Plätzen oder nur in deren Nähe sei, wie das Obst unschmackhaft werde, die Bäume den Frühlingsfrösten ausgesetzt und Krankheiten unterworfen sind. Auf nassen Plätzen gedeiht kein Obstbaum, auf fortwährend feuchtem nur kümmerlich. Die Bäume werden gelb, krebsig und endigen mit Absterben. Der geringste Nachtheil ist Unfruchtbarkeit. Am besten gedeihen auf feuchten Plätzen noch Pflaumen besonders Zwetschen; wo nur im Winter Grundwasser ist, noch manche

Birnen, und wenn der Boden im Sommer genug abtrocknet, Apfelbäume. Auf Plätzen, die regelmäßig im Winter, jedoch nicht anhaltend, überschwemmt werden, kommen fast alle Obstarten fort, doch leiden Nußbäume, Kastanien und Süßkirschen. Man soll unter diesen Umständen besonders aus Holzäpfeln und Birnen gezogene, in die Krone veredelte Stämme pflanzen. Auf allen feuchten Plätzen müssen die jungen Stämme auf 2 Fuß hohe Hügel gesetzt werden, so daß das Pflanzloch nur 1—2 Fuß tief gemacht zu werden braucht. Auf diese Weise bleiben die Wurzeln auf der Oberfläche des Bodens. Kann man den Boden in einem der künftigen Baumkrone angemessenen Umkreise erhöhen, so ist es um so besser. Außerdem muß noch für Entwässerung des ganzen Grundstückes gesorgt werden. Hierbei ist die Anwendung von Drainröhren nur dann möglich, wenn die Bäume weit davon stehen, so daß das Eindringen der Wurzeln nicht wohl zu befürchten ist. Wenn man übrigens starke Röhren, wie man sie zu Haupt- und Sammeldrains nimmt, verwendet, so ist eine Verstopfung durch Wurzeln nicht wohl denkbar. Jedenfalls sind bedeckte Entwässerungen den offenen vorzuziehen. — An feuchten Stellen, und wo im Winter Grundwasser steht, thut man wohl, den Grund der Pflanzlöcher mit einer Unterlage von den Wasserabzug befördernden Stoffen, als Topfscherben, kleine Steine u. s. w. anzufüllen. Die Gruben müssen dann natürlich tiefer gemacht werden als gewöhnlich.

Zweiter Abschnitt.

Wahl und Vertheilung der Obstarten und Sorten in verschiedenen Lagen und zu gewissen Zwecken.

12. Nichts hat dem Obstbau mehr geschadet, als die Pflanzung ohne Wahl und Ueberlegung, weil die gepflanzten Bäume durchaus nicht für Boden, Lage und Bedürfniß geeignet waren, zu Grunde gingen, oder wenig ergiebig, wohl auch ganz unfruchtbar waren und

die Früchte nicht den gehegten Erwartungen entsprachen. Wer ausgedehnte Obstpflanzungen anlegen will, muß durchaus einige Kenntniß haben, welche Obstarten und Sorten auf dem Platze, wo gepflanzt werden soll, am besten gedeihen, den meisten Nutzen bringen und den Zweck erfüllen, den man bei der Anlegung von Pflanzungen hat. Zuerst muß der Pflanzer wissen, welche Obstarten am Besten fortkommen, dann muß er diejenigen Sorten wählen, die ihm am meisten Nutzen bringen oder seinem besonderen Geschmacke mehr als andere zusagen; endlich muß er wissen, wie er das Obst verwenden oder verwerthen will. Es ist eine ganz andere Sache, ob Jemand feines Obst zum Selbstgenuß oder Verkauf (Tafelobst), oder ob er gewöhnliches Obst (Wirthschaftsobst), welches durch Ergiebigkeit ersetzt, was ihm an Feinheit und Wohlgeschmack abgeht, ernten will; und unter den Letzteren besteht wieder ein großer Unterschied zwischen Obst zum Rohgenuß, Welk-, Koch- und Mostobst; d. h. Obst zu Obstwein, Essig und Branntwein. Bei dem Obst, welches frisch genossen oder verkauft werden soll, hat man wieder zu berücksichtigen, ob ein guter Markt in der Nähe ist, wo Sommerobst leicht abgesetzt werden kann, oder nicht; und im letzteren Falle vorzugsweise hartes Winterobst, welches einen langen Transport verträgt, zu pflanzen. Dieselbe Rücksicht ist auch zu nehmen, wenn der Besitzer abwechselnd auf dem Lande und in der Stadt wohnt, denn es würde unangenehm sein, wenn um die Zeit des Sommeraufenthaltes kein Obst reif wäre.

Alles dieses muß vor der Pflanzung berücksichtigt und überlegt werden, und wenn der Pflanzer die Kenntnisse nicht hat, so muß er sie sich aus Büchern oder bei Sachverständigen zu erwerben suchen, denn ohne dieselben ist das daran gewendete Kapital schon im Voraus meist verloren, und man hat es nur dem Zufall zu danken, wenn die Pflanzung dennoch gut einschlägt. Die besseren neueren Werke über Obstbaumzucht geben viele Aufschlüsse über die erwähnten Bedingungen und es soll eine besondere Aufgabe dieser Schrift sein, alles zu wissen Nöthige mitzutheilen.

13. Wie zweckmäßig es sei, bei großen Obstanlagen die nöthigen Bäume selbst zu erziehen, habe ich schon in der „Baumschule" (dem ersten Bande dieser Bibliothek) S. 1 und 2 nachgewiesen und die ausführlichste Anleitung gegeben. Es ist nämlich durchaus nöthig, daß die zu pflanzenden Bäume unter denselben klimatischen und wo möglich auch

Bodenverhältnissen, welche der Pflanzungsort hat, erzogen sind, denn Bäume aus einer viel wärmeren Gegend und ganz entgegengesetztem Boden können nicht gedeihen, kränkeln wenigstens lange Zeit. Ich erinnere daran, (was ich unter 5 und 6) über die verschiedenen Regionen gesagt habe, denn hierauf kommt es besonders an. Für warme, geschützte Lagen und den nur mit Formbäumen besetzten Hausobstgarten kann man die Bäume schon aus einer wärmeren Region beziehen, z. B. für die zweite Region (Waizengegend) aus Weingegenden: für die dritte (Korngegend) aus der zweiten Region u. s. f. Freistehende Hochstämme dagegen, besonders die in den Feldern, sollten womöglich stets in der gleichen Region gezogen sein; denn die in warmen, sehr geschützten Lagen erzogenen Bäume, kränkeln in ausgesetzten Lagen fort und fort, und endigen mit frühem Tode. Ein weiterer Nachtheil des Bezugs der Stämme aus einer Gegend mit viel milderem Klima besteht darin, daß man meist nur Sorten bekommt, die in jenen Gegenden ganz gut, aber in einer kälteren Region nur schlecht gedeihen. Dieser Nachtheil tritt besonders ein, wenn man nicht ausdrücklich gewisse Sorten verlangt und dem Baumzüchter die Wahl überläßt, ohne ihn von den klimatischen Verhältnissen zu unterrichten. Eine ganz besondere Aufmerksamkeit und Vorsicht wird bei Pflanzungen in der vierten Region (Hafergegend), namentlich auf Gebirgen gefordert; denn hier gedeihen nur wenige Sorten, und man sollte darauf sehen, daß die dazu verwendeten Hochstämme aus wilden Kernstämmen (Holzäpfeln, Holzbirnen, Vogelkirschen) gebildet werden und erst hochstämmig veredelt sind, weil solche Stämme viel mehr aushalten.

Es ist zwar ganz gut, wenn die Obststämme wieder in dieselbe Bodenart gepflanzt werden, worauf sie erzogen sind; dies ist jedoch nicht geradezu nothwendig. Man möge sich nur hüten, Bäume, die in sehr leichtem Sandboden erzogen sind, in schweren Boden zu versetzen; denn sie stehen erst Jahre lang, ehe sie sich erholen. Dagegen wachsen alle, in schwerem Boden erzogene Stämmchen in leichten Erdarten sehr freudig. Staats- und Gemeindebaumschulen hat man verkehrter Weise (obschon in der besten Absicht), häufig auf dem schlechtesten, magersten Boden, welcher nur zu finden war, angelegt, weil man fälschlich annahm, daß Bäume, die auf schlechtem Boden kärglich erzogen sind, in besserem Boden freudig wachsen und unter allen Umständen gedeihen müßten.

Sind die Bäume solcher Anstalten kräftig, stämmig und reich mit feinen Wurzeln versehen, so nehme man sie gern, sind es aber Schwächlinge mit wenigen Wurzeln, so verlohnt es sich nicht der Mühe, sie zu pflanzen; denn sie sind dann nicht im Stande, die in einem guten Boden zufließende Nahrung zu verarbeiten oder den Einflüssen einer ausgesetzten Lage zu widerstehen. Allerdings sind durch Ueberfluß von Dünger schnell erzogene Stämme nichts werth. Man scheue sich aber nicht, Stämme zu pflanzen, die in einem ziemlich guten Boden kräftig gewachsen sind; denn sie werden auch in einem minder guten Boden besser fortkommen, als die in magerer Erde gezogenen Schwächlinge, besonders, wenn man unmittelbar an die Wurzeln etwas gute Erde bringt.

14. Ich werde nun erst einige allgemeine Regeln geben, welche Obstarten man in verschiedenen Lagen und Bodenverhältnissen überhaupt mit Vortheil ziehen kann, und dann die besten, zu verschiedenem Gebrauch geeigneten Sorten der gebräuchlichsten Obstarten für die verschiedenen Oertlichkeiten und Regionen namentlich aufführen, wobei ich für Kernobst vorzüglich die Erfahrungen von Metzger und Lucas *) zu Grunde lege.

In den zugleich zum Gemüsebau bestimmten Hausobstgarten pflanze man an die Mauern Pfirsiche, Aprikosen, einige vorzügliche Birnen, Weinreben, Maulbeeren, in den Schatten Kirschen, auf den freien Raum in Pyramidenform gezogene Birnbäume und in Kugelform gezogene Apfel- und Pflaumenbäume, endlich eigentliche Zwergbäume, besonders auf Paradiesstämme veredelte Aepfel. Außerdem alle Beerensträucher und Feigen, sowie Pfirsich-, Aprikosen- und Mandelhochstämme. In der dritten Region müssen die Feigen, sowie die freistehenden Pfirsich- und Mandelbäume wegfallen und an den Mauern können nur in vorzüglicher Lage Pfirsiche und frühe Trauben reifen. In der vierten Region müssen Pfirsiche, Aprikosen u. s. w. ganz wegfallen, denn hier verlangen schon die besseren Birn- und Aepfelsorten, sowie Pflaumen und Kirschen eine sonnige Mauer. Frühe Weintrauben werden nur unter Fenstern reifen können. Der Baumgarten kann in der ersten Region alle Obstarten und freistehende Weinreben enthalten, in der

---

*) Metzger: „Die Kernobstsorten des südlichen Deutschlands", und „Gartenbuch". Lucas: „Die Kernobstsorten Württembergs" und andere Mittheilungen.

zweiten noch freistehende Aprikosenbäume, Wein an westlichen und östlichen Mauern, die feinsten Pflaumensorten und die zärtlichsten Aepfel und Birnen, besonders Frühobst, sämmtlich als Hochstämme, außerdem alle Beerenfrüchte, und bei hinreichender Größe Wallnüsse, Kastanien, Mispeln, Haselnüsse, Quitten u. a. m. Der Baumgarten der dritten Region unterscheidet sich nicht von dem der zweiten, nur müssen manche Sorten, die eine wärmere Lage verlangen, wegfallen. Im freien Felde pflanze man in der ersten Region in den besten Lagen noch Pfirsiche, Aprikosen, Mandeln, Wein, sowie die meisten Kern- und Steinobstsorten, besonders auch die besseren Pflaumen; in der zweiten Region von Kernobst vorzugsweise das eigentliche späte Wirthschafts- und Mostobst, auf die Anhöhen Kirschen, in die Thäler Pflaumen, besonders Zwetschen, Mirabellen und andere zum Welken taugliche Sorten. Auf die Höhen, besonders um die Thaleinschnitte Wallnußbäume und Kastanien, auf trockene Abhänge Hasselnüsse und Ostheimer Kirschen, sowie einige Quitten und Mispeln. Dasselbe ist in den günstigsten Lagen der dritten Region der Fall, doch ist dort im Allgemeinen der Anbau von Kastanien mißlich, und man muß unter dem Wirthschaftsobst eine sorgfältigere Auswahl treffen. In der vierten Region können nur an sehr geschützten Stellen einige veredelte Aepfel-, Birnen- und Kirschensorten, sowie Zwetschen im freien Felde stehen, und man wird sich meistens auf aus Samen gezogene, unveredelt gebliebene Aepfel-, Birn- und Kirschbäume beschränken müssen.

An feuchte Plätze pflanze man Pflaumen, besonders Zwetschen, auf etwas trockneren Sauerkirschen und gewöhnliche Birnen, auf heiße trockne Abhänge Ostheimer Zwergweichseln und großfrüchtige Haselnüsse, wenn der Boden tief und zerklüftet ist, Süßkirschen, in guten Lagen Wallnußbäume, besonders in die Thaleinschnitte, in etwas tiefer liegende Thaleinschnitte edle Kastanien, die besonders in Granit- und Urgebirgsboden gut gedeihen. Zwischen die Felder bringe man Birnbäume, weil diese tief wurzeln und hoch wachsen, also dem Feldbau fast nichts schaden, und einige aufwärts wachsende Aepfelsorten, jedoch nur solche, die nach der Ernte reif werden. Kirschbäume in die Felder zu pflanzen ist mißlich, weil beim Abnehmen der Früchte zuviel im Felde verdorben wird. Wallnußbäume machen zu viel Schatten im Felde, ebenso Kastanien. Daher eignen sich Kirschen, Wallnüsse und Kastanien mehr an breite

Wege und auf Hutrasen (Triften). An Wege pflanze man nur sehr hochstämmig gezogene und hochwachsende spät reifende Obstarten, und nur, wenn die Pflanzung etwas vom Wege ab auf den Rändern steht, niedrige Zwetschen und Sauerkirschen. Das Pflanzen sehr hochstämmiger Bäume an Wege wird auch schon durch die Straßenverordnung geboten. In Felder und an Wege pflanze man auf bestimmte Plätze stets nur zu gleicher Zeit reifende Sorten. Diese meist ganz unbeachtet bleibende Bedingung kann nicht genug hervorgehoben werden. Pflanzt man z. B. weit von den Wohnungen zugleich Sommer-, Herbst- und Winterobst, so muß man beständig Acht geben und vielleicht eines einzigen Sommerobstbaumes wegen die ganze Pflanzung von August an überwachen. In tiefgründigen Boden pflanze man besonders Birnbäume; in flacheren gedeihen noch Aepfelbäume gut. Kirschbäume und Zwetschen kommen auch auf kiesigem Boden noch gut fort.

Aufzählung einiger der besten Obstsorten für verschiedene Lagen.

Ich bemerke vorher, daß man in rauhen, hochgelegenen Gegenden zunächst die schon in der Gegend eingebürgerten und als gut und ergiebig erkannten Obstsorten anpflanzen soll, weil sie den Vorzug der Ausdauer und einheimischen Festigkeit haben, also der Erfolg ganz sicher ist. Man versäume aber auch nicht, die besonders empfohlenen Sorten, wenn auch nur in wenigen Bäumen, anzupflanzen, weil sie möglicherweise ebenso gut gedeihen, wie die Landessorten und besser sind. Diese können dann in Zukunft die schlechteren Landessorten ersetzen und zwar in kurzer Zeit, wenn man ältere Bäume umpfropft. Auf diese Weise wird am sichersten und schnellsten gutes Obst in einer Gegend verbreitet.

Obstsorten für Weingegenden. (Region I.)

1. Steinobst.

15. Pfirsiche. Zu Hochstämmen vorzugsweise unveredelte aus Samen gezogene Sorten, von denen sich mehrere aus Samen ächt fortpflanzen, und in sehr günstigen Lagen z. B. im südlichen Tyrol schon vom dritten Jahre an tragen. Nach der Mittheilnng des Herrn von Zellinger in Botzen kennt man dort gar keine bestimmten Sorten und erhält fast immer gute Früchte aus Samen. Von den bekannten

französischen Sorten pflanzen sich folgende aus Samen ächt fort, und sind deshalb zu Hochstämmen besonders zu empfehlen: Grosse Mignonne (Prinzessinpfirsich?) Vineuse oder pourpre hâtive (frühe Blut- oder Purpurpf.) Mádeleine blanche und Mad. rouge (weiße und rothe Magdalenenpfirsich; beide vortrefflich hierzu), Admirable oder Belle de Vitry, Pêche d'Ispahan, Pêche abricotée (Aprikosenpfirsich), P. de Malte oder Belle de Paris (Maltheserpf.) Als besonders hart und also auch für Gegenden der II. Region passend, sind bekannt die Double Montagne und die amerikanische Cooledge's Favourite (Downing's). Am Spalier können hier alle guten Sorten, selbst die späteren z. B. Têton de Venus, gezogen werden, diese jedoch an südlichen Mauern. Die Früchte werden auch in dieser milden Gegend an Mauern besser und schöner, als an Hochstämmen, weil sie durch den Schnitt gewinnen.

Aprikosen werden an hochstämmigen Bäumen stets besser von Geschmack, obschon kleiner und es eignen sich sogar nur wenige Sorten gut zu Spalieren, vorzüglich die Holländische oder Ananasaprikose (Abricot de Hollande). Die meisten andern Sorten gedeihen hochstämmig besser, und besonders empfehlenswerth ist hierzu die gemeine Aprikose, die A. von Nancy (Abricot Pêche oder de Nancy), welche sich ächt aus Samen fortpflanzt, die Frühaprikose (Abr. précoce, Abricotin) Alberge u. a. m. Da sich mehrere aus Samen fortpflanzen, und überhaupt von guten Früchten eine gute Nachkommenschaft zu erwarten ist, so ist es sehr zu empfehlen, unveredelte Samenstämme als Hochstämme anzupflanzen. Die Aprikosen können in dieser Region im Baumgarten stehen.

Kirschen werden in dieser Region nur in offenen Baumgärten und ganz im freien Felde gepflanzt, an Spalieren nur Weichseln und Süßweichseln, jedoch nur an nördliche, nordöstliche und nordwestliche Mauern. Da alle Sorten ziemlich gleich gut in Weingegenden gedeihen, so will ich nur einige besonders empfohlene anführen. Süßkirschen: rothe Maiherzkirsche, Ochsen-Herzkirsche, Werder'sche frühe schwarze Herzk., Büttner's schwarze Herzk., große süße Maiherzkirsche, große schwarzrothe Knorpelk., schwarze Spanische Knorpelk., flamentiner bunte Herzk., Lauermann's K. (Dankelmann), frühste bunte Herzkirsche u. a. m. Sauerkirschen oder Weichseln (mit den Süßweichseln): Ostheimer Weichsel (bleibt strauchartig und eignet sich sowohl zu Pflanzungen an trockenen Bergen, als auch in Kugelform gezogen und im Schnitt erhalten), doppelte Natte, rothe Maikirsche, Velser K., rothe Muscateller K., Doctor K., Folger K., Prager Muscateller K., Herzog's K., Bettenburger Natte, frühe Spanische Weichsel, Schattenmarelle (Amarelle), frühe volltragende Amarelle, Kirchheimer Weichsel, doppelte Glaskirsche, Glaskirsche von Montmorency, Monstreuse de Bavay, frühe königliche Amarelle, rothe Oranienkirsche.

Pflaumen; Große grüne Reine-Claude (Reneclode), gelbe Mirabelle, gelbe Aprikosenpflaume, gemeine Zwetsche oder Bauernpflaume, (jedoch nur die guten Arten, wie sie z. B. in der Gegend von Leipzig, Frankfurt a. M. u. a. Orten gebaut werden.), Italienische Zwetsche, Reizensteiner Zwetsche, grüne Italienische Zwetsche, Ungarische Frühzwetsche (Violette Dattelzwetsche), Englische Zwetsche, rothe Eierpflaume, weiße Jungfernpflaume, rothe Aprikosenpflaume, gelbe Katharinenpflaume, Königspflaume von Tours (Royale de Tours), Drap d'or, doppelte Mirabelle, Herrenpflaume (Prune de Monsieur), rothe Diapren, weiße Perdrigon, (Perdrigon blanc), Violette Kaiserpflaume (P. impériale violette, blaue Eierpflaume?), Coë's Goldentrop (Goldpflaume), Impératrice de Milan violette (Mailänder Kaiserpfl.), Washingtonfl., frühe Herrenpflaume, Lepina-Pflaume (Prune Lepine) *) u. a. m. Die Pflaumen erreichen in dieser Region den höchsten Wohlgeschmack, und sind gute Baumgarten-, viele auch Feldbäume. Die gemeine Zwetsche erreicht in manchen sehr warmen Lagen nicht die bekannte Güte, und muß dort auf freie Höhen gepflanzt werden. Zum Trocknen und zu Muß pflanze man außer der gemeinen Zwetsche besonders die kleine gelbe Mirabelle (zu Prünellen), die Katharinenpflaume, die wahre Agen'sche Pflaume (Prune d'Agen oder Robe, de Sergant, in Frankreich als die beste Sorte zum Trocknen bekannt), die grüne Mailänder, weiße Perdrigon (in guten Lagen hierzu ausgezeichnet, schöne Prünellen), späte Perdrigon, lange violette Damaszener, rothe Perdrigon (zu Prü-

*) Diese neue Pflaume wird von Herrn Ad. Papleu, Besitzer der großen Baumschulen zu Wetteren bei Gent, als besonders spät in der Blüthe gerühmt, so daß sie fast nie vom Frost leidet und jährlich strotzend trägt. Von Geschmack soll sie ausgezeichnet und die beste zum Aufbewahren sein, da sie bis November am Baume frisch bleibt. Auch zum Welken wird sie empfohlen.

nellen), violette Perdrigon, weiße Kaiserin (impériable blanche). Zu Muß (Latwerge) empfiehlt sich außer den andern guten Sorten der schönen lebhaft rothen Farbe wegen die amerikanische Long Scarlet (Scarlet Gage) welche von Downing zu diesem Zwecke als besonders tauglich empfohlen wird.

Kernobst.

A. Hausgartenbäume. *)

Aepfel: Weißer Wintercalvill, Edelkönig, Königlichen Taubenapfel, Grüne Reinette, Französische Quittenreinette, Goldpepping, Muscatreinette, Grau Herbstreinette, Grauer Fenchelapfel, Holländische Goldreinette, Reinette von Orleans (Triumphreinette), Große Kasseler Reinette, Englische Wintergoldpermäne, Parker's grüner Pepping, Fränklin's Golpepping, Französische Goldreinette, Metzgerapfel, Leberrother Himbeerapfel, Französische Edelreinette, Gestreifte Reinette, Rothe Herbstcalvill, Danziger Kantapfel, Große englische Reinette, Englische Spitalreinette, Herrenapfel.

Birnen: Crasanne, Magdalenenbirne, Liebesbirne, Herbstbergamotte, Wildling von Motte, (Bezy de la Motte), Hardenpont's frühzeitiger Colmar (Passe Colmar d'Hardenpont), deutsche Muscatellerb. (Muscatelung), Bergamotte von Soulers, Sparbirne, Englische Sommer Butterbirne (Beurré d'Anglèterre d'été), Williams Christbirne (Beurré oder Bon chretien William), Geishirtelsbirne (Stuttgarter G.), Russelet von Rheims, Bronzirte Herbstbutterbirne, Graue Butterbirne (Beurré gris), Weiße Butterbirne (Beurré blanc), Aremsberg's Butterbirne, Amanli's Butterbirne, Diel's Butterbirne Graue Dechantsbirne (Doyenné gris) Bosc's frühe Flaschenbirne, Amalie von Brabant, Schweizerhose, Markgräfin (Marquise), Marie Louise, Große grüne Mailänderin, Grüne Herrmannsbirne (Saint Germain), Bunte Herrmannsbirne, Gelbe Hermannsbirne, Virgulöse, Har-

---

*) Da ich bei dem Kernobst hauptsächlich Metzger's Angaben in den erwähnten Werken folge, so will ich auch dessen Eintheilung in Hausgartenbäume, Obstgartenbäume und Feld- und Straßenbäume unverändert annehmen. Metzger nimmt jedoch nur drei Regionen an und dehnt sie bis zu 2200 Fuß Meereshöhe aus, was für das mittlere und nördliche Deutschland zu viel sein möchte.

denpont's späte Herbstbutterbirne, Wildling von Chaumontel (Bezy de Chaumontel), Kronprinz Ferdinand von Oestreich, Saresin, Winter-Christenbirne (Bon Chretien d'hiver). *)

B. Obstgartenbäume.

Metzger sagt von denselben: „Dahin zählen wir gute Obstsorten, die als Hochstämme vorzüglich im Obstgarten, der durch Gebäude und Umgebungen geschützt ist, einen guten Boden und eine sonnige Lage hat, und woselbst der Boden nicht immer zu Gras liegen bleibt, sondere periodisch umgebrochen und angebaut wird, gut fortkommen."

Aepfel: Weißer Wintercalvill (Calvill blanc), Rother Wintercalvill, Rother Herbstcalvill, Metzgerapfel, Edelkönig, Grafensteiner, Leberrother, Himbeerapfel, Langer rother Himbeerapfel, Danziger Kantapfel. Englischer Königsapfel, Gelber Gulderling, Weißer Wintertaubenapfel, Rother Wintertaubenapfel (Pigeon rouge) Königlicher Taubenapfel (Täubling), Rother Wiener-Apfel, Rother Winterkronapfel, Rother Herbsttaffetapfel, Weißer Sommertaffetapfel, Sommerkönig, Karmoisinrother Kastanienapfel, Weißer Sommerrambour, Kaiser Alexander, Große englische Reinette, Grüne Reinette (Reinette von Canada?), Weiße französische Reinette, Französische Quittenreinette, Gestreifte Reinette, Gelbe Sommerreinette, Französische Edelreinette, Gäsdonker Goldreinette, Goldpepping, Franklin's Goldpepping, Walliser Limonenpepping, Englische scharlachrothe Parmäne, Ribston's Pepping, Getüpfelte Reinette, Vergoldete graue Reinette, Parker's grauer Pepping, Englische Spitalreinette, Späte

*) Ich führe vorläufig nur die von Metzger empfohlenen Sorten an, obschon eine Menge der besten fehlen. Wer damit nicht genug hat, und lieber die ursprünglichen französischen Namen (die im Deutschen leider so verstümmelt sind, daß man sie oft nicht wieder erkennt), findet in dem I. Bande dieser Bibliothek (Baumschule) und III. Bande (Obstbaumschnitt), eine Menge der vorzüglichsten Obstsorten, namentlich für diese Region unter den ächten, in französischen, belgischen, holländischen und englischen Baumschulen gebräuchlichen Namen. Dieselbe Bemerkung gilt für die nachfolgende Abtheilung der Obstgartenbäume. Dagegen haben die von Metzger für die II. und noch mehr die für die III. Region aufgeführten Sorten, worunter meist deutsches Nationalobst, einen größeren Werth, weil sie mehr für das in Deutschland am meisten verbreitete Klima berechnet sind. Wo mir die französischen Namen gar zu frei übersetzt und unsicher schienen, habe ich die richtige französische Benennung hinzugefügt.

gelbe Reinette, Graue Osnabrücker Reinette, Französische Gold-Reinette, Holländische Gold-Reinette, Deutsche Gold-Reinette, Reinette von Orleans, (Triumph-Reinette), Große Kasseler Reinette, Englische Wintergoldparmäne, Weißer Madapfel, (Mätapfel), Brustapfel, Domine Excellente, Großer Rheinischer Bohnapfel, Amerikanischer Weinapfel, Blutapfel, Wintercitronenapfel, Rother Stettiner, Herrenapfel, Grauer Fürstenapfel.

Birnen: Muskirte Pomeranzenbirne, (Orange musqué d'été), Crasanne, Leipziger Rettigbirne, Magdalenenbirne, Bestenbirne, Liebesbirne, Wildling von Motte (Bezy de la Motte), Hardenpont's frühzeitiger Colmar (Passe Colmar d'Hardenpont), Junkerhannsbirne (Messire Jean), Graue Junkerhannsbirne, Herbstpomeranzenbirne, Deutsche Muscatellerbirne, Bergamotte von Soulers, Jagdbirne, Osterbergamotte (Bergamote de Pâques), Winterpomeranzenbirne, Punktirter Sommerdorn (Epine d'été pointé), Brüsseler Zuckerbirne, Sparbirne, (Epargne), Englische Sommerbutterbirne, Frauenschenkel (Cuisse Madame). Sommerbirne ohne Schale, Stuttgarter Geishirtelsbirne, Bronzirte Herbstbutterbirne (Beurré broncé), Russelet von Rheims, Sommerchristenbirne (Bon chrétien d'été), Graue Butterbirne (Beurré gris), Weiße Herbstbutterbirne (Beurré blanc), Graue Dechantsbirne Doyenné gris), Forellenbirne, Lange grüne Herbstbirne, Schweizerhose, Markgräfin, Große grüne Mailänderin, Gute Louise (Louise bonne), Grüne Herrmannsbirne (Saint Germain vert), Gelbe Hermannsbirne (S. Germ. jaune), Bunte Hermannsbirne (S. Germ. d'hiver panaché), Virgulöse (Virguleuse), Hardenpont's späte Winterbirne, Sarasin, Königsgeschenk von Neapel (Beau présent de Naples).

C. Feld- und Straßenbäume.

Aepfel: Rother Böhmischer Junkerapfel, Rother Winterkronapfel, Kohlapfel, Schickenapfel, Rother Herbsttaffetapfel, Karmoisinrother Kastanienapfel, Große englische Reinette, Grüne Reinette (R. v. Canada?), Rothe Reinette, Ribston's Pepping, Große graue Reinette, Englische Spitalreinette, Deutsche Gold-Reinette, Große Kasseler Reinette, Englische Wintergoldgermäne, Aechter Winterstreifling, Weißer Madapfel, Brauner Madapfel, Brustapfel, Kleiner Winterstreifling, Prinzessinapfel, Frauenrothlicher (Frauenröthbacher), Großer rheinischer Bohnapfel, Kleiner rheinischer Bohnapfel, Luikenapfel *), Amerikanischer Weinapfel, Blutapfel, Großer Winterkleiner, Kleiner Winterkleiner, Wintercitronenapfel, Rother Stettiner, Herrenapfel, Grüner Fürstenapfel, Deutscher Glasapfel.

Birnen: Rockeneierbirne, Junkerhannsbirne (Messire Jean), Graue Junkerhannsbirne, Pfaffenbirne, Jagdbirne (Bezy de Chassery), Knausbirne, Frankfurter Birne, Leipziger Rettigbirne, Gute Louise, Ochsenherzbirne (Coeur de boeuf), Kantenbirne, Veldenzerbirne, Hausemerbirne, Trockne Martinsbirne (Martin sec, Martin' sec de Champagne).

D. Verschiedenes anderes Obst.

Quitten gedeihen in dieser Region vortrefflich und werden vollkommen reif. Es empfiehlt sich hierzu vorzugsweise die Portugisische Birnquitte. Von Weintrauben werden die besten späten Sorten an Mauern, die frühen und mittelfrühen frei an Lauben und in andern Formen, als Pyramiden gezogen, und Kastanienbäume Wallnuß-gedeihen vortrefflich auf Höhen. Ueberhaupt sind alle übrigen Obstarten, besonders auch Beerenfrüchte, in größter Vollkommenheit zu ziehen. Von Feigen pflanze man vorzugsweise die Braunschweiger und Ischia-Feige, von Maulbeeren die schwarze und die rothe.

Obstsorten für Waizengegenden. (II. Region.)

Steinobst.

16. Pfirsiche und Aprikosen. Die unter der ersten Region aufgeführten Sorten können in sehr geschützten Hausgärten auch hochstämmig gezogen werden, was jedoch bei den Pfirsichen schon mißlich und nur an wenigen Orten möglich ist.

Kirschen; Hier gedeihen alle Kirschen, und die bei der 1. Region genannten Sorten gelten auch für diese.

Pflaumen gedeihen zwar in dieser Region noch vortrefflich, die feineren französischen Sorten jedoch nur in geschützten Hausobstgärten. Man pflanze in freie Lagen außer Zwetschen nur noch Mirabellen, in

*) Dieser, mir noch unbekannte Apfel wird von allen Seiten, namentlich aus Süddeutschland als der einträglichste unter den guten Sorten empfohlen.

die Hausobstgärten und beschützten Baumgärten hauptsächlich die große grüne Reineclaude, die Mirabelle, Aprikosenpflaume, Italienische (Fellenberger) Zwetsche, Violette Dattelzwetsche, Rothe und weiße Diapree, Gelbe Eierpflaume, Königspflaume von Tours, gelbe Katharinenpflaume, Herrenpflaume, Washingtonpflaume, Weiße, Bunte und Violette Perdrigon (Rebhühnerei) u. a. m. Vom Wein reifen an südlichen Mauern noch alle mittelfrühen Traubensorten, und es sind besonders die Gutedelsorten zu empfehlen. Ganz frühe Sorten reifen auch noch an Lauben.

Kernobst *).

A. Hausgartenbäume.

Aepfel: Weißer Wintercalvill, Rother Herbstcalvill, Grafensteiner, Danziger Kantapfel, Rother Wienerapfel, Rother Winterkronapfel, Rother Herbsttaffetapfel, Große Englische Reinette, Grüne Reinette, Französische Edelreinette, Goldpepping, Franklin's Goldpepping, Ribston's Pepping, Graue Herbstreinette, Vergoldete graue Reinette (Reinette grise d'orée), Grauer Fenchelapfel (Fenouilet gris), Späte gelbe Reinette, Deutsche Goldreinette, Große Kasseler Reinette, Englische Wintergoldparmäne, Brauner Madapfel, Brustapfel, Domine Excellente, Großer rheinischer Bohnapfel, Amerikanischer Weinapfel, Blutapfel, Rother Stettiner, Herrenapfel, Grüner Fürstenapfel.

Birnen: Bestenbirne (Poire d'oeuf), Herbstbergamotte, Wildling von Motte (Bezy de la Motte), Hardenpont's frühzeitige Colmar (Passe Colmar d'Hardenpont), Junkerhannsbirne (Messire Jean) Deutsche Muscatellerbirne, Bergamotte von Soulers, Jagdbirne, (Bezy de Chassery), Rother Sommerdorn, Brüsseler Zuckerbirne, Sparbirne, Englische Sommerbutterbirne, Frauenschenkel, Sommerbirne ohne Schale, (Poire sans peau), Geishirtelsbirne, Russelet von Rheims, Bronzirte Herbstbutterbirne, Graue Butterbirne, Weiße Herbstbutterbirne, Lange grüne Herbstbirne, Schweizerhose, Markgräfin, Marie Louise, Große grüne Mailänderin, Gute Louise, Grüne Herrmannsbirne, Virgulöse, Mannabirne, Kronprinz Ferdinand von Oestreich, Sarasin, Winterchristenbirne (Bon chrétien d'hiver).

---

*) Ebenfalls nach Metzger's „Kernobstsorten des südlichen Deutschlands."

B. Obstgartenbäume.

Aepfel: Gestreifter Backapfel, Deutsche Schafsnase, Englischer Carthäuser, Rother Herbsttaffetapfel, Königsapfel, Große Englische Reinette, Grüne Reinette, Zwiebelborsdorfer, Große graue Reinette, Deutsche Gold-Reinette, Große Kasseler Reinette, Kleine Kasseler Reinette, Englische Wintergoldparmäne, Aechter Winterstreifling, Weißer Madapfel, Brauner Madapfel, Brustapfel, Kleiner Streifling, Prinzessinapfel, Frauenröthlicher, Großer und Kleiner Rheinischer Bohnapfel, Luikenapfel, Amerikanischer Weinapfel, Großer Winterfleiner, Kleiner Winterfleiner, Blutapfel, Wintercitronenapfel, Rother Stettiner, Herrenapfel, Grüner Fürstenapfel, Deutscher Glasapfel.

Birnen: Leipziger Rettigbirne, Bestenbirne, Rockeneierbirne, Junkerhannsbirne, Herbstpomeranzenbirne, Deutsche Muscatellerbirne, Pfundbirne, Französischer großer Katzenkopf, Rother Sommerdorn, Punktirter Sommerdorn, Brüsseler Zuckerbirne, Sparbirne, Sommerbirne ohne Schale, Geishirtelsbirne, Knausbirne, Frankfurterbirne, Grunbirne, Weiße Herbstbutterbirne, Forellenbirne, Lange grüne Herbstbirne, Gute Louise, Ochsenherzbirne, Veldenzerbirne, Hausemerbirne, Trockner Martin.

C. Feld- und Straßenbäume.

Aepfel: Gestreifter Backapfel, Deutsche Schafsnase, Carthäuser, Zwiebelborsdorfer, Edler Winterborsdorfer, Kleine graue Reinette, Große Kasseler Reinette, Kleine Kasseler Reinette, Englische Wintergoldparmäne, Aechter Winterstreifling, Weißer Madapfel, Brauner Madapfel, Brustapfel, Kleiner Winterstreifling, Prinzessinapfel, Frauenröthlicher, Großer Rheinischer Bohnapfel, Kleiner Rheinischer Bohnapfel, Luikenapfel, Großer Winterfleiner, Kleiner Winterfleiner, Wintercitronenapfel, Rother Stettiner, Weißer Stettiner.

Birnen: Bratbirne, Rummelterbirne, Rockeneierbirne, Leipziger Rettigbirne, Palmischbirne, Brumbirne, Masselbacher Mostbirne, Wolfsbirne, Langstielerin, Träubelsbirne, Wildling von Einsiedel, Pfaffenbirne, Schweizer Wasserbirne, Kronbirne, Kleiner deutscher Katzenkopf, Bretzelsbirne, Knausbirne, Frankfurterbirne, Grunbirne, Kantenbirne, Veldenzerbirne, Hausemerbirne.

Obstsorten für Korngegenden. (III. Region.)

Steinobst und minder wichtiges Obst.

17. **Pfirsiche** gedeihen nur noch an südlichen Mauern im Hausobstgarten, **Aprikosen** ebenfalls, jedoch an geschützten Plätzen, in Hausobstgärten und Höfen auch noch als Hochstämme, ebenso **Mandeln**, die jedoch nicht jedes Jahr reif werden. Von **Pflaumen** pflanzt man vorzugsweise gemeine Zwetschen, in guten warmen Lagen jedoch noch die meisten bei der 2. Region genannten Sorten, besonders Reineclauden, Aprikosenpflaumen und gelbe Mirabellen, im Felde jedoch nur Zwetschen. Die meisten andern Pflaumensorten müssen wie die Aprikosen geschützt zwischen Gebäuden stehen, und werden eigentlich nur am Spalier jedes Jahr vollkommen reif.

Kirschen gedeihen noch überall vortrefflich, jedoch mehr an südlichen Bergen und in der Ebene, als auf der Winterseite. Um früher Kirschen zu haben, muß man einige der frühsten Sorten an Gebäude pflanzen und am Spalier ziehen. Ostheimer Weichsel-Amarellen und überhaupt die besseren Weichsel- (Sauerkirsch-) Arten verlangen einen geschützten Stand im Hausobstgarten, am Spalier oder an sehr sonnigen Bergen. **Wallnußbäume** kommen an etwas gegen Norden geschützten Anhöhen noch sehr gut fort, und gedeihen auch in nicht feuchten Ebenen. **Kastanien** können nur in sehr günstigen Lagen an südlichen Thaleinschnitten gezogen werden und reifen nicht jedes Jahr. **Maulbeeren** reifen nur am Spalier sicher, **Quitten** nur in sonnigen geschützten Lagen, **Feigen** nur an Mauern, werden jedoch sehr selten wohlschmeckend. Alle übrigen Obstarten, besonders Beerenfrüchte, gedeihen unter allen Verhältnissen. In die Felder und an Wege pflanzt man außer Kernobst noch Kirschen, gewöhnliche Sauerkirschen, (jedoch auch bessere z. B. die Kirchheimer Weichsel) und Zwetschen. Von Trauben reifen nur die frühsten Sorten z. B. früher Leipziger, Clävner, Jacobstraube u. s. w. an südlichen Mauern.

1. Kernobst *).

A. Hausgartenbäume.

Aepfel. Gestreifter Backapfel, Deutsche Schafsnase, Grüne Rei-

*) Nach **Metzger**. Mit dieser Region schließt Metzger, dehnt sie jedoch für Süddeutschland bis 2200 Fuß Meereshöhe aus. Die Gründe, warum ich noch eine IV. Region annehme, habe ich schon früher angegeben.

nette, Zwiebelborsdorfer, Winterborsdorfer, Große graue Reinette, Große Kasseler Reinette, Kleine Kasseler Reinette, Englische Wintergoldparmäne, Aechter Winterstreifling, Weißer Madapfel, Brauner Madapfel, Frauenröthlicher, Großer rheinischer Bohnapfel, Großer Winterkleiner, Kleiner Winterkleiner, Blutapfel, Rother Stettiner. Ich füge noch hinzu: Grafensteiner, Englischer Kantapfel, Sommerrosenapfel, Wiener Augustapfel, Rother und Weißer Wintertaubenapfel, (Pigeon, Pischonette), Rother Kardinal, Champagner Reinette, Reinette von Kanada, Muscatreinette, Grauer Kurzstiel, Königlicher rother Kurzstiel, Englische Spitalreinette, Aechter Winterstreifling, Rosenstreifling, Prachtreinette, Herbstborsdorfer, Sommerborsdorfer (gleicht fast dem Winterborsdorfer, zeitigt aber im September und October und ist nicht so fest von Fleisch), Himbeerapfel, Edelkönig, Goldpepping, Bentleber Rosenapfel, Danziger Kantapfel, Grüner Siebenschläfer (sehr spät blühend), Band- oder Schweizerapfel, Seidenhemdchen, Gelber Winter-Carthäuser, Gelber Gulderling, Veilchenapfel, (sehr früh), Blutrother Winter-Kardinal (Blutapfel?), Pariser Rambourreinette.

Birnen: Leipziger Rettigbirne, Bestenbirne, Sommer-Eierbirne, Rockeneierbirne, Wildling von La Motte, Junkerhannsbirne, Herbst-Pomeranzenbirne, Französischer großer Katzenkopf, Rother Sommerdorn, Sparbirne, Sommerbirne ohne Schale, Geishirtelsbirne, Russelet von Rheims, Grunbirne, Weiße Herbstbutterbirne (Beurré blanc, nur in gutem, bearbeiteten Boden und in warmen Lagen wirklich gut), Forellenbirne, Lange grüne Herbstbirne, Schweizerhose, Gute Luise, Virgulöse, Mannabirne, Sarasin. Ich füge noch hinzu: Napoleons Butterbirne (grüne Mailänderin), Diels Butterbirne, Graue Herbstbutterbirne (Beurré gris), Isambert, Grümkower Winterbirne, Sommer-Magdalenenbirne, Crasanne, Capiaumont's Herbstbutterbirne, Grüne Hoyerswerder Birne (sehr früh), Hermannsbirne (Saint Germain), Fürstliche Tafelbirne (Römische Schmalzbirne), Sommerapothekerbirne, Petersbirne, (sehr früh), Hardenpont's späte Winterbirne, Knechtgensbirne, Deutsche Bergamotte, Liegel's Dechantsbirne, Marie Luise, Rothbraune Confessels-birne, Kaiser Alexander, Preul's Colmer, Winter-Dechantsbirne, Colomas köstliche Winterbirne, Dagobertsbirne, Kronprinz Ferdinand von Oestreich, Muscatellerbirne (Muscatelung, Muscat à long).

B. Obstgartenbäume.

Aepel. Gestreifter Backapfel, Deutsche Schafsnase, Zwiebelborsdorfer, Kleine graue Reinette, Kleine Kasseler Reinette, Englische Wintergoldparmäne, Aechter Winterstreifling, Kleiner Winterstreifling, Luikenapfel, Großer Winterfleiner, Kleiner Winterfleiner, Rother Stettiner, Weißer Stettiner.

Birnen: Bratbirne, Rumelterbirne, Palmischbirne, Brunebirne, Masselbacher Mostbirne, Wolfsbirne, Langstielerin, Kronbirne, Betzelsbirne, Knausbirne, Frankfurter Birne, Grunbirne, Wörlesbirne. Ich füge noch hinzu: Leipziger Rettigbirne, Wildling von La Motte, Kleine Blankette, Zuckerbirne (Nägelesbirne), Stuttgarter Geishirtelsbirne, Deutsche Muscatellerbirne (Muscatelung), Frühe Schweizerpergamotte. — Die bei der vorigen Abtheilung (Hausgartenbäume) noch von mir empfohlenen Sorten Aepfel und Birnen können in nicht zu rauhen Lagen, mit wenigen Ausnahmen, auch im großen Obstgarten gezogen werden, besonders in gegrabenem, guten Boden.

C. Feld- und Straßenbäume.

Aepfel: Kleine graue Reinette, Luikenapfel, Weißer Stettiner. Ich füge noch hinzu: Rother Stettiner, Großer rheinischer Bohnapfel, Winter- und Zwiebelborsdorfer, Kleiner Winterfleiner, Brustapfel, Borsfelder, Polnischer rother Pauliner, Tiefputzer und die meisten Mostäpfel.

Birnen: Bratbirne, Pallmischbirne, Brumbirne, Masselbacher Mostbirne, Wolfsbirne, Langstielerin, Träublesbirne, Wildling von Einsiedel, Schweizer Wasserbirne, Reichenäckerin, St. Gallus-Weinbirne, Kleiner Deutscher Katzenkopf, Betzelsbirne, Wörlesbirne, Hariegelbirne. Ich füge noch hinzu: Wilde Eierbirne (Fischäckerin), Knausbirne, Margarethenbirne, (Wenesichtel).

Obstsorten für Hafergegenden. (IV. Region.)

18. An geschützten, sonnigen Plätzen, zwischen Gebäuden und an Mauern können nur noch die bei der III. Region genannten Obstgartenbäume gebaut werden. Ohne Spalier werden weder Aepfel und Birnen, noch Kirschen und Zwetschen wirklich wohlschmeckend und jedes Jahr reif. An Pfirsiche, Aprikosen, Mandeln, Wallnüsse, Kastanien u. s. w. ist

nicht mehr zu denken. Von Kirschen gedeihen freistehend nur in sehr guten Standorten veredelte Süßkirschen einigermaßen. Die Hauptpflanzung in den Obstgärten, die stets durch Berge, Wald oder Gebäude geschützt sein und deren Boden umgegraben werden sollte, besteht demnach aus nur einigen Sorten Kernobst, unveredelten Süßkirschen (hauptsächlich zu Kirschbranntwein), Zwetschen, besonders Frühzwetschen, und wilden Pflaumenarten, als Kriechlinge, Spillinge und Haferpflaumen. Wein möchte nur in sehr seltenen Fällen an südlichen Wänden zu ziehen sein, und es reifen selbst dann die frühsten Sorten nicht jedes Jahr. Stachelbeeren, Johannisbeeren, Himbeeren und Brombeeren werden noch in hohen Gebirgen genießbar, wenn auch nicht vorzüglich.

Von Kernobst empfiehlt sich besonders folgendes:

Aepfel; Weißer und Rother Stettiner, Luikenapfel, Siebenschläfer, Kleiner Fleiner, Große und kleine Kasseler Reinette, Kleine graue Reinette, Tiefbutzer, Carpentin, Deutsche Schafsnase (Hasenschnäutzchen), Grauer Kurzstiel, Rother Kurzstiel, Wildling von Einsiedel, Brustapfel, Aechter Winterstreifling, Weißer und Brauner Madapfel, Englische Wintergoldparmäne (beste Lage), Zwiebelborsdorfer, Kleiner Winterstreifling, Herbstbreitling, Rother Backapfel, Englischer Kantapfel (nur zwischen Gebäuden), Astrakanischer Sommerapfel (Eisapfel, Zikadeapfel).

Birnen: Margarethenbirne (Wenefichtel), Bratbirne, Schweizer Wasserbirne, Deutscher Katzenkopf, Knausbirne, Grumkower Winterbirne Langstielige Sommer-Crasanne, Kronbirne, Wolfsbirne, Langstielerin, Frankenbirne, Kleine Blankette, Zuckerbirne, Bestenbirne (Sommereierbirne), Pallmischbirne, Grunbirne (Feigenbirne), Hariegelbirne, Wilde Eierbirne (Fischäckerin).

Ich will für diese Gegend noch diejenigen Kernobstsorten empfehlen, welche nach der Beobachtung des Herrn Hoverbeck, Gutsbesitzer in Ostpreußen, in dem dort plötzlich, schon Anfang November eingetretenen, daher für Obstbäume sehr gefährlichen Winter von 1854—55, wo die Kälte auf 26 Grad stieg, keinen oder wenig Schaden gelitten haben und dort gut gedeihen.*) Es litten gar nicht: Jagdapfel aus Dessau, Wachsapfel, Edler Rosenstreifling, Calvillartiger Winter-Rosenapfel

---

*) Mitgetheilt im XII. Hefte der „Monatsschrift für Pomologie 2c." von Oberdieck und Lucas.

(Danziger Kantapfel, Bentleber Rosenapfel), Großer rheinischer Bohnapfel, Rother Backapfel, Bedufteter Langstiel (Blauschwarz), Rother Kardinal, Safranreinette, Zwiebelborsdorfer, Mühlhäuser Christapfel, Goldhämmerling, Fraa's weißer Sommercalvill. Wenig litten: Englische Königsparmäne, Alantapfel (Großer edler Prinzessinapfel), Aechter Grauchapfel aus der Schweiz (Weiniger Grauch), Englische Granatreinette, Rother Zollker, Kaiser Alexander von Rußland, Schöner Marienapfel, Glanzreinette, Gestreifter rother Herbstcalvill, Ananasapfel (Rothgestreifter Schlotterapfel, Trompeter), Aechter Winterstreifling, Luikenapfel. Von Birnen: Wildling von Motte (Bezy de la Motte), Kirchberger frühe Winterbirne, Gelbe Sommerherrenbirne, Pfaffenbirne aus Baden, Rothe Rettigbirne, Caloma's Carmeliterbirne, Eisgruben-Mostbirne, Karchenbirne, Römische Schmalzbirne. Von andern vortrefflichen Sorten, die nur wenig litten, führe ich noch an: Große Kasseler Reinette, Character-Reinette, Weiße Wachsreinette, Königlicher rother Kurzstiel, Reinette von Breda, Carpentin, Rother Herbstcalvill, Reinette von Orleans (Triumpfreinette), Englische Spital-Reinette, Aechter rother Wintercalvill, Muscatreinette, Rother Wintertaubenapfel, Grafensteiner, Englischer Kantapfel, Champagnerreinette, Grauer Kurzstiel, Hardenpont's späte Winterbutterbirne (Beurré Rance), Kleine graue Butterbirne, Frühe Hermannsbirne, Sommereierbirne, Grumkower Winterbirne, Rothe punktirte Liebesbirne, Leipziger Rettigbirne.

Für das Feld und in die höchsten Lagen als Hausgartenbäume eignen sich nur wilde Aepfel und Birnen, deren es überall genug dauerhafte Arten gibt. Die gemeinen, ganz kleinfrüchtigen Holzäpfel und Birnen können in den rauhsten Gegenden ebenfalls angepflanzt werden, denn beide sind zu gebrauchen und schlechtes Obst ist immer noch besser, als gar keins. Die angeführten Sorten müssen auch in den höchsten Lagen, wo noch Getreide gebaut wird, versuchsweise angepflanzt werden. Man pflanze jedoch vorzugsweise frühreifende Sorten, denn sogenanntes Winterobst wird nicht reif. Solche, nicht zu spät reifende Sorten sind: der Herbstbreitling, der Astrakanische Sommerapfel, Englische Kantapfel, Gestreifte Sommerparmäne, Langstielige Sommer-Crasanne, Jacobsbirne, Wenefichtel (Margarethenbirne), Markbirne, Rettigbirne u. a. m.

Ganz besonders und vielseitig empfohlene Obstsorten für alle Gegenden.

19. Bei der 1853 in Naumburg von dem Verein des Gartenbaues für die Königl. Preußischen Staaten veranstalteten Obstausstellung wurden von einer dazu ernannten Commission, darunter die bekanntesten Pomologen, folgende Kernobstsorten als ganz vorzüglich und zum allgemeinen Anbau in Deutschland als tauglich empfohlen:

Aepfel: Pariser Rambourreinette (heißt auch fälschlich Reinette von Canada oder Grüne Lothringer Reinette, und geht ferner als: Pariser Apfel, Grüne Reinette, Pariser Reinette, Reinette grosse d'Angleterre, Rambour blanc d'automne), Großer Rheinischer Bohnapfel, Luikenapfel, Calvillartiger Winterrosenapfel, Englische Wintergoldparmäne, Grafensteiner, Carmeliterreinette, Rother Taubenapfel (Pigeon rouge), Winterborsdorfer, Große Kasseler Reinette.

Birnen: Weiße Herbstbutterbirne (Beurré blanc), Grumkower Winterbirne, Napoleon's Butterbirne (Beurré Napoléon), Forellenbirne, Capiaumont's Herbstbutterbirne (Beurré Capiaumont), Coloma's Herbstbutterbirne (Beurré de Coloma), Hardenpont's Winterbutterbirne (Beurré d'Hardenpont d'hiver) *). Außerdem wurden zum Kochen und Trocknen noch 2 Birnen besonders empfohlen, nämlich der große Katzenkopf (Catilac) und die Winterapothekerbirne (Winterzuckerbirne).

Als eine Fortsetzung dieser Auswahl ist das Verzeichniß zu betrachten, welches durch die Empfehlung von 36 Pomologen aus den verschiedensten Gegenden Deutschland's entstanden und vom Herrn Generallieutenant von Pochhammer im Namen des Gartenbauvereines 1855 zusammengestellt und herausgegeben worden ist **). Unter den vielen empfohlenen Sorten will ich nur diejenigen nennen, welche von

*) Diese Birne soll mit folgenden gleich sein: Kronprinz Ferdinand von Oesterreich, Goule morceau, Leckerbissen, Beurré de Kent, Beurré Lombard, Amalie von Brabant.

**) Diese Schrift führt den Titel: „Ueber den Erfolg des Aufrufes an alle Pomologen und Obstbaumzüchter Deutschlands." Sie ist, soviel ich weiß, nicht in den Buchhandel gekommen, und nur durch den Vorstand des Gartenbauvereins, oder dessen Secretär (Herrn Professor K. Koch, zu bekommen. Der verdiente Verfasser ist leider vor kurzem gestorben.

vielen Seiten empfohlen worden sind, also jedenfalls allgemeinen Werth haben. Es sind folgende:

1. Aepfel.

20. 1. Calvillen: Grafensteiner (Mit 27 Stimmen empfohlen), Rother Herbstcalvill (= Edelkönig, Sommer-Himbeerapfel, Braunrother Himbeerapfel, 26 St.), Weißer Wintercalvill (13 St.), Danziger Kantapfel (= Calvillartiger Winterrosenapfel, Florentiner, Bentleber Rosenapfel, 17 St.), Gelber gestreifter Herbstcalvill, Gewürzcalvill, Rother Wintercalvill. 2. Schlotteräpfel: Weißer Sommergewürzapfel (= Weißer Augustcalvill, Weiße Sommerschafsnase, Englischer Kantapfel, Sommer-Postopf, 10 St.), Rothgestreifter Schlotterapfel (= Ananasapfel, Trompeter, 7 St.), Nonnenapfel (= Melonen-, Prinzen-, Haberapfel), Winterpostopf. 3. Gulderlinge: Großer edler Prinzessinapfel, Gelber- oder Goldgulderling, Englischer Winterquittenapfel (Quince-Appel). 4. Rosenäpfel: Astrachanischer Sommerapfel (12 St.), Charlamowski (9 St.), Rother Wiener Sommerapfel (Wiener Augustapfel), Jansen von Welten, Rother Winter-Taubenapfel (Pischonette, Pigeon rouge, 11 St.) Virginischer Sommer-Rosenapfel, Weißer Italienischer Rosmarinapfel, Gestreifter Sommer-Zimmtapfel (Edler Rosenstreifling), Böhmischer rother Jungfernapfel (Rothes Hühnchen). 5. Rambouräpfel (Pfundäpfel): Kaiser Alexander (12 St.), Kirke's Sondergleichen, Winterrambour, Rother Winterrambour, Bunter Prager (Rother Specialapfel). 6. Reinetten: Pariser Rambour-Reinette (fälschlich auch Reinette von Canada genannt, welches aber eine andere sehr gute Frucht ist, heißt auch Windsor-R., Harlemer-R., Weiber-R., Weiße Antillische-R.), Oestreichische National-Reinette, Goldzeugapfel (Große gelbe Zucker-R., Wachs-R.), Reinette von Canada (Grüne Lothringer), Herbert's Rambour-Reinette, Große Englische Reinette, Englischer Goldpepping, Herrenhäuser, Deutscher Pepping (Hoyn'scher P. soll besser sein, als der Goldpepping), Gäsdonker Gold-Reinette, Reinette von Breda, Loskrieger (Champagner-Reinette), Ananas-Reinette, Grüne Reinette (Non pareil), Goldgelbe Sommer-Reinette, Calvillartige Reinette, Walliser Limonenpepping, Carmeliter-Reinette, Edler Winterborsdorfer, Muscat-Reinette, Zwiebelborsdorfer, Ribston's Pepping (Englische Granat-Reinette), Glanz-Reinette, Kräuter-Reinette, Langton's Sonder-

gleichen, Englische rothe Winterparmäne, Baumann's rothe Winter-Reinette, Röthliche Reinette, (Kronen-Reinette), Dietzer rothe Mandel-Reinette, Englische Spital-Reinette, Parker's grauer Pepping, Aechte graue französische Reinette, Carpentin-Reinette, Große Casseler Gold-Reinette (22 St.), Englische Wintergoldparmäne (26 St.), Reinette von Orleans (Triumph-Reinette, in Berlin und Böhmen Ananas-R.), Königlicher rother Kurzstiel. 7. Streiflinge: Luikenapfel (von unschätzbarem Werthe für den Landmann), Großer Rheinischer Bohnapfel, Aechter Winterstreifling, Kleiner Rheinischer Bohnapfel. 8. Spitzäpfel: Großer Winterfleiner, Königin Louise. 9. Plattäpfel: Rother Stettiner (gedeiht jedoch nicht in trocknem Sandboden), Gelber Winterstettiner.

2. Birnen.

21. Sommerbirnen: Sommerdechantsbirne, Grüne Sommer-Magdalena, Grüne Hoyerswerder, Stuttgarter Geishirtelsbirne, Punktirter Sommerdorn, Leipziger Rettigbirne, Sommer-Eierbirne (Beste Birne), Gute graue, Große Petersbirne, Kleine Petersbirne, Sparbirne (nur in gutem Boden), Sommer-Apothekerbirne, Weiße Herbstbutterbirne, Graue Herbstbutterbirne, Köstliche von Charneu, Capiaumont's Herbstbutterbirne (17 St.), Napoleon's Herbstbutterbirne (25 St.), Rothe Bergamotte, Colema's Herbstbutterbirne (ausgezeichnete Herbstbirne), Graue Dechantsbirne (Passa-tutti, 14 St.), Grumkower Winterbirne (14 St.), Rothe Herbstbutterbirne, Normännische rothe Herbstbutterbirne, Haffner's Herbstbutterbirne, Beurré Quetelet, Marie Louise, Bergamotte Crasanne, Prinzessin Marie, Holzfarbige Butterbirne, Wildling von Motte (Bezy de la Motte, 13 St.) Wintersylvester, Deutsche National-Bergamotte, Rousselet vom Rheims, Sommer Ambrette (Herbst-Ambrette), Winterbutterbirne (Bezy de Chanmontel?), Rothe Confesselbirne, Coloma's köstliche Winterbirne (Liegel's Winterbutterbirne?), Virgouleuse.

Als Wirthschaftsbirnen wurden noch besonders empfohlen: Knausbirne, Gelbe Wadelbirne, Rothpunktirte Liebesbirne, Rothbackige Sommerzuckerbirne, Hannover'sche Jacobsbirne (beste frühe Kochbirne), Heyer's Zuckerbirne, Meißner Zwiebelbirne, Lange Sommer-Muscateller, Katzenkopf, Frankfurter Zuckerbirne (beste zum Kochen), Schneiderbirne, Kuhfuß, Graf Günther's Birne, Wolfsbirne Hariegelbirne, Langstielerin,

Champagner-Wein- oder Bratbirne, Zimmetfarbige Schmalzbirne (Gänskräger, als die beste zum Dörren empfohlen), Grüne Pfundbirne, Susanne, Winterrothbirne, Trockne Martinsbirne (Martin sec), Reichenäckerin, Graue runde Winter-Bergamotte, Hildegard (ausgezeichnet zum Kochen), Großer Französischer Katzenkopf, Winter-Pomeranzenbirne.

3. Kirschen.

22. Süßkirschen: Werder'sche frühe schwarze, Ochsen-Herzkirsche, Rothe Maiherzkirsche, Büttner's schwarze Herzkirsche, Bettenburger schwarze Herzkirsche, Große süße Maiherzkirsche, Große schwarze Knorpelkirsche, Schwarze Spanische Knorpelkirsche, Flammentiner Kirsche, Frühste bunte Herzkirsche, Perlkirsche, Luzienkirsche, Süße Spanische Kirsche, Lauermann's Kirsche (12 St.), Elton's bunte Knorpelkirsche, Gemeine Marmorkirsche. Sauerkirschen oder Weichseln. 1. Süßweicheln: Rothe Maikirsche, Rothe Muscateller, Belserkirsche, Doctorkirsche, Folgerkirsche, Royal-Duk, Herzogskirsche, Prager Muscatellerkirsche. 2. Wirkliche Sauerkirschen: Doppelte Natte, Bettenburger Natte, Ostheimer Weichsel (14 St.), Schattenmorelle, Frühe Spanische Weichsel, Monstreuse von Bavay (Reine Hortensie, Hybride de Laeken), Rothe Oranienkirsche, Doppelte Glaskirsche, Frühe königliche Amarelle, Süße Amarelle, Späte Amarelle, Glaskirsche von Montmorency.

4. Pflaumen.

23. Gewöhnliche Hauszwetsche (Bauernpflaume), Ungar'sche Frühzwetsche (Violette Dattelzwetsche), Italienische (Fellenberger-) Zwetsche, Englische Zwetsche, Wahre Früh-Zwetsche (reift auch in sehr hochliegenden kalten Gegenden), August-Zwetsche, Rothe Diapree, Rothe Eierpflaume, Rothe Kaiserpflaume, Violette Jerusalempflaume, Agener-Pflaume (Robe de Sergant oder Prune d'Agen), Coë's Golden drop., Gelbe Eierpflaume, Reizensteiner Zwetsche, Italienische grüne Zwetsche, Violette Diapree, Liegel's Sämling der Johannespflaume (für kalte Gegenden), Violette Kaiserin, Damascene von Maugerou, Hyacintenpflaume, Gelbe Aprikosenpflaume, Rothe Aprikosenpflaume, Weiße Jungfernpflaume, Große weiße Damascenerpflaume, Gelbe Katharinenpflaume, Große grüne Reineclaude (24 St.), Bavay's Reineclaude, Bunter Perdrigon, Herrenpflaume, Johannispflaume (Schwarze Frühpflaume), Frühe Herrenpflaume, Königspflaume von Tours, Spanische Damacenerpflaume, Kö-

nigspflaume von Liegel, Gelbe Mirabelle (12 St.), Washington, Goldpflaume (Drap d'or, Doppelte Mirabelle).

Aprikosen und Pfirsiche.

24. Aprikosen: Große Bredaer, Aprikose von Nancy, Große Oranien-Aprikose, Pfirsich-Aprikose, Frühe und späte Römische. Pfirsiche: Weiße Magdalene, Rothe Magdalene, Frühe Purpurpfirsich, Große Mignonne, Double Montagne (beste Sorte für rauhe Lagen), Maltheserpfirsich, Zwoll'sche doppelte Pfirsich, La Bourdine, Venusbrust.

6. Weintrauben zum Rohgenuß, (Tafeltrauben).

25. Früher weißer Malvasier, Seidentraube (Frühe Leipziger), Früher von der Lahn, Diamant, Früher rother Malvasier, Hinnling, Portugieser, Blusserd (blauer), Gutedel (besonders früher weißer, Pariser-, Muscat-, Rother, Königsgutedel und Petersilientraube), Früher Clävner, Blauer Clävner (Burgunder), St. Laurent, Weißer und Rother Sylvaner, Morillon, Blauer, Rother und Weißer Muscateller, Großer blauer Unger (Bockshorn), Blauer Trollinger, Frühe Berliner Seidentraube (reift noch vor dem Frühen Leipziger, Anfang August.)

Gewiß giebt es noch viele andere ebenso gute Sorten, die nicht genannt worden sind. Wer aber unter den genannten Sorten seine Auswahl trifft, kann überzeugt sein, daß er nur gutes, brauchbares Obst bekommt. Außer diesen sind noch viele ausgezeichnete Früchte, welche, vielleicht aus Zufall von nur wenigen Stimmen empfohlen wurden, weggelassen, um dies Verzeichniß nicht zu groß werden zu lassen.

In guten Baumschulen sind viele der genannten Sorten ächt zu bekommen, und die Baumgärtner werden sich in Zukunft vorzugsweise auf die Anzucht dieser empfohlenen Sorten legen, weil sie Absatz zu erwarten haben. Diese Auswahl verdient um so höhere Beachtung, da sich Urtheile aus Kurland, dem nördlichsten Preußen, Holstein und Oberschlesien dabei befinden *)

Mostobst.

26. Ich gebe hier noch ein Verzeichniß von anerkannt guten Aepfeln und Birnen zu Most, d. h., zu Apfelwein, Essig, Brannt-

*) Für den Norddeutschen Pflanzer sind die Stimmen aus Norddeutschland, welche in der erwähnten Broschüre namentlich aufgeführt sind, ganz besonders zu beachten.

wein u. s. w., die meist zugleich auch zu Muß (Latwerge, Gesülz) tauglich sind. Ich bemerke hierbei, daß nur solche genannt werden, welche viel und guten Most geben und in Mostgegenden vorzugsweise zu Most verwendet werden. Außerdem geben die meisten guten Aepfel, z. B. Borsdorfer und fast alle Reinetten, einen ausgezeichnet starken und guten Apfelwein. Man mostet hauptsächlich Obstsorten mit süß-säuerlichem, gewürzhaftem Geschmack und mehr körnigem, als butterhaftem Fleisch. Calvillen und feine Birnen sind deshalb nicht zu gebrauchen, und von Birnen geben nur solche mit zusammenziehendem Geschmack wirklich guten Most.

Französische Sorten *). Frühäpfel: Girard, Belet, Lente au gros, Doux-Veret, Cocherie flagellée, Guillat-Roger, Saint-Gilles, Blanc doux, Haze, Renouvelet, Là Fausse-Varin, Amer-doux blanc, L'Orpolin jaune, Greffe de Monsieur, Blanc-Mollet, Amer rouge, Blangy (Blagny), Court d'Alleaume, Cunoué (queue nouée), Doux agnel, Mousette (Ente au gros), Epicé (Aumale), Avant. Die frühen Sorten sind besonders aus dem Grunde zu empfehlen, weil sie sofort vom Baume weggekeltert werden können und nicht aufbewahrt zu werden brauchen. Dies gilt auch von den Frühbirnen und von den nachstehenden Herbstfrüchten.

Herbstäpfel: Petit court, Frequin, Doux, aux vèpes heronet, Amer-doux, Saint-Philibert, Long-Pommier, Cimetière, d'Avoine, Ozanne, Gros-doux, Mousette, Gallot, d'Amelot, Rouget (Ecarlate), Culnoué, Souci, Blanchette, Turbet, Bécquet, Doux-ballon, de Rivière, Preux, de Côte, Ambrette, Amelat, Avocat, Barbariegrosse, Cape, Cusset. Winteräpfel: Beboi, Germaine, Marin-Onfroi, Peau de Vache, Bedan, Bouteille, Petite-ente, Duret, Hautbonté, de Chenevière, de Massue, de Cendres, Fossetta, Ros, Prepetit, Petas, Doux-belle-heure, Camière, Sauvage, Gros doux, Sapin, Doux-Martin, Musvadet, Tard-fleuri, A-coup-vent, Jean-Huré, Amer-doux-vert, Aufriche, Duret. Birnen: Le moque, Friand, rouge et blanc, Le Robin (gris cochon), Le Gread, le Raguent

*) Aus: „Le bon Jardinier" von 1855, „Annales de Flore et Pomone" und andern Werken. Ich habe auch einige Sorten hinzugefügt, die in der Normandie, dem ersten Cyderlande der Welt, besonders beliebt sind. Die Namen klingen zum Theil sehr barbarisch, altgallisch und bäuerlich.

(als beste Cyderbirne bekannt), d'Angoisse. Hector, de Mier, de Chemin, Egal au Ragaenet, Grippe, Grosse, petite et d'auge, Gros vert, Carisi, Rouge et blanc, Le Billon, Binetot de Branche (eine der besten), Lantriccotin, Trochet de Fer, De Roux, Grosménil, Sabot (sehr gut), De Maillert, Le Sauger (Poirier de Sauge, eine ausgezeichnete Mostbirne, von deren Trester man herrliche dauerhafte Wildlinge zu Hochstämmen ziehen kann).

Deutsche Cyderäpfel*): Amtmannsapfel, Aportsapfel, Carpentin, Siebenschläfer (für hohe Lagen, erfriert in der Blüthe nicht), Feuerfarbiger Streifling (Fackelapfel), Benzler, Rheinischer Bohnapfel (zu jedem Gebrauch gut), Luikenapfel (zu jedem Gebrauch), Beitaar, Citronenapfel, Champagner-Reinette (Loskrieger, giebt Champagner ähnlichen Wein), Tiefbutzer, Grauer Kurzstiel, Frauenrothbacher (Châtaigne du Leman), Weiniger Grauch (grauch aigre), Herrenapfel, Spätblühender Madapfel (erfriert in der Blüthe nicht und ist zu jedem Gebrauch gut), Maucher, Kleiner Winterfleiner, Rauchapfel, Saurer und süßer Rheinapfel, Schafsnase, Schmeckapfel, Messerlinger, Eyachthäler Streifling u. a. m. Birnen: Berglerbirne, Wasser- oder Zankersbirne (giebt ausgezeichneten Essig), Große Blankette, Bratbirne, Champagnerbratbirne (nur zu Most), Brunerbirne, Kannenbirne, Knausbirne, Falsche Gute-Christenbirne (Faux bon-Chretien), Schellen- oder Eisenbirne, Gelbe Wadelbirne, Wolfsbirne (nur zu Most), Wildling von Einsiedel (nur zu Most), Welsche Mostbirne, Gallusbirne, Gondershauser Mostbirne, Polnische Birne, Botzenäckerin, Grun- oder Feigenbirne (sehr früh), Hariegelbirne, Saubirne (nur zu Most), Klotzbirne, Kron- oder Fäßlibirne, Röthelsbirne, Scheublerbirne, Herrenbirne, Speckbirne, Mahlbirne, Owenerbirne (frühzeitig), Mörlesbirne, Langstielerin, Fischäckerin oder Wilde Eierbirne, Cyderbirne aus der Normandie, Thorilersbirne (früh), Masselbacher Mostbirne, Pfaffenbirne, Karchenbirne von Geildorf.

*) Es sind dies meist Süddeutsche, Rheinische und Elsaßer Provinzialsorten, die vorläufig in Mittel- und Norddeutschland noch selten zu bekommen sind. Man muß sich deßhalb zu ihrem Bezug in jene Gegenden wenden. Die meisten sind in Hohenheim bei Stuttgart, in der Landesbaumschule und bei A. N. Baumann in Bollwiller bei Mühlhausen im Elsaß zu haben, wohl auch in Frankfurt a. M. u. a. O. Noch mehr Sorten führt Lucas in dem eben erschienenen Werke „Obstbenutzung" auf; ich konnte aber dieselben nicht mehr aufnehmen.

Dritter Abschnitt.

Werkzeuge und Hilfsmittel.

Zum Obstbau sind verhältnißmäßig nur wenig Werkzeuge erforderlich. Man hat zwar eine Menge neuer Werkzeuge der verschiedensten Art erfunden, wendet aber die wenigsten davon an, weil sie keinen besonderen Vortheil gewähren. Ich werde hier nur die nothwendigen, besonders zweckmäßigen und von neuen nur solche erwähnen, welche die Arbeit wesentlich erleichtern und besser machen.

27. Das wichtigste Werkzeug ist das Baummesser. Die alte Hippe, mit dem entsetzlichen krummen Hacken und nur für eine Riesenfaust eingerichtet, ist zwar ziemlich verschwunden, gleichwohl sieht man meist noch unzweckmäßige Messer mit zu breiter, zu gekrümmter Klinge.

Fig. 2.

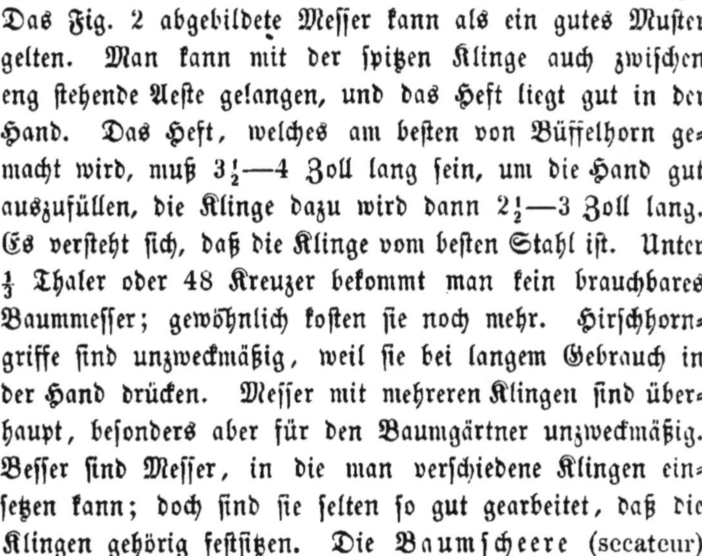

Das Fig. 2 abgebildete Messer kann als ein gutes Muster gelten. Man kann mit der spitzen Klinge auch zwischen eng stehende Aeste gelangen, und das Heft liegt gut in der Hand. Das Heft, welches am besten von Büffelhorn gemacht wird, muß $3\frac{1}{2}$—4 Zoll lang sein, um die Hand gut auszufüllen, die Klinge dazu wird dann $2\frac{1}{2}$—3 Zoll lang. Es versteht sich, daß die Klinge vom besten Stahl ist. Unter $\frac{1}{3}$ Thaler oder 48 Kreuzer bekommt man kein brauchbares Baummesser; gewöhnlich kosten sie noch mehr. Hirschhorngriffe sind unzweckmäßig, weil sie bei langem Gebrauch in der Hand drücken. Messer mit mehreren Klingen sind überhaupt, besonders aber für den Baumgärtner unzweckmäßig. Besser sind Messer, in die man verschiedene Klingen einsetzen kann; doch sind sie selten so gut gearbeitet, daß die Klingen gehörig festsitzen. Die Baumscheere (secateur) ersetzt in vielen Fällen das Messer und kommt immer mehr in Gebrauch, weßhalb man sich auch die größte Mühe gegeben hat, sie zu verbessern. Das Beschneiden der Formbäume, des Weinstocks, der Beerensträucher u. s. w. mit der Scheere geht wenigstens noch einmal so schnell, als mit dem Messer und wird mit einer guten Scheere von geschickter Hand ebenso gut ausgeführt. Die älteren Baumscheeren quetschen stets den

Zweig; bei den neueren hat man diesen Uebelstand ziemlich beseitigt. Die Klinge beschreibt hierbei einen Kreis, drückt also nicht, sondern schneidet ziehend ein. Gewöhnlich wird die andere Seite der Scheere durch einen breiten Haken gebildet, an welchen der Zweig beim Schneiden sich anlegt. Neuerdings hat man aber auch dem Haken eine wenig vorstehende Schneide gegeben, welche von unten nur schwach einschneidet und so das Quetschen der Rinde verhütet. Die beste Scheere letzterer Art ist die von Groulon, beschrieben und abgebildet im „Almanach du Jardinier" von 1854. Ich gebe hier unter Fig. 3 die Abbildung einer sehr brauchbaren Gartenscheere, wie sie in Frankreich am häufigsten gebraucht werden, und deren ich mich schon seit 15 Jahren bediene. Die Klinge ist abnehmbar, und kann deßhalb leicht geschliffen oder durch eine neue ersetzt werden, wodurch eine neue Scheere erspart wird. Man hat auch Scheeren, wo der Haken zum Anschrauben ist; da dieser jedoch fast nie abgenutzt wird, so ist diese Einrichtung zwecklos. Bei einer neueren Art von Scheere französischer Erfindung ist die Schneide concav wie ein Gartenmesser, anstatt convex wie gewöhnlich, und die Bewegung ist so eingerichtet, daß der Schnitt ganz wie ein Messerschnitt ausgeführt wird. Die Abbildungen zu „Le Bon Jardinier" (Figures pour l'almanach du Bon Jardinier) von Decaisne und Herincq (XVIII. Auflage) geben unter Fig. 371 und 372 die genaue Abbildung einer solchen Scheere (Sécateur à engrenage), wie überhaupt noch sehr verschiedenartiger Baumscheeren. Im V. Hefte der „Monatsschrift für Pomologie und practischen Obstbau von Oberdieck und Lucas rühmt Herr Lucas unter der Benennung Messerzange eine Baumscheere von der Erfindung des Herrn Dittmar in Heilbronn, welche einen sehr reinen Schnitt machen soll, und mit der man jeden Zweig dicht an seiner Wurzel abschneiden kann, was mit anderen Scheeren schwer hält. Diese Scheere oder Zange ist auch so eingerichtet, daß man die Schnittstelle stets vor sich sehen kann. Ob man stärkere Zweige damit glatt abschneiden kann, ist zu bezweifeln, da die Bewegung mehr kneipend

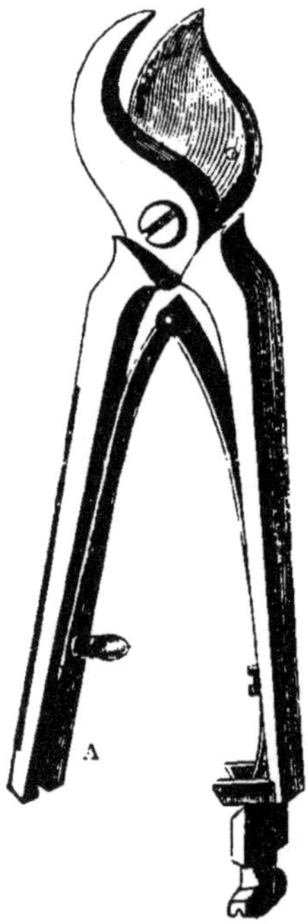

Fig. 3.

(zangenartig), als schneidend ist. Die erwähnte Monatsschrift giebt S. 197 eine deutliche Abbildung in der wirklichen Größe. Fig. 4 u. 5 zeigen eine Scheere oder Zange, mit welcher man schwache, dichtstehende Zweige ausschneiden kann, was selbst mit dem Messer oft schwierig ist. Diese Astzange dient vorzüglich dazu, um alte Stumpfen an jungen Bäumen zu beseitigen. Man hat sogar ein Instrument erfunden, welches Messer und Scheere zugleich ist, die Messerscheere. Da ich aber dieses Werkzeug für unpraktisch halte, so will ich es nicht weiter beschreiben, und verweise auf den illustrirten Preiscourrant der Brüder Dittmar in Heilbronn, wo sie unter No. 31 abgebildet ist. Eine noch deutlichere Abbildung enthält das obengenannte französische Werk (Figures pour l'Almanach du Bon Jardinier) unter Fig. 383. Die Baumscheeren sind in der Regel für eine Hand eingerichtet, man hat aber auch deren mit längeren Stielen für zwei Hände, um höhere Aeste zu beschneiden. Da man aber dabei nicht schneller wegkommt, als wenn man auf die Leiter steigt, und der Schnitt nie so gut ausgeführt werden kann, als in der Nähe mit einer Hand, so will ich sie nicht empfehlen. Anders verhält es sich mit sogenannten Raupenscheeren auf einem langen Stiel, wovon weiter unten die Rede sein wird; denn diese sind sehr zweckmäßig und namentlich auch zum Schneiden der Edelreiser zu gebrauchen.

Fig. 4.

Fig. 5.

Das Beschneiden mit der Baumscheere geht, wie gesagt, sehr schnell und muß schnell ausgeführt werden, weil nur ein rascher, kräftiger Druck einen reinen Schnitt macht. Die Hauptsache ist, daß die Feder stets gut im Stande ist, denn sonst ermüdet das Beschneiden und geht nicht vorwärts. Die Schneide muß oft rein gemacht werden, weil sich leicht Rindenstoff ansetzt. Ueberall ist die Scheere nicht zu gebrauchen, am wenigsten bei guten Spalierbäumen, wo ein gutes Messer mit spitzer Klinge nicht zu entbehren ist. Trocknes Holz darf man nicht mit der Baumscheere schneiden, weil sie sonst bald verdirbt.

Die *Stangenscheere*, gewöhnlich Raupenscheere genannt (obschon sie selten zum Raupen genommen werden), sind ähnlich wie die Handbaumscheeren, werden aber auf einem beliebig hohen Stiel befestigt und mit einer Schnur gezogen. Fig. 6 zeigt den oberen Theil einer solchen Scheere geöffnet, Fig. 7 eine andere geschlossen. Der Zweig wird mit dem Haken an der Stelle, wo er abgeschnitten werden soll, gefaßt. Fig. 8 zeigt zugleich den unteren Theil der Stange mit einer sehr bequemen Vorrichtung von *Dalbert* und *Miller*, wobei das Ziehen der Schnur, die auf Rollen läuft, durch einen Hebel bewirkt wird, was die Arbeit sehr erleichtert. Die Stangenscheeren dienen zum Abschneiden solcher Zweige, zu denen man mit der Leiter nicht gelangen kann, auch wohl, um von unten höhere Zweige, z. B. Veredelungsreiser und Raupennester abzuschneiden. Befestigt man daran ein kleines Netz oder ein Säckchen, wie es Fig. 6 angedeutet ist, so wird diese Scheere zugleich zum *Fruchtbrecher*, um besonders schöne, schwer zu erlangende Früchte wohlbehalten zu bekommen. Man setzt dann den Haken hinter der Frucht ein und zieht am Faden, in Folge dessen die Frucht in das Säckchen fällt. Auf diese Weise kann man einen besonderen Fruchtbrecher ersparen.

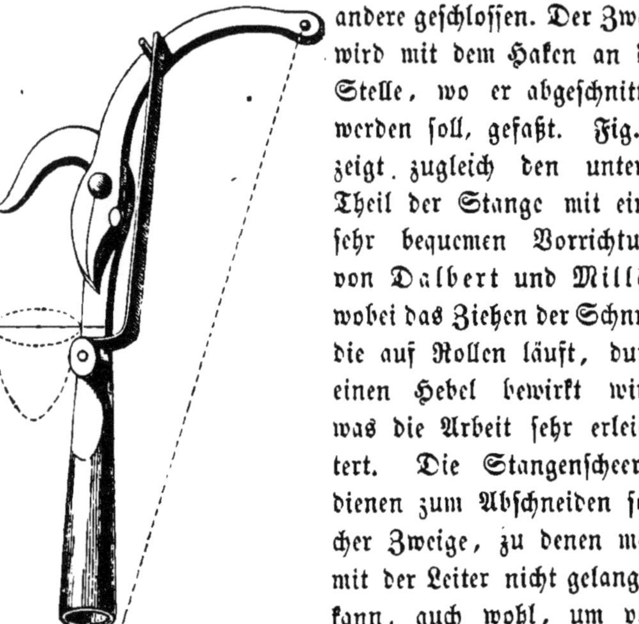

Fig. 6. Fig. 7.

Zum Ringeln einzelner Aeste solcher Obstbäume, die wegen zu üppigem Holzwuchs nicht tragen wollen und zu andern Zwecken, bedient man sich mit Vortheil einer besonderen *Ringelzange*, welche diese Verrichtung sehr schnell und genau ausführt. Man legt sie um den zu ringelnden Ast, welcher ziemlich stark sein kann, und dreht sie so weit herum, als nöthig ist. Mit einer einzigen Drehung ist die Rinde glatt und ganz nach Regel abgeschnitten. Fig. 8 und 9 zeigt die Ringelzange von Dubreuil (Coupesève du Breuil) von beiden Seiten. Das Ringeln wird durch 4 kleine Messer bewirkt. Das erwähnte Dittmar'sche Verzeichniß giebt unter No. 42 die Abbildung einer ähnlichen Zange.

Fig. 8.

Fig. 9.

Ein sehr bequemes Werkzeug ist der Astputzer Fig. 10, wovon man sehr verschiedene Formen hat. Er dient zum Abholzen schwächerer trockner Zweige und Baumschwämme, auch zum Abkratzen von Moos und todter Rinde, an Stellen, wohin man nicht mit der Handbaumscheere gelangen kann. Der obere Theil ist meiselartig und dient zum Stoßen; der untere hakenförmig, wie ein gewöhnlicher Holzhaken. Beide haben eine gute, aber nicht scharfe und schwache Schneide, weil sich diese leicht umbiegen und schartig werden würde. Dieses Werkzeug ist bei alten großen Hochstämmen unentbehrlich. Der Haken darf nicht zu weit abstehen, damit er beim Stoßen nicht im Wege ist.

Fig. 10.

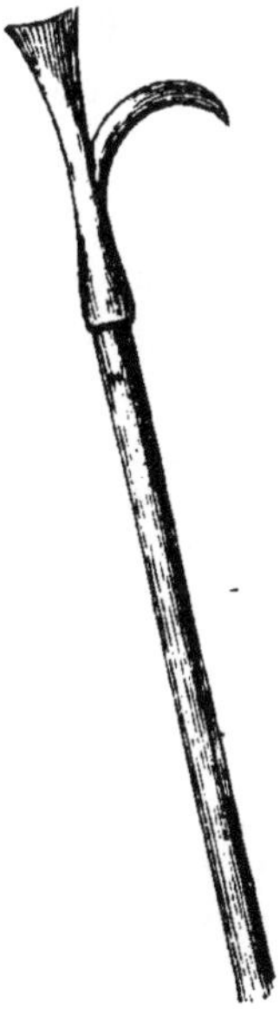

Baumsägen bedarf man zwei, nämlich eine Baumsäge mit eisernem Bügel und eine sogenannte Lochsäge. Unter den Baumsägen verdient die Fig. 11 abgebildete

Fig. 11.

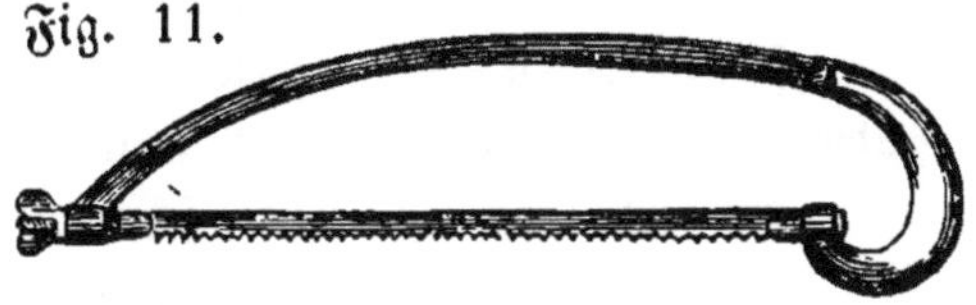

Hohenheimer Bogensäge von Lucas unbedingt den Vorzug, weil sie sich bequemer als jede andere handhaben und viel Kraftaufwand ohne zu ermüden zuläßt. Diese Säge kann größer und kleiner gemacht werden, und es ist gut, wenn man zwei von verschiedenen Größen hat, von 12—15 Zoll Länge. Unter den Lochsägen, die man auch im Gebrauch bei der Baumzucht Astsäge nennt, ist die Fig. 12. dargestellte ihres bequemen Griffes wegen besonders zu empfehlen. Mit dieser Säge schneidet man Aeste in Gabeln weg, zu denen man mit der Baumsäge nicht gelangen kann. Man hat auch Baumsägen, welche auf langen Holzstielen und Stangen befestigt sind; da man aber damit keine Kraft anwenden kann, so nützen sie wenig. Zweckmäßig ist eine Lochsäge mit einem 2 Fuß langen Holzstiel, um entferntere Aeste abzuschneiden. Auch eine ganz kleine, sehr spitzige Lochsäge von nur 9—12 Zoll Länge ist sehr brauchbar, um engstehende Aeste an Formbäumen auszuschneiden. Die Messersägen sind kaum zu gebrauchen.

Fig. 12.

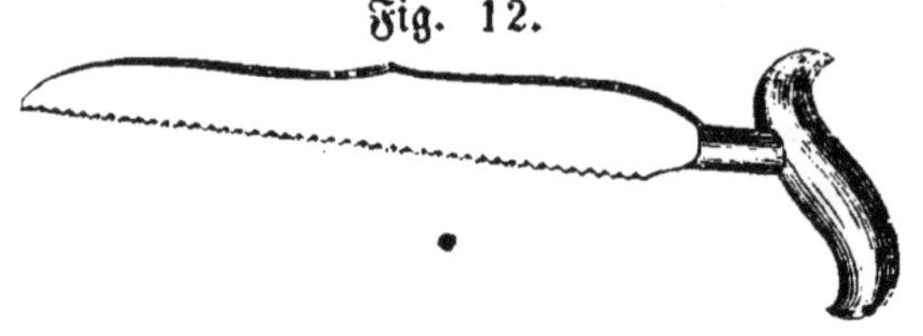

Der Wundenreiniger Fig. 13 wird zum Auskratzen alter Wunden und fauler Stellen, namentlich der Astlöcher, auch zum Ablösen der Harzknoten an Steinobstbäumen und der Baumschwämme gebraucht. Macht man die Seiten schneidig, so dient dieses Werkzeug auch als Rinden- und Mooskratzer, um die Bäume zu reinigen. Wo dieser Wundenreiniger nicht ausreicht, muß der Meisel gebraucht werden, und es eignet sich hierzu jeder Zimmermannsmeisel.

Fig. 13.

Einen ausschließlich zum Abkratzen von Rinde und Moos bestimmten sehr guten Rindenkratzer zeigt Fig. 14. Beide Seiten sind schneidend, ohne scharf und dünn zu sein, und die verschiedenen Biegungen gestatten alle möglichen Aus- und Einbiegungen des Stammes und der Aeste zu reinigen. Einen anderen sehr guten Mooskratzer zeigt Fig. 15, wovon die eine Seite rauh wie eine Holzraspel, die andere glatt ist. Der Griff ist in der Mitte. Auch Moos- und Rindenkratzer nach Art der Pferdestriegeln eingerichtet,

Fig. 14.

Fig. 15. thun gute Dienste. Endlich ist auch eine sogenannte Handbaumscheere von der Form einer Trogscharre (wie sie beim Backen und vom Schornsteinfeger gebraucht wird) sehr gut zu gebrauchen, wenn dieselbe etwas concav und scharf gemacht wird. Man kann sie auch auf einer Stange befestigen und so die Stämme vom Boden aus reinigen.

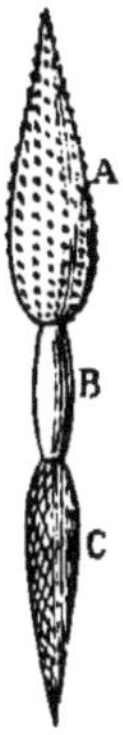

A

B

C

Als Raupeneisen zum Abputzen der eingesponnenen Raupennester ist das Fig. 16 abgebildete Werkzeug sehr zweckmäßig, denn man kann mit der Gabel die Nester drehend und mit dem Haken ziehend abbrechen und abstreifen. Dieses Werkzeug dient auch zum Abstoßen und Abreißen von Nüssen und grünen Mandeln, wodurch die Bäume mehr geschont werden, als mit dem Prügel oder der Stange. Es heißt dann Nuß- oder Mandelbrecher. Eine andere Art von Raupeneisen,

Fig. 16.

die Raupenscheere, wurde schon oben erwähnt und Fig. 6 und 7 abgebildet. Es giebt besonders dazu eingerichtete Scheeren, welche den abgeschnittenen Zweig mit dem Raupenneste zugleich festhalten, damit sie nicht am Baume hängen bleiben können. Auf die Vorrichtungen zum Abhalten der Spannraupen und anderer Raupen von den Stämmen werden wir später zurückkommen.

Die Baumbürste ist eine einfache harte Bürste mit langem Stiel, um die naß gemachte Rinde junger Bäume ganz von Moos reinigen zu können und die an Spälierbäumen sich etwa einfindenden Schildläuse zu beseitigen. Man wendet hierbei anstatt des reinen Wassers oft Lauge oder Seifenwasser an.

28. Der Obstbrecher (Obstpflücker) ist nöthig, um Früchte, die man mit der Hand nicht erreichen kann und doch nicht schütteln will, abzupflücken. Man bedient sich desselben besonders in Jahren, wo es wenig Obst giebt und es auf jede gute Frucht abgesehen ist. Bei gutem Obst verlohnt es sich auch in obstreichen Jahren, den Obstbrecher zu gebrauchen, weil die schönsten Früchte meist an den Spitzen hängen. Man hat sehr verschiedene Arten von Obstbrechern. Fig. 6 zeigt bereits eine Form mit der Scheere. Wenn man aber das Werkzeug blos als

Obstbrecher will, so rathe ich nicht dazu, da es viel einfachere, bequemere und wohlfeilere giebt. Ein solcher ist der Fig. 17 dargestellte Obstbrecher von Holz mit Weidengeflecht, welcher in vielen Gegenden Deutschlands allgemein gebräuchlich ist. Er faßt 3—4 große Aepfel oder Birnen und ist leicht zu handhaben, jedoch nur von der Leiter aus seitwärts zu gebrauchen, weil bei einer Haltung über sich die Früchte herausfallen. Besser und auch von unten an einer langen Stange zu gebrauchen ist der Obstbrecher in Form des bekannten Klingelbeutels oben mit einem Kranz von Zinken versehen, wie derselbe bei Fig. 17 bei x angedeutet ist. In diesem Falle fällt das Weidengeflecht weg und die Zinken können kürzer sein. Der Bogen, worin das Säckchen hängt, kann dann viel schwächer von Holz sein, als bei Fig. 17, und es würde zweckmäßig sein, denselben sowie auch die Zinken leicht von Eisen zu machen und etwas seitwärts gebogen auf der Stange anzubringen, so daß der Bügel mit der Stange ungefähr einen Winkel von 35—40 Grad bildet. Auf diese Weise bleibt der Beutel offen, wenn die Stange senkrecht gehalten wird. Ein solcher Beutelpflücker faßt 10—12 Früchte, und man kann so viele hineinthun, als man an der Stange tragen kann. Als sehr zweckmäßig rühmt Lucas in der Monatsschrift für Pomologie 2c. die Fig. 18 abgebildete Form, welche keiner weiteren Beschreibung bedarf. Gartenbesitzern, welche zuweilen Obst von ihren Pyramidenbäumen, Spalier- und Halbhochstämmen gerne selbst pflücken, es sich aber dabei bequem machen wollen, ist der Fig. 19 abgebildete Scheeren-Obstbrecher von Regnier zu empfehlen. Man faßt die Frucht mit dem Bügel zieht mit dem Faden die Scheere zu und läßt die

Fig. 17.

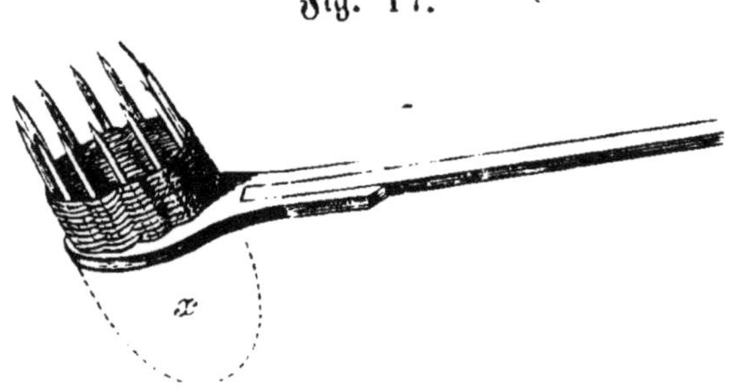

Fig. 18.

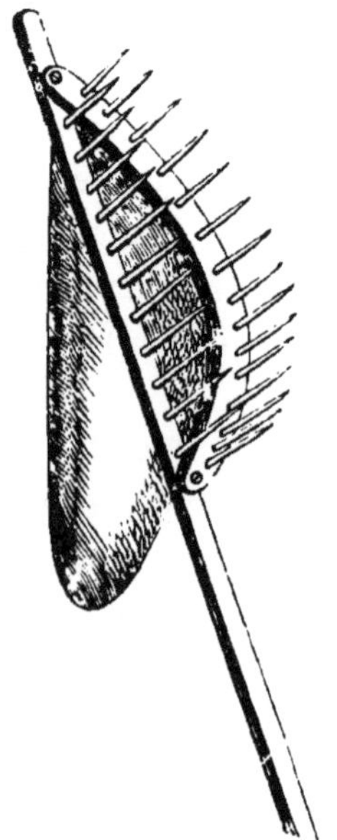

Fig. 19.

Frucht in das Säckchen fallen. Um das Auseinandergehen der Bügel zu vermeiden, ist eine Feder angebracht, oder man macht einen starken Knoten oder ein Querholz an die Schnur, welcher, in eine Gabel geklemmt, die Schnur gespannt und die Bügel geschlossen hält, ohne daß die Hand festzuhalten braucht. — Es giebt auch noch besondere Traubenpflücker, um sich ohne Leiter die schönsten Trauben von einem hohen Spalier holen zu können. Fig. 20 stellt einen solchen dar, der die Trauben abschneidet und zugleich festhält. Praktische Obstzüchter lachen über solche Werkzeuge, aber für den bejahrten Gartenbesitzer haben sie großen Werth.

Fig. 20.

Fig. 21.

Ein unentbehrliches Werkzeug ist der *Obsthaken*, mit welchem man die Aeste, welche nicht mit der Hand erreicht werden können, herbei zieht. Er ist besonders bei Kirschen unentbehrlich, muß aber mit Vorsicht angewendet werden, besonders bei Kernobst, welches zerbrechliche Aeste hat. Man bedient sich meistens eines gewöhnlichen Holzhakens, den man sich aus der ersten besten Hecke, wohl gar vom Baume selbst schneidet; dies ist aber unzweckmäßig und wer die Bequemlichkeit des Fig. 21 abgebildeten Hakens kennen gelernt hat, wird nur im Nothfalle sich eines andern bedienen. Derselbe ist mit einem verschiebbaren Gegenhaken (x) versehen, welchen man an die Leiter oder einen passenden Ast festhakt, so daß man mit zwei Händen bequem pflücken kann, während man beim Gebrauche eines gewöhnlichen Hakens durch das Halten des Astes bald ermüdet und nichts fertig bringt. Die Stange muß mit 6 Zoll von einander stehenden kleinen Löchern versehen sein, in welchen man an beliebigen Stellen einen am Gegenhaken hängenden Stift (a) steckt, damit dieser nicht rutschen kann.

Der Schüttelhaken ist ein gewöhnlicher starker eiserner Haken auf einer langen Stange, um damit die Aeste zu schütteln, wenn das Obst nicht gepflückt werden soll oder kann Jeder gewöhnliche Holzhaken ist dazu gut, wenn er nur nicht einschneidet, so daß die Rinde beschädigt werden kann. Ein hölzerner Haken thut's auch.

29. Leitern braucht man von allen Größen, je nachdem die Bäume. Die gewöhnlichen Leitern verändert man insofern, daß man an sehr große, welche weit auf die Felder getragen werden müssen, ein Rad anbringt, um sie zu fahren, welches jedoch bei'm Gebrauch der Leiter abgenommen wird. Bei Spalieren muß man eigens dazu eingerichtete Leitern mit Armen haben, um die Zweige nicht zu brechen, wenn man sie an die Mauer legt. Fig. 22 zeigt eine solche Spalierleiter.

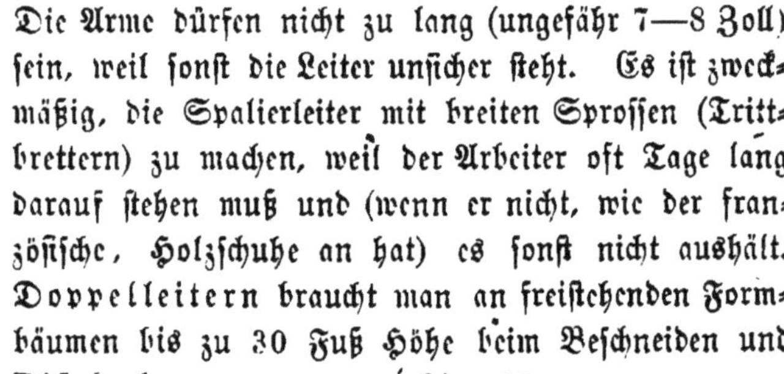
Fig. 22.

Die Arme dürfen nicht zu lang (ungefähr 7—8 Zoll) sein, weil sonst die Leiter unsicher steht. Es ist zweckmäßig, die Spalierleiter mit breiten Sprossen (Trittbrettern) zu machen, weil der Arbeiter oft Tage lang darauf stehen muß und (wenn er nicht, wie der französische, Holzschuhe an hat) es sonst nicht aushält. Doppelleitern braucht man an freistehenden Formbäumen bis zu 30 Fuß Höhe beim Beschneiden und Obstabnehmen, so wie bei Hochstämmen an den untern Aesten. Wohlfeiler und leichter werden solche Baumleitern, wenn man anstatt einer zweiten Leiter gegenüber nur zwei Stangen als Stütze anbringt, wie es Fig. 23 zeigt, was sicherer ist, als wenn man nur eine Stange als Gegenstütze anbringt. — Sehr zweckmäßig ist der Fig. 24 abgebildete Kletterbaum oder

Fig. 23.

Fig. 24.

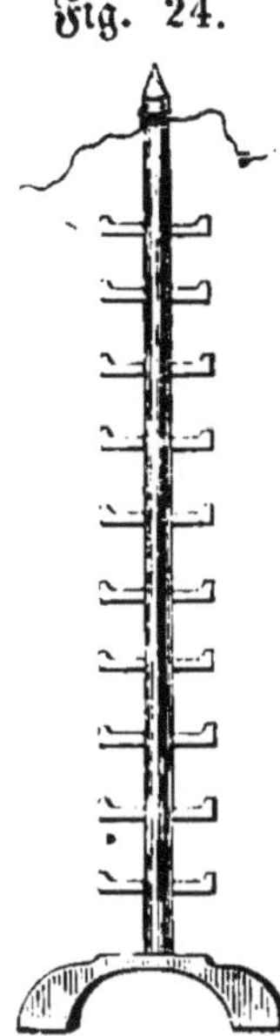

die Einbaumleiter. Man stellt diese Leiter auf den Baum selbst mit dem Ausschnitt in jede beliebige Astgabel, so daß sie sich nicht drehen kann. Sollte der Stand nicht sicher genug scheinen, so bindet man sie oben und unten fest. Die Sprossen sind ausgehöhlt oder mit Knöpfen versehen, damit der Fuß seitwärts nicht ausgleitet. Diese Art Leiter muß sehr gut und fest gearbeitet sein, besonders dürfen sich die Sprossen nicht verschieben.

30. Zum Umpfropfen alter Bäume, was bei ausgedehnten Obstpflanzungen oft vorkommt, braucht man das Pfropfeisen, wovon Fig. 25 eine gute Form giebt. Von andern Veredlungswerkzeugen bedarf man beim Obstbau (ohne Baumschule) allenfalls noch das Pfropfbeinchen zum Rindenpfropfen.

Fig. 25.

Ein gutes, handliches, scharfes Beil dient zum Abhauen starker Aeste, die mit der Säge allein nicht durchschnitten werden können. In der „Monatsschrift für Pomologie" wird S. 31 (I. Heft) eine besonders dazu geeignete Form mit Vorrichtung zum Ausziehen der Nägel abgebildet und empfohlen. Hammer werden zum Einschlagen der Nägel an Wänden für Spalierbäume und zu verschiedenen anderen Zwecken gebraucht. — Eine gute Spritze ist bei der Spalierbaumzucht im Großen unentbehrlich, denn die Mauerbäume müssen, um sie gesund zu erhalten, manchmal bespritzt werden, besonders wenn sie mit Schutzdächern versehen sind. Ferner ist das Bespritzen mit ätzenden Stoffen zur Vertilgung der Insekten zuweilen nöthig. Hierzu dient jede Pflanzenspritze, wie sie die Gärtner in Gewächshäusern brauchen. Noch zweckmäßiger ist eine Handspritze zum Drücken, welche in einen Eimer gestellt wird, da diese auch bei Feuersgefahr gute Dienste leistet. Das Rohr hat einen kurzen Schlauch und ist ohne Brause, weil sich mit dem aufgelegten Finger der Strahl so gut zertheilen läßt, daß das Wasser in Tropfen niederfällt. Mit solchen

Spritzen kann man auch größere Bäume, welche im Frühjahr bei trocknem Wetter von Moos gereinigt werden sollen, anfeuchten, weil so das Moos viel leichter abgeht. — Gegen die Krankheit des Weinstockes wurden bis jetzt am häufigsten gepulverte Schwefelblumen angewendet, die man durch einen eigens dazu eingerichteten Blasebalg an die Stöcke bringt. Obschon auch dieses Mittel wenig geholfen, dagegen sich das Bestreichen mit Leimwasser besser zu bewähren scheint, so will ich doch später unter Fig. 40 die Abbildung dieses früher als unfehlbar gerühmten Instrumentes geben, da es auch bei andern Krankheiten mit Vortheil gebraucht wird.

31. In Gegenden, wo der Wein nicht gut reift, und um spät reifende Trauben vollkommen und überhaupt Trauben früher zur Reife zu bringen, bedient man sich der Traubenglocken, Fig. 26, wie sie in Holland und England sehr gebräuchlich sind. Sie gewähren zugleich Schutz gegen Angriffe verschiedener Art. Man bringt die Trauben schon darunter, wenn sie gut angesetzt haben, also noch klein sind und zur oberen Oeffnung hineingebracht werden können. Sind die Trauben schon größer, so muß man Glocken mit angeschraubtem Kopfe anwenden. Die holländischen Glocken sind 8—9 Zoll lang, unten 5—6 Zoll weit, oben ist die Oeffnung nur 2 Zoll weit. Beide Oeffnungen bleiben offen und merkwürdiger Weise geht selten ein Insect hinein. Die Befestigung geschieht mit Draht. Die Traubenreife wird auch beschleunigt, wenn man hinter dieselben schwarze Hohlziegel (Horst- oder Firstziegel), oder wie ein Hohlspiegel geformte Blechschalen anbringt, die schwarz angestrichen sind.

Fig. 26.

Bekannter sind die Säckchen von Pferdehaar oder starker Gaze, die man über die Trauben zieht, um sie gegen Insecten zu schützen. Die Haarsäcke schützen auch gegen Mäuse und Marder. Man kann auch kleine Pfirsich- und Aprikosen-Fruchtästchen mit solchen Säcken schützen, überhaupt jede schöne Frucht, an der viel gelegen ist. — In sehr rauhen Gegenden werden die Mauern für Spalierbäume, besonders zu Wein so eingerichtet, daß Fenster vorgesetzt werden können, um die Reife zu beschleunigen. Man kann es meist so einrichten, daß überflüssige Mistbeetfenster und Doppelfenster von Gewächshäusern oder auch von Wohnungen, die nur im Winter gebraucht werden, dazu verwendet werden.

Von den fest an Mauern angebrachten Schutzvorrichtungen soll an einem andern Orte die Rede sein, und ich will hier nur noch der beweglichen Schutzvorrichtungen gedenken. Diese bestehen in Tüchern, Matten und Vorsetzern von Stroh, Schilf, Haidekraut u. s. w. um die Spalierbäume im Winter bei strenger Kälte und im Frühjahr gegen Spätfröste zu schützen. Zur Winterbedeckung wendet man selten hölzerne Vorsatzrahmen, welche mit Stroh, Schilf u. s. w. ausgefüllt sind, an, indem man lieber das Stroh, Nadelholzreisig, Haidekraut u. s. w. unmittelbar an das Spalier befestigt; hat man aber einmal solche Rahmen zum Schutz der Blüthe, so sind sie auch für den Winter zu gebrauchen. Am schnellsten geht die Bedeckung von blühenden Bäumen, wenn Nachtfrost zu befürchten ist, mit Tüchern von fester Packleinwand, die oben am Spalier befestigt werden. Ihre Anschaffung ist zwar kostspielig, sie halten aber, gut behandelt, auch lange, und werden 11 Monate des Jahres nicht gebraucht, können deßhalb sicher und trocken aufbewahrt werden, während Vorsetzrahmen viel Raum wegnehmen. In Lagen, wo Nachfröste während der Blüthezeit der Aprikosen und Pfirsiche gewöhnlich sind, thut man wohl, vom Beginn der Knospenöffnung oder noch früher bis zur Zeit des

Fig. 27.

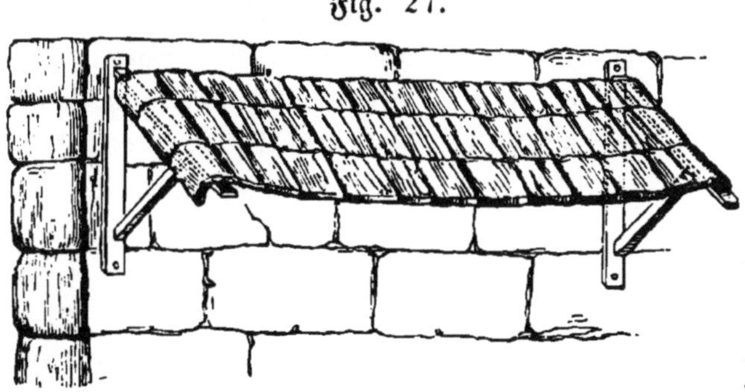

Fruchtansatzes ein Schutzdach von Stroh oder Brettern anzubringen, wie Fig. 27 zeigt.

Die Bedachung braucht nur 1½ — 1¾ Fuß breit zu sein, und ruht auf Armen oder Stützen von Holz oder Eisen, welche am Holze des Spaliers befestigt sein können. Wendet man Strohmatten zur Deckung an, so dürfen die Träger nicht weiter als 3—4 Fuß von einander sein. deckt man aber mit leichten Bretterläden, so können sie 6–8 Fuß Entfernung bekommen. Es ist zweckmäßig, an jedem Träger dieses Schutzdaches einen Nagel oder ein Häckchen anzubringen, um bei starken Nachfrösten noch Tücher oder Matten vorhängen zu können. Wer diese Vorsichtsmaßregeln scheut, kann nie mit Sicherheit auf eine Obsternte zählen. In Frankreich sind solche Dächer, so wie auch festsitzende Strohdächer allgemein im Gebrauch, ebenso in England.

32. Da bei einer gut geregelten Obstbaumzucht auch an großen Bäumen alle Wunden verstrichen werden, so bedarf man einen eisernen Theertopf, um den Theer darin aufzubewahren und warm zu machen. Eine Pfropfpfanne zum Erweichen des Baumwachses ist bei der Baumzucht im Großen, ohne Baumschule, entbehrlich, da alle Wunden, außer den bei der Veredlung verursachten, mit Theer oder Theersalbe, verstrichen werden können, und das wenig gebrauchte Baumwachs mit der Hand erweicht werden kann. Da der Theer und die davon bereitete Salbe zum Verstreichen der Wunden der Wohlfeilheit und Nützlichkeit wegen allen andern Baumsalben und Baumpflastern vorzuziehen ist, so will ich hier von der Bereitung jener ganz absehen *) und nur die Bereitung der Theersalbe angeben. Man vermischt Steinkohlentheer oder noch besser Asphalttheer mit Torfasche, Torfstaub, Kohlenpulver, Ziegelmehl oder Asche, so daß man diese Masse, wenn sie erwärmt wird, noch streichen kann, wozu man sich eines steifen Pinsels bedient. Diese Mischung deckt besser und ist wohlfeiler als reiner Theer; jedoch kann man auch diesen nehmen. — Wer eine große Spalierbaumzucht betreibt, wird wohl thun, ein Gläschen mit Collodium bei der Hand zu haben, um kleine Wunden während der Saftzeit augenblicklich so zu

---

*) Verschiedene Recepte zu Baumwachs, Baumsalben und Baummörtel enthält das I. Bändchen dieser Bibliothek, „die Baumschule", Seite 44—46.

schließen, daß kein Saft ausfließt, wodurch schon mancher Baum den Tod bekommen hat. Mit Collodium verhindert man das Bluten der Weinstöcke auf der Stelle; nur muß es sofort geschehen, ehe der Schnitt naß wird. Vorläufig ist das Collodium noch zu theuer, um allgemein zu werden, aber es wird muthmaßlich in Zukunft sehr häufig angewendet werden.

Zum Abhalten der Spannraupen und anderer Raupen giebt es kein besseres Mittel als Theerbänder von starkem Papier oder Tabacksblei, welche von Jahr zu Jahr aufgehoben werden und immer vorräthig sein müssen. Die früher in den Verhandlungen des Preußischen Gartenbauvereines vielfach besprochenen trichterförmigen Pappringe sind so schwer passend zu machen, daß sie nicht empfohlen werden können. Wer mit dem Obstbau die Obstkenntniß (Pomologie) betreibt und die Sorten kennen will, was eigentlich bei jedem Obstzüchter der Fall sein sollte, muß für die richtige Bezeichnung der Sorten sorgen und dazu sogenannte Etiquetten von Holz oder Blei vorräthig haben. Ihre Anfertigung und Einrichtung habe ich in der Baumschule §. 4 genau beschrieben.

In obstreichen Jahren braucht man viele Stützen, kann aber auch durch Baststricke und Strohbänder, von welchen die schweren Aeste gehalten werden, viele entbehrlich machen. Die Stützen sind bekanntlich lange Stangen, am besten von Fichtenholz, an welchen noch kurze Aeste sitzen. Fehlt es an Aesten, so müssen hervorstehende Bolzen oder Zapfen eingesetzt werden. — Wollen ganze Aeste an sonst guten Bäumen durch Spaltung brechen, so befestiget man sie mit Schienen oder Bändern von Eisen oder Holz. Doch braucht man solche Gegenstände nicht vorräthig zu haben. — Baumpfähle werden nur bei neuen Pflanzungen gebraucht, und man sehe darauf, daß sie lang und stark genug sind.

Zur Aufbewahrung und Verwendung des Obstes bedarf man noch anderer Hülfsmittel, als: Obstkeller, Obstgestelle, Welk- oder Trockenöfen, Obstmühlen, Kelter u. s. w., worauf hier nicht weiter eingegangen werden kann. — Die zur Bodenbearbeitung nöthigen Werkzeuge sind die bei der Gärtnerei und der Landwirthschaft im Allgemeinen gebräuchlichen, weshalb auch hier nicht besonders die Rede davon sein soll. — Außerdem braucht man noch verschiedene

Körbe zum Pflücken und Tragen des Obstes, Weiden zum Anbinden junger Stämme und der Zweige an Spalierbäumen, landesübliche Gemäße und Gewichte, wenn Obstverkauf betrieben wird, Vogelscheuchen, ein Locheisen zum Einrammen der Pfähle, und verschiedene andere Kleinigkeiten, von denen bei ihrem Gebrauch die Rede sein wird. Treibt man ausgebreiteten Obsthandel, oder ist Obst von einem Gute an eine entfernt wohnende Herrschaft zu schicken, so braucht man verschiedene Fässer und Kisten.

Vierter Abschnitt.

Einrichtung der verschiedenen Arten von Obstgärten und Pflanzungen.

33. Bei der Anlage von Obstbaumpflanzungen haben wir drei verschiedene Formen zu beobachten: 1. den Hausobstgarten, 2. den großen Obstgarten oder Baumgarten, 3. die freien Pflanzungen an Wegen, auf Feldern und Triften. Jede dieser Formen erfordert besondere Rücksichten in Bezug auf Einrichtung, Pflanzung, Wahl der Obstarten und Sorten und Unterhaltung. Man mache für jede dieser Anlagen einen besonderen Plan und Anschlag, indem man die Zahl der Stämme berechnet, und den passenden Sorten (nachdem man gewiß ist, sie zu bekommen) ihre bestimmten Plätze anweist.

I. Der Hausobstgarten.

34. Der Hausobstgarten ist meistens zugleich Gemüsegarten, und es kommt auf die Bedürfnisse und den Geschmack der Familie und andere Umstände an, ob Obstbau oder Gemüsebau vorherrschend sein soll. Wir haben es hier hauptsächlich mit dem Garten zu thun, wo die Obstbäume den größten Raum einnehmen und der Gemüsebau untergeordnet ist, wollen jedoch auch den gemischten Obst-Gemüsegärten Rechnung tragen, weil diese den Bedürfnissen der Meisten angemessen sind.

Betrachten wir zunächst den Garten, wo für Obst- und Gemüsebau gleich gut gesorgt ist, aber die Einrichtung ganz besonders zu Gunsten der Obstbäume gemacht worden ist. Hierzu gehören vor allen Dingen Umfassungsmauern von 8 — 12 Fuß Höhe, die nach der Südseite fehlen können, oder eigentlich fehlen sollten. Will man eine rein südliche Mauer, die jedoch nur in kälteren Gegenden wünschenswerth, so bekommt man dazu eine östliche und eine westliche Mauer, die überall nicht sehr vortheilhaft, in rauhen Gegenden aber für Wein, Pfirsich und Aprikosen nicht zu gebrauchen sind. Ist die Hauptmauer südöstlich oder südwestlich, so bekommt man 2 gute, dazu aber eine fast unbrauchbare Mauer, weil sie entweder nach Nordwest oder Nordost gerichtet ist. Gewöhnlich benutzt man blos die Umfassungsmauer, und da ihre Richtung vom Grundstück abhängt, so bleibt keine große Wahl.

Fig. 28.

Wir wollen jedoch einen idealen Garten schaffen, bei welchem die Richtung der Mauern ganz unabhängig von der Form des Grundstückes sein kann, und die deshalb ganz zu Gunsten des Obstbaues angelegt werden. Ein solches Beispiel bietet uns der von Poiteau für die Königl. Gartenbauschule in Fromont gezeichnete Gartenplan, wie ihn wenig verändert die jenseitige Fig. 28 darstellt. Als Grundregel wurde dabei angenommen, daß alle Mauern gut für Obstbäume zu benutzen sind, und daß möglichst viel Spalierbäume Platz finden, weshalb auch innerhalb der Umfassungsmauer nur noch ein Mauerkranz vorhanden ist, der wiederum durch Quermauern mit der Umfassungsmauer verbunden ist, so daß eine Menge Bäume daran Platz finden. Einen ähnlichen, für die Obstbäume jedoch nicht so günstigen Plan giebt Loudon in seiner Encyclopädie des Gartenwesens Fig. 298. Ich werde nun die Beschreibung Poiteau's im Auszuge wörtlich geben, wie folgt:

35. Man sieht zunächst, daß dieser Garten nach der Mittagsseite breiter ist, als auf der Nordseite. Sein Flächeninhalt darf nicht unter 2 Hectare betragen, damit die Umfassungsmauern C 10—12, die inneren E 7 — 8 Fuß hoch sein können. Anstatt einer Mauer an der Südseite des Gartens, welche ihren Schatten weit auf das Land geworfen, und zu viel Feuchtigkeit erhalten haben würde, hat man auf dieser Seite das Gartenhaus, mit einigen Gruppen von niedrigem Gehölz umgeben, angebracht, welche keinen Schatten auf den Obstgarten werfen. Die langen Vierecke (Quartiere oder Abtheilungen) M zwischen den beiden Mauern sind 2 Fuß höher gelegen, als die inneren, und bilden vermittelst der Quermauern E eine Art „Montreuil." *) Diese von Mauern eingeschlossene Fläche gewinnt von der Sonnenhitze mehr, als die inneren freien Räume und ist geeigneter für den Anbau von Frühgemüsen. Die runde Mauer des Hintergrundes fängt die Sonne am meisten und viel mehr als eine gerade Mauer auf; daher wird sie für Fruchtarten bestimmt, die viel Wärme zu ihrem Gedeihen verlangen. Die Mauern C sind nur innerhalb mit Spalierbäumen besetzt, die in-

*) Montreuil ist ein durch seinen Pfirsichbau berühmter Ort nahe bei Paris und es sind dort die Gärten nach allen Richtungen mit Mauern für Spalierobst durchzogen. Daher der Vergleich. Wir werden bald auf die Obstgärten von Montreuil besonders zu sprechen kommen.

neren 2 auf beiden Seiten. Sämmtliche Rabatten sind mit Formbäumen verschiedener Art mit halbhochstämmigen. Pflaumen und Aprikosen, endlich mit Beerensträuchern angemessen besetzt, wie durch Punkte angedeutet ist. An diesen Obstküchengarten schließt sich nördlich ein großer Baumgarten für Hochstämme, welcher den inneren Garten zugleich etwas gegen kalte Winde schützt. — Da fast die ganzen Mauerflächen von der Mittagssonne nur schräg getroffen werden, so sind die daran stehenden Bäume nicht einer so versengenden Glut wie an von Ost nach West laufenden Mauern ausgesetzt, was in heißen trocknen Jahren sehr schädlich ist. Indessen man fürchtet die große Sonnenhitze nicht überall, wie die berühmten Gärten der Gemeinde Montreuil beweisen, wo man durch die Stellung und Vermehrung der Mauern eine ungleich höhere Temperatur als anderwärts hervorbringt.

So viel von diesem Plane. Einen gleichen Zweck haben die runden Mauern, deren man in verschiedenen Orten angelegt hat, so daß der Garten einen Halbkreis bildet. Um mehr Raum für Spaliere und verschiedene Lagen zu gewinnen, hat man in England sogar wellenförmig aus- und eingebogene Mauern angelegt, so daß in jeder Vertiefung ein Obstbaum steht, der hier sehr geschützt ist, jedoch an der Ost- und Westseite der Mauer stets eine wärmere Seite hat, so daß die Reife ungleich sein muß. Macht man Mauern, welche in der Hauptrichtung ganz oder ziemlich von Ost nach West laufen, so scheinen solche Wellenbiegungen sehr vortheilhaft zu sein.

36. Ich gehe nun zur Einrichtung eines fast nur zum Obstbau bestimmten Hausobstgartens über, worin nur wenige Gemüse und Erdbeeren zwischen den Bäumen gezogen werden. Man sieht dergleichen Gärten nur in Frankreich vollkommen, weßhalb ich auch die Abbildung und Beschreibung desselben nach Decaisne und Herincq geben will. Fig. 29 zeigt den Plan des Gartens, welcher uns als Beispiel dient.

Dieser Fruchtgarten enthält von Kernobst nur Formbäume, in Pyramiden- und Becherform; alle eigentlichen Hochstämme, mit Ausnahme einiger Steinobstbäume, welche nur in dieser Form gut gedeihen, sind ausgeschlossen. Er ist von Mauern eingeschlossen, die mit Spalieren besetzt sind. Wenn der Boden nicht ganz ungeeignet für Steinobst ist, so sollte in dem Fruchtgarten stets eine Abtheilung mit hochstämmigen Aprikosen, guten Pflaumen und den besten niederstämmigen Kirschen bepflanzt werden. Die Hauptfläche wird zur Hälfte mit Birnen, zur Hälfte mit Aepfeln besetzt. Das Aepfelquartier ist halb mit in Pyramidenform gezogenen auf Johannisstamm (doucin) veredelten breiten Pyramiden oder Bechern, zur Hälfte mit eigentlichen Zwergstämmen (auf Paradiesstamm veredelt) besetzt. Die Birnbäume werden 5 Meter (15 Pariser Fuß), die Aepfelbäume als Pyramiden 4 Meter von einander gepflanzt. Die Paradiesstämmchen begnügen sich in gutem Boden mit 6 Fuß, in geringerem mit $4\frac{1}{2}$—5 Fuß Entfernung. Man nennt diese

Fig. 29.

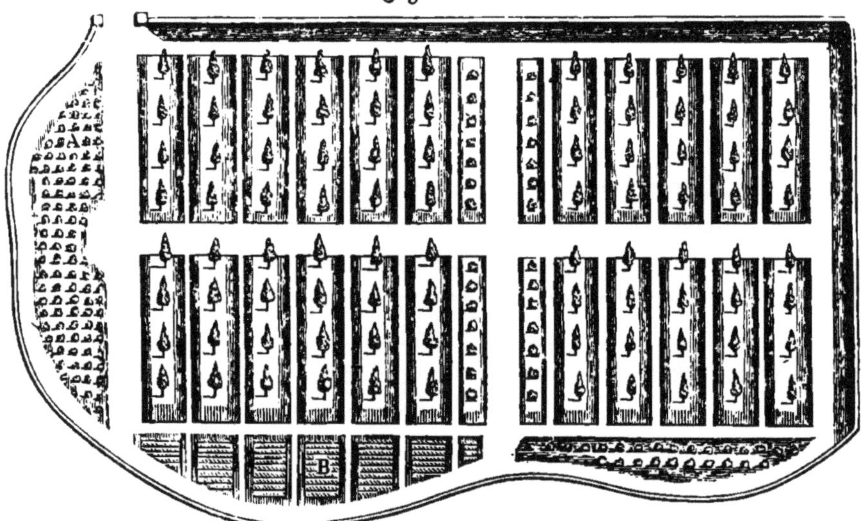

Pflanzung von Aepfelbäumen eine „Normandie"*). Der Boden wird bearbeitet und in Beete abgetheilt, wie die Abbildung zeigt. Man faßt die Beete mit Erdbeeren ein, jedoch mehr, um die Obstbäume gegen die Verwüstungen der Engerlinge zu schützen, als der Früchte wegen, die deswegen doch erwünscht sind; da nämlich die Engerlinge die Erdbeerwurzeln allen andern vorziehen, so verschonen sie die der Bäume, und man kann die Larven leicht unter den welkenden Erdbeeren fangen und tödten. Man nimmt hierzu am besten die sogenannten Ananaserdbeeren, die fleischige Wurzeln haben und auch das Abnagen der Engerlinge ohne

*) Weil in der Normandie fast alle Felder mit Obst, besonders mit Apfelbäumen zu Cyder bepflanzt sind.

großen Schaden vertragen. Der Fruchtgarten kann auf der Südseite ohne Mauer sein, und ist auf diesem Plane sogar nur von zwei Seiten mit einer Mauer, auf den andern aber mit einer niedrigen Hecke umgeben. Wenn der Garten nicht genau nach den vier Himmelsgegenden liegt, so müssen die Mauern auf der Seite angebracht sein, wo sie die meiste Sonne bekommen. Ist die Winterseite auch mit Mauern umgeben, so besetzt man sie mit Spalierobst, dessen Reife verspätet werden soll, z. B. mit Amarellen-Kirschen, die Form des Fig. 29 abgebildeten Gartens ist, wie man sieht, nicht rechtwinklich. Die unregelmäßigen Landstücke sind mit Zwerg-Aepfelbäumen, Stachelbeeren, Himbeeren u. s. w. bepflanzt.

37. Man hat früher die rein südlichen Mauern für die besten zu Spalierobst erklärt, ist aber von dieser Meinung zurückgekommen. Die gegen die Mittagslinie etwas schräg stehenden, also südöstlichen und südwestlichen Mauern bieten daher viel mehr Vortheile, und man sucht neuerdings hauptsächlich solche Mauern zu errichten. Die Höhe der Mauern richtet sich einigermaßen nach der Größe des Gartens. Ein von hohen Mauern umgebener kleiner Obstgarten ist düster und unzweckmäßig für den Obstbau. Wenn er ein sehr langes Viereck bildet, so dürfen die Langmauern nicht über 9—9½ Fuß hoch sein. Ist der Garten größer, so sind 11 Fuß und bei sehr großen Flächen 12—14 Fuß hohe Mauern anzuwenden. Sind innere Mauern vorhanden, so müssen diese stets niedriger sein, wie die Umfassungsmauer.

Was das Baumaterial betrifft, so sind gebrannte Backsteine den Bruchsteinen vorzuziehen. Einige Pfeiler von Bruchsteinen machen jedoch hohe Mauern dauerhafter. Solche Mauern brauchen nicht mit Kalk abgedüngt zu sein, und man begnügt sich mit dem Verstreichen der Fugen am besten mit Cement und streicht die Mauer weiß an. Wenn ein Spalier angebracht werden soll, so ist es gut, zwischen je vier Reihen Backsteine eiserne Haken einzumauern, woran es befestigt wird. Werden aber die Spalierbäume angelappt, d. h. mit Nägeln und kleinen Läppchen befestigt, so sind die Haken unnöthig. In Belgien mauert man anstatt der Eisenklammern oder Haken gebrannte Hammelsknochen ein, welche so dauerhaft wie Eisen sein sollen. Holzstücke einzumauern, um daran das Spalier zu befestigen ist unzweckmäßig, weil das Holz nicht lange hält. In England, wo die Früchte wegen Mangel an Sonne selten sehr gut und Weintrauben fast nicht reif werden, hat man neuerdings heizbare Mauern eingerichtet, die sich sehr gut bewähren und in kalten Gegenden Nachahmung verdienen. — Das Gedeihen der Spalierbäume wird sehr befördert, wenn man an der Stelle, wo sie zu stehen kommen, unter der Erde 2—3 Fuß weite Bogenöffnungen ausmauert, durch welche die Wurzeln auf die andere Seite der Mauern dringen und dort Nahrung finden können. Dies ist besonders in heißen trocknen Lagen zu empfehlen, wo die Wurzeln jenseits der Mauern eher Feuchtigkeit finden.

In wärmeren Gegenden und Lagen ist die Mauer mit einem 6—8 Zoll vorspringenden Wetterdach von Stroh, Ziegeln oder Schindeln zu versehen, dessen Traufe nach hinten geht. Ist die Mauer auf beiden Seiten bepflanzt, so wird die Traufe auf die schlechtere Mauerseite gebracht. Dieses Dach verhindert zugleich, daß die Bäume oben zu stark wachsen, was ohne Dach immer mehr als unten der Fall ist *). In Gegenden, wo man froh sein muß, Licht und Sonne voll an die Mauer zu bekommen, um Früchte zur Reife zu bringen, sind solche Dächer nachtheilig und die oben erwähnten beweglichen zu empfehlen.

Die Spaliere oder Geländer werden verschieden gemacht. Ich schicke voraus, daß die in Deutschland noch meistens gebräuchlichen Geländer mit 1 Fuß von einen der entfernten über 1 Zoll dicken senkrechten Latten ohne Querlatten höchstens zur Weinkultur und für Kernobst tauglich sind, daß man aber einen Pfirsichbaum nicht daran regelrecht ziehen kann. Die französischen Geländer bestehen meistens aus schwachen Gittern, deren Stäbe 6—8 Zoll für Pfirsiche und 9—10 Zoll für andere Bäume entfernt sind. Sie sind meistens aus Kastanien oder Eichenholz gearbeitet und sind nicht viel stärker als Reife, jedoch sehr haltbar. In Belgien macht man häufig Spaliere von langen geraden Ruthen, besonders von Hartriegel (Cornus sanguinea), die man mit Häkchen und Draht an der Mauer befestigt. Bei Bäumen, die in Fächerform gezogen werden, biegt man diese Ruthen bogenförmig, so,

*) Ueber die Einrichtung solcher Dächer und deren Nutzen vergleiche man Hardy's Angaben im III. Bändchen dieses Werkes S. 18—20.

daß sie, je nach der Größe des Baumes mehr oder weniger Halbkreise bilden, deren Mittelpunkt die Stelle des Stammes ist, wo die Aeste beginnen. Fig. 30 giebt davon einen deutlichen Begriff. Ich will diese Art von leichten Spalieren nicht gerade empfehlen, aber sie können in

Fig. 30.

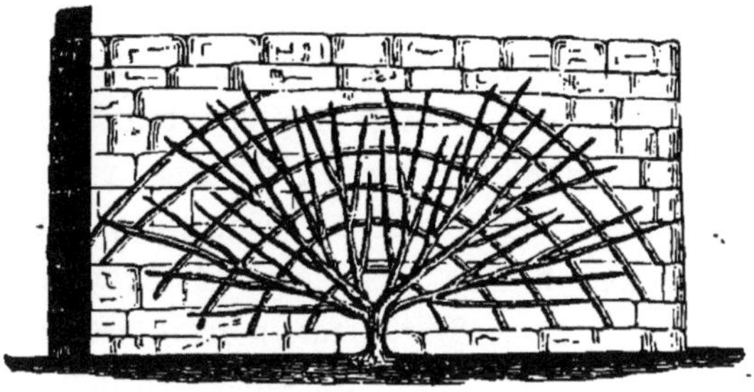

Fällen, wo man wenig Geld daran wenden und den Obstbau an Spalier als Erwerbsquelle benutzen will, nachgeahmt werden. Die runde, bogenförmige Biegung ist jedenfalls sehr zu empfehlen, weil man so sehr bequem anbinden kann. Die nöthigen Ruthen können leicht in einem schattigen Winkel des Gartens gezogen werden.

Neuerdings sind die Spaliere von Draht sehr in Gebrauch, und dieselben verdienen allgemeine Empfehlung. Es müssen jedoch an der Stelle, wo der Stamm steht, stärkere Eisen- oder Holzstäbe angebracht werden, überhaupt darf der Draht nicht zu weit gespannt werden, weil er sonst von den stärkeren Aesten abgezogen wird. Der Draht wird netzartig gezogen, so daß die einzelnen Maschen nur 6 — 8 Zoll entfernt sind. Er muß mit Oelfarbe oder schwarzem Eisenlack angestrichen sein, was von Zeit zu Zeit erneuert werden muß, oder verzinkt sein. In England hat man gegenwärtig sogar Spaliere von Schmiede- oder Gußeisen, z. B. die Bogenspaliere in dem neuen Königl. Obst-Küchengarten in Frogmoore bei Windsor.

Wo die Mauern das Einschlagen von Nägeln überall gestatten, also an abgetünchten Mauern, sind die Spaliere ganz entbehrlich, indem jeder einzelne Zweig mit einem Läppchen und Nagel befestigt wird. Dieses in Frankreich fast allgemein eingeführte Verfahren ist sehr zu empfehlen, besonders für den Pfirsichbaum.

38. Ich will hier noch der berühmten, eigenthümlichen Obstgärten von Montreuil Erwähnung thun, da dieselben gewissermaßen classisch und in Bezug auf Güte der Früchte und Ertrag unübertroffen

sind. Man kann sagen, daß die Pfirsichgärtner von Montreuil keine schlechte Lagen kennen, denn sie pflanzen die Bäume nach allen Himmelsgegenden mit gutem Erfolg. Um viele Mauern für Spalierobst und warme Plätze zu Frühgemüsen zu bekommen, wird das Innere der Gärten noch vielfach mit Mauern durchschnitten, so wohl der Länge als der Quere, so daß in den Gärten noch eine Menge kleiner, durch Mauern abgesonderter Gärtchen entstehen, die in der Regel 200 bis 250 Fuß lang und 150 Fuß breit sind. Auf eine mit den Umfassungsmauern parallel laufende Richtung der inneren Mauern wird in Montreuil gar nicht gesehen, sondern man stellt die Mauern so, wie sie am besten für die Spalierbäume sind. Der Fig. 31 dargestellte Pfirsichgarten zeigt dies deutlich. Alle 40—50 Fuß stehen in den meisten Gärten Quermauern, die entweder von einer Mauer zur andern gehen, oder, wie auf der vorliegenden Abbildung, nur so breit als die Rabatten sind, also ungefähr 8 Fuß. Diese Mauervorsprünge gewähren Schutz, und tragen zur Haltbarkeit der sehr leicht gebauten Mauern bei. Die äußeren Mauern sind meist 12—14 Fuß hoch und 15 — 18 Zoll dick. Die inneren Mauern sind 9 — 10 Fuß hoch und nur 12 Zoll stark. Sie werden ganz einfach aus Steinen und Lehmmasse, welche der Boden selbst giebt, von den Gärtnern selbst erbaut, und es kommt der laufende Meter (9 Pariser Fuß) trotz des hohen Arbeitslohnes der Gegend von Paris, mit Abtünchung nicht höher als 15 Franken oder 4 Thaler. Die Mauern sind meist auf beiden Seiten bepflanzt. — Die Güte der Pfirsiche von Montreuil ist unübertroffen, was allerdings auch dem kalkhaltigen Boden zuzuschreiben ist.

Fig. 31.

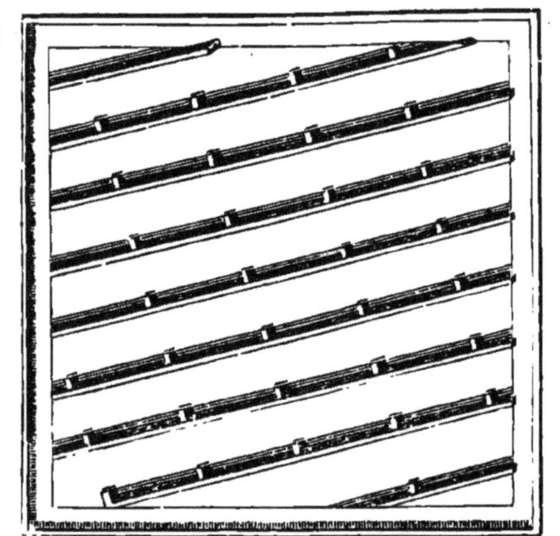

39. Wir haben die ungefähre Eintheilung eines solchen Fruchtgartens schon oben zum Theil kennen gelernt, es bleibt uns aber noch die Vertheilung der Spalierbäume und manches Andere zur Berücksichtigung übrig. Die späten Pfirsiche und späten Weintrauben, z. B. Muscateller, bringt man an eine gegen Süden gerichtete, d. h. von Ost nach West laufende Mauer, wenigstens darf die Richtung nicht sehr von dieser Linie abweichen. Frühe Pfirsiche und Weintrauben, sowie Aprikosen gedeihen an westlichen und östlichen Mauern sehr gut, ja in heißen trocknen Lagen hier noch besser. Einige Birnen, z. B. die Saint Germain, Bon chretien d'hiver, (Hermanns- und Wintergutechristenbirne) und die Crasanne, sowie andere gute Winterbirnen werden nur an einer südlichen Mauer wirklich eßbar und fast baumreif, andere begnügen sich mit einer östlichen, westlichen, manche sogar mit einer nördlichen Mauer. Von Frühkirschen, besonders Süßweichseln, kann man einige Bäume an sonnige Mauern bringen, um sie früher reif zu haben, und Weichselsorten, besonders Amarellen an Mauern, die wenig Sonne bekommen, um die Früchte zu verspäten. Durch den Standort an verschiedenen Mauern bezweckt man, daß eine und dieselbe Sorte zu sehr verschiedenen Zeiten reif wird, so daß also nie Mangel eintreten kann. Man kann daher Kirschen von Mai bis October haben, wenn man den Standort und die Sorte gehörig berücksichtigt. Pflanzt man die Saint-Germain und andere Winterbirnen an eine heiße Mauer, so reifen die Früchte im Herbst, halten sich aber nicht lange, während die auf der Winterseite gezogenen sich bis Johanni halten. Ebenso sind Gutedeltrauben und andere zur Aufbewahrung taugliche Sorten von Ost- oder Westmauern länger haltbar, als die von Südmauern. Aepfelbäume pflanzt man selten an Mauern, da es in der That Schade um den Platz wäre, wenn anderes Obst daran gedeiht, und nur in sehr kalten Gegenden ist es zweckmäßig, den feineren Sorten eine warme Mauer einzuräumen. Die verschiedenen Pflaumenarten bilden zwar keine schöne Spalierbäume, tragen aber an Mauren sehr reichlich und fast alljährlich, und sind besonders in kälteren Gegenden für Mauern zu empfehlen, weil die besseren Sorten hochstämmig nie vollkommen reifen und gute Früchte bringen. Von Aprikosen pflanzt man in besseren Lagen nur einige Bäume an Mauern, um sie in der Blüthe gegen Fröste schützen zu können; denn sie sind

so schwer zu behandeln und tragen nicht so wohlschmeckende Früchte, als an freistehenden Bäumen. Es finden sich an den Mauern auch immer einige Plätze für Stachel- und Johannisbeeren, daher pflanze man dieselben, um sie früher und schöner zu bekommen, an warme Mauern und Johannisbeeren, (besonders die Kirschjohannisbeeren), an Nordmauern, um sie bis zum Herbste zu erhalten. Die Entfernung der Spalierbäume richtet sich nach der Kulturweise und nach der Höhe der Mauern. Nehmen wir die Mauer zu 8 — 10 Fuß an, so müssen auf gewöhnliche Weise fächerartig gezogene Pfirsich-, Aprikosen- und Kernobstbäume 20 — 30 Fuß von einander stehen, auf Herzstamm gezogen 15 — 18 Fuß. Dasselbe gilt für Weinreben, die übrigens noch größere Räume ausfüllen. Auf Mandeln veredelte Pfirsiche wachsen, wenn sie warmen, passenden Boden finden, stärker als die auf Pflaumen veredelten. Weinstöcke nach der Weise von Thomery gezogen, werden nur 2 — 3 Fuß, je nach der Höhe der einzelnen Rebenstockwerke, von einander gepflanzt. Uebrigens pflanzt man an hohen Mauern mit Vortheil Pfirsiche und Weinreben zugleich, zwischen je zwei Pfirsichbäume einen Rebenstamm, dessen Arme (Aeste) nach der Methode des Winkelzugs wagerecht über den Pfirsichbäumen gezogen werden.

Das bisher Gesagte bezog sich vorzugsweise auf günstige Gegenden, also auf die 1. und 2. Region nach unsrer Eintheilung. In rauheren Gegenden ist es jedoch anders, und man darf Weinreben und Pfirsiche nur an südliche Mauern pflanzen. In den rauhsten Lagen verlangen selbst die besseren Kernobst-, Kirschen- und Pflaumensorten eine warme Mauer. — Es braucht kaum erwähnt zu werden, daß die Mauern der Gebäude ganz auf dieselbe Weise wie eigentliche Gartenmauern benutzt werden. Man bepflanzt sie vorzugsweise mit stark wachsenden Obstarten, besonders mit Weinreben und Aprikosenbäumen.

40. Wenn man die Wahl hat, so sehe man auf eine vorzügliche Beschaffenheit des Bodens, besonders auf den Theilen, wo die Paradiesstämme Platz finden sollen, weil diese, wegen ihrer feinen Wurzeln, nur in gutem trocknem Boden vorzüglich gedeihen, und wegen der engen Pflanzung das ganze Landstück gut sein muß. Ist der Boden im allgemeinen schlecht, so muß die ganze für Zwergbäume bestimmte

Abtheilung des Gartens verbessert werden. Sehr schweren kalten Boden verbessert man durch Auffahren von Sand oder sandiger Erde, vorzüglich aber durch leichte Composterde, mit welcher überhaupt jeder schlechte Boden verbessert werden kann. Dasselbe gilt von den Rabatten längst der Mauern, wenn die Bäume, wie es bei manchen Kulturmethoden der Fall ist, eng zusammen gepflanzt werden. Bei weiter von einander stehenden Bäumen begnügt man sich mit einer Verbesserung der nächsten Umgebung, was erst bei der Pflanzung geschieht.

Der Hausobstgarten liegt zwar meistens am Hause, kann aber auch davon getrennt sein, wenn er nur sonst eine so geschützte Lage hat, wie sie die Nähe der Gebäude meistens bietet. Die Lage hängt zum Theil von den Vermögensumständen und der Liebhaberei des Besitzers ab. Wer besonderes Vergnügen am Obstbau findet oder denselben gar gewerbmäßig betreibt, wird dem Garten die beste Lage in seiner Besitzung geben und ihn meist nahe am Hause anbringen. Zu einem Schlosse paßt freilich der Obstgarten nicht, obschon er schöner ist, als der Gemüsegarten, und er wird dann gewöhnlich in eine Ecke verwiesen, wo man ihn nicht sieht, und er dem Ziergarten nichts benimmt. Muß solches geschehen, so sehe man wenigstens darauf, daß nach den Sonnenseiten keine hohen Bäume stehen und überhaupt ein freier Raum zwischen den Parkpflanzungen und den Umfassungsmauern vorhanden ist, um das Eindringen der Wurzeln zu verhüten und das im Gebüsch sich aufhaltende Ungeziefer etwas fern zu halten.

In Bezug auf die Zweckmäßigkeit der Lage gilt, was schon im Allgemeinen im 1. Abschnitt (unter 5) über dieselbe bemerkt wurde. Je kälter und nördlicher die Gegend ist, desto mehr muß man auf eine rein südliche Lage sehen, und es muß sich der Boden, wenn er nicht eben ist, nach Süden hin abdachen. In milderen Gegenden ist auch die östliche und westliche Abdachung (Bodenneigung) noch ganz gut. Steiler Abfall des Bodens ist kein Hinderniß für diese Art von Gärten wenn er wegen Führung der Mauern keine Schwierigkeiten macht. Ist der Abhang einigermaßen stark, so werden Terrassen gebildet, und zwar bei geringer Höhe von Rasen, bei größerer durch Mauern. Letztere sind, wenn auch nicht so gut als freistehende Mauern, dennoch für Spalierbäume zu gebrauchen.

41. Die Kleinheit des Hausobstgartens und der Umstand, daß die Mehrzahl der Bäume im Schnitt gehalten wird, gestattet nicht die Aufnahme aller Obstarten, selbst wenn Platz genug da wäre. Es gehören hierher nur Aepfel, Birnen, Pfirsiche, Aprikosen, Pflaumen, wenige Kirschen, die Beerenfrüchte, die Zwerg-Wallnuß (Juglans fertilis oder praepaturians), Mandeln, Maulbeeren, Haselnüsse, Quitten, Mispeln u. s. w., Wallnüsse können nur in sehr großen Gärten dieser Art gezogen werden; Kastanien sind ganz ausgeschossen. Korneliuskirschen (Herlitzen) sind nur in den rauhsten Gegenden aufzunehmen, bilden aber sehr schöne Formbäume. Ich habe im zweiten Abschnitt unter 16, 17 und 18 bereits die besten Sorten für den Hausobstgarten für die verschiedenen Gegenden angegeben. Desgleichen sind im VIII. Abschnitt der „Baumschule" und in der dritten Abtheilung des „Obstbaumschnittes" die vorzüglichsten älteren und neueren Sorten zu Formbäumen jeder Art aufgeführt. Wer blos gute Früchte haben will, hat hierbei freie Wahl, und mag besonders den Geschmack berücksichtigen. Aber diese Fälle sind selten, und wenn Jemand nur einen kleinen Garten hat oder den Obstbau zum Erwerb treibt, so will er vor allen Dingen Sorten, die reichlich und häufig tragen und dabei doch gut sind. Die besten Sorten sind aber nicht immer die fruchtbarsten und einträglichsten, und daher muß man eine besondere Wahl in dieser Hinsicht treffea. Auch die Haltbarkeit der Früchte und die Zeit, wenn man sie am nothwendigsten braucht, ist zu berücksichtigen. Ein reicher Mann mag demnach nach den besten, seinem Gaumen am angenehmsten Sorten greifen, während der minder Bemittelte vor Allem Fruchtbarkeit und längere Haltbarkeit der Früchte zu berücksichtigen hat. Beim Verkaufe bringt mittelmäßiges Obst, welches wenig Mühe verursacht, meistens mehr ein, als vorzügliches, dessen Zucht mehr Mühe erfordert. Ich will nicht sagen, daß man die besten Früchte deßhalb ausschließen soll; man pflanze davon aber nur wenige an, so z. B., daß gegen einen Calville blanc, der nie vollträgt, 10 oder mehr Muscat-, Zimmt-, Kasseler- u. s. w. Reinetten, Goldpepping, Englische Wintergoldparmäne, u. s. w. kommen; gegen eine Beurré gris, die sich nur 3 Wochen hält, 10 Saint Germain, die 6 Monate dauert, Bergamotte de Pentecôte u. a. m. Dasselbe gilt von den Kirschen und Pflaumen.

42. Nach Schönheit sollte überall gestrebt werden, besonders aber auch im Hausobstgarten, der oft die größte Freude des Besitzers ausmacht, zu Spaziergängen dient und als symmetrische Anlage auch bis auf das Geringste symmetrisch durchgeführt sein sollte. Hierin zeichnen sich die französischen und niederländischen und britischen Gärten sehr vortheilhaft vor den deutschen aus, und in England, wo solche Gärten meist reichen Leuten gehören, opfert man selbst die Einträglichkeit und Zweckmäßigkeit häufig der Schönheit, während die praktischen Franzosen und Belgier mehr auf Ertrag und Güte der Frucht sehen. Man sollte daher den Hauptweg oder die Hauptwege vorzugsweise mit solchen Birnpyramiden besetzen, welche eine schöne Form annehmen, was nächst der Geschicklichkeit der Gärtner Eigenthümlichkeit gewisser Sorten ist. Sehr schöne Pyramiden bilden z. B. die Saint Germain, Duchesse d'Angoulême, Bezy de la Motte. Beurré d'Aremberg, Orange rouge, Beurré Hardy, Nouveau Poiteau, Urbaniste (Ticquery), Bergamotte d'Esperen, Bonne de Malines, Virgouleuse, Delice d'Hardenpont, Beurré Baude, Beurré d'Angleterre, Bezy de Bollviller, Colmar d'été, Fondante de Malines, Fondante des Charneuses, Henriette, Louise d'Orleans, Messire Jean (Junkerhannsbirne), Poire de Bavais, P. de Tongres, Verte longue, Muscatellerbirne, etc. Aepfelbäume bilden als Pyramiden nie eine schöne Form, und sollten, wenn man sie dennoch so ziehen will, abseits gepflanzt werden. Dasselbe gilt von Steinobstbäumen, sowohl in Pyramiden- und Becherform als Halbhochstämme. Nur einige Sauerkirschen (Weichseln), besonders die Ostheimer Zwergweichseln bilden, gut im Schnitt gehalten, eine schöne Form. Besonders müssen die Ecken der Reihen berücksichtiget werden, weil diese am meisten in's Auge fallen. Es versteht sich, daß sich die Symmetrie möglichst auf die gegenüberstehenden Reihen erstreckt, daß z. B. Pyramiden Pyramiden gegenüberstehen. Die bei Hochstämmen gebräuchliche und fast nothwendige Pflanzung im Verband findet bei den Formbäumen der Symmetrie wegen nicht statt, und es ist, da die Bäume in beschränktem Umfange gehalten werden, auch nicht nöthig. Man pflegt zwischen je zwei Pyramiden oder Kugelbäume Beerensträuche oder Zwergäpfelbäumchen zu pflanzen, weil diese sehr gut Platz haben. Es ist sogar gut, in größeren Gärten die oben angegebene Entfernung der höheren Bäume zu überschreiten, sie 20 — 30 Fuß von einander zu

pflanzen und den Raum dazwischen durch Zwergbäume und Beerensträucher auszufüllen. Bepflanzt man den ganzen Garten mit Obst, so können zwischen den Baumreihen noch Reihen von Beerensträuchern Platz finden, besonders sind die Himbeeren auf diese Art gut unterzubringen und sie gedeihen frei und etwas sonnigstehend besser, als in den gebräuchlichen dichten schattigen Pflanzungen.

Man wird sehr wohl thun, die Bäume anfangs noch einmal so dicht zu pflanzen, als sie in Zukunft bleiben sollen. Hierzu nimmt man Birnen, die auf Quitten veredelt sind, weil diese schon oft im 3. Jahre der Pflanzung tragbar werden, überhaupt frühtragende Sorten, ferner Apfelbäumchen auf Johannis- und Paradiesstamm *) veredelt. Diese Bäume werden stets auf Frucht geschnitten, ohne sich ängstlich an die Form zu halten, damit man in kurzer Zeit möglichst viel Nutzen daraus ziehen kann. Nach 10 — 15 Jahren, wenn die eigentlichen Hauptbäume so groß geworden sind, daß der Platz beengt ist, nimmt man diese Zwischenbäume weg. Der Nutzen von 10 Jahren und das Holz bezahlen die darauf verwendeten Kosten und Arbeiten zehnfach. Bei dieser Gelegenheit kann, wenn unter den Hauptbäumen Lücken eingetreten sind, mancher zum Wegfall bestimmte Baum an eine leere Stelle gepflanzt werden. Dies macht allerdings viel Mühe und Kosten, weil der Baum mit allen seinen Wurzeln ausgegraben werden muß, aber oft verlangt der Besitzer einen großen Baum, was auch schon der Symmetrie wegen anzurathen ist. Es wird freilich den meisten leid thun, schöne, gesunde, junge Bäume auszurotten und weg zu werfen, allein man muß bedenken, daß sie ihren Zweck erfüllt haben und den Hauptbäumen Nachtheil bringen würden. So große Bäume an andere Plätze zu pflanzen, ist außer zur Ergänzung von Lücken, nicht rathsam, denn es kostet viel, und man wird selten schöne Bäume daraus ziehen können. Es leuchtet ein, daß der Bepflanzungsplan sehr genau ge-

---

*) Ich habe schon in den früher erschienenen Bändchen wiederholt aufmerksam gemacht, daß Paradiesstamm und Johannisstamm sehr wohl zu unterscheiden sind. Der erstere ist der französische paradis, bleibt zwergartig und verlangt sehr guten, lockeren Boden. Der Johannisstamm oder Splittapfel ist der Douçain der Franzosen, Belgier und Holländer, wächst höher und kommt auch in schlechterem Boden noch fort.

macht werden muß, indem die Hauptbäume sehr wohl von den Zwischenbäumen zu unterscheiden sind. Auf den Ecken dürfen nie Bäume weggenommen werden. Man richte den Plan so ein, daß die freistehenden Bäume, so weit von den Spaliermauern entfernt bleiben, daß sie keinen Schatten darauf werfen. Am besten ist es, wenn nur niedrige Bäume davor zu stehen kommen. Die besondere Wärme bedürfenden Obstarten und Sorten, z. B. freistehende Weinstöcke, Pfirsiche, Maulbeeren und manche Birnen bringt man zunächst an die Mauern.

II. Der große Obst- oder Baumgarten.

43. Dies ist der Garten für Hochstämme und Obststräucher jeder Art, und alle Bäume finden darin Platz, sobald die Lage ihr Gedeihen sichert. Daß Pfirsiche und Mandeln nur in den begünstigsten Gegenden und Aprikosen in der III. Region (Korngegend) nur in besonders günstigen Lagen im Baumgarten als Hochstämme gedeihen, wurde schon bemerkt. Spalierbäume sind in der Regel ausgeschlossen, ist aber der Garten von einer Mauer umgeben, was für kältere Gegenden zwar zweckmäßig, aber nicht nothwendig ist, indem eine Hecke hinlänglich schützt, so wird diese natürlich für Spaliere benutzt. Auch Pyramiden-, Kugel- und Zwergbäume jeder Art gehören eigentlich nicht in den großen Baumgarten, können jedoch, bevor die Hochstämme groß und tragbar werden, dazwischen gepflanzt werden und einen nicht zu verachtenden Nutzen abwerfen. Der Boden muß die früher im Allgemeinen angegebenen Eigenschaften haben. Es ist rathsam, denselben mit Hackfrüchten oder Getreide zu bebauen, so daß er wenigstens jedes Jahr einmal gelockert und gedüngt wird, weil so die Bäume viel kräftiger wachsen und reichlichere Erträge geben. In den meisten Gegenden Deutschlands sind die Obstgärten meist auch Grasgärten, in manchen Fällen mögen Verhältnisse dies nöthig machen, wenn man aber die meisten Obstgärten betrachtet, so ist der Grasertrag darin kaum anzuschlagen, indem die Bäume viel zu dicht stehen und meist schlechtes Unkraut, als Kelberkern (Chaerophyllum), Strenzel oder Dorschen (Aegopodium) und viele andere werthlose Doldenpflanzen und Unkräuter den Boden bedecken. Man sollte wenigstens den Boden in den ersten 10 Jahren bebauen, bis die Bäume Kronen bekommen,

was auch einträglicher ist, und später den Boden von Zeit zu Zeit, vielleicht alle 5—6 Jahre einmal umbrechen, düngen und frisch mit Futter bepflanzen, jedoch nicht mit Luzerne und Esparsette ansäen. Will man sich nicht zur Bodenkultur oder dem zeitweisen Umbrechen verstehen, so mache man um die Stämme, so lange sie jung sind, also 10—15 Jahre lang, wenigstens Scheiben, welche stets von Unkraut rein gehalten, alljährlich aufgelockert und zuweilen gedüngt werden.

44. Der Baumgarten kann jede Lage haben, nur ist in Bezug auf Güte der Früchte die nördliche, d. h. an nördlichen Abhängen nur in sehr warmen Gegenden ohne übeln Einfluß und die rein südliche auf trocknem Boden nicht zweckmäßig. Dagegen müssen die Gärten kalter Gegenden nach Süden offen und nach Norden geschützt sein, und ein südlicher Abhang ist sehr wünschenswerth. In Gegenden, welche den Stürmen sehr ausgesetzt sind, ist die Lage nach Westen nicht gut, und in solchen, die sehr von Spätfrösten heimgesucht werden, die östliche schädlich, weil die Sonne sogleich auf die gefrorenen Blüthen scheint, und die Blüthen frühzeitig erscheinen. Uebrigens ist es gut, wenn der Baumgarten verschiedene Lagen, oder wenn man verschieden gelegene Gärten hat, weil dann die Gewißheit einer Obsternte immer sicherer ist, denn oft tragen die Bäume auf der Höhe oder der Winterseite reichlich, während die wärmeren und tiefer gelegenen nichts haben. Man kann dann auch den verschiedenen Bäumen passende Standorte geben, z. B. Wallnußbäume auf die Höhe, Pflaumen in die Tiefe bringen. Der Boden kann, abgesehen von der Abdachung nach den Himmelsgegenden, jede beliebige Form haben, und man braucht sich nicht viel mit Bodenarbeiten abzugeben, wenn das Grundstück Hügel und Vertiefungen hat. Sind dagegen die Hügel trocken und die Vertiefungen sehr naß, so ist eine oberflächliche Ausgleichung nöthig.

Die Pflanzung des Baumgartens wird regelmäßig gemacht, und zwar so, daß die Bäume im Verband stehen. Soll der Garten einen Theil des Landschaftsgartens bilden, wo Regelmäßigkeit störend einwirken würde, so können die Stämme auch unregelmäßig und gruppenweise gepflanzt werden. Man kann sogar einen ganzen Obstgarten landschaftlich einrichten, wozu ich weiter unten Anleitung geben will. Große Kernobstbäume und Süßkirschen bekommen im Durchschnitt 30—36 Fuß

Entfernung, erstere in mittelmäßigem, letztere in sehr gutem Boden. Eine weite Pflanzung ist für den Obstbau und die Bodenbenutzung gleich vortheilhaft, und man kann nicht genug bedauern, daß in den meisten Obstgärten, besonders auf dem Lande und bei Leuten, die noch keinen Begriff vom Obstbau haben, die Bäume so dicht stehen und immer noch so dicht gepflanzt werden. Wallnußbäume und ächte Kastanien pflanzt man nicht unter 30 Fuß von einander, lieber noch freier, in einzelnen Reihen oder Gruppen. Für Pflaumen, Sauerkirschen (Weichsel), Aprikosen, Pfirsiche, Mandeln ist 15—20 Fuß hinreichend. Quitten, Haselnüsse, Berberitzen und andere minder wichtige Obstarten pflanzt man 10—15 Fuß von einander, wenn sie in Massen vereinigt werden, gewöhnlich aber nur vereinzelt zwischen die Reihen der Hochstämme. Ostheimer Zwergweichseln brauchen nur 4—5 Fuß von einander entfernt zu stehen. Es ist sehr gebräuchlich und man thut wohl daran, zwischen je zwei Reihen Hochstämme von Kernobst oder Süßkirschen bei der neuen Anlage noch eine Reihe von solchen Obstarten zu pflanzen, die früher tragbar werden, weil der eigentliche Ertrag der Hochstämme von Aepfeln, Birnen und Kirschen erst nach dem zehnten Jahre beginnt. Man pflanze demnach dazwischen Reihen von Zwergäpfeln (Paradiesstämme) und Ostheimer Weichseln, die schon im dritten Jahre tragbar und nach acht Jahren schon wieder schlecht werden, also abkommen können. Ebenso werden Sauerkirschen und Pflaumen verschiedener Art sehr bald tragbar und können nach 12—15 Jahren, wenn die bleibenden Stämme sich ausbreiten, als hinlänglich benutzt, abkommen. Ist Raum vorhanden, so läßt man sie länger, bis sie von den Kronen der Hochstämme förmlich unterdrückt werden. Das Holz trägt auf jeden Fall so viel ein, als der Baum gekostet hat, und so hat man die Obsternten als reinen Gewinn zu betrachten, während, wenn nur die bleibenden Stämme gepflanzt werden, die Zinsen für das Kapital bis zum 10.—15. Jahre verloren gehen. In Frankreich pflanzt man häufig sogar Formbäume, d. h. Aepfel und Birnen in Pyramiden- und Becherform gezogen dazwischen. Es ist ferner sehr zweckmäßig, zwischen die breitkronigen Aepfelbäume Reihen von Süßkirschen und Birnen zu bringen, da diese mehr in die Höhe gehen. Dies ist auch für die Wurzeln von Bedeutung, indem die der Birnen und Kirschen tiefer in den Boden eindringen, als die der Aepfelbäume, folglich beide mehr Raum haben und Nahrung finden, als in reinen Beständen. Will man auch Wallnußbäume und Kastanien in den Obstgarten bringen, so setze man sie auf die Nordseite, wo sie zugleich Schutz gewähren, denn auf jeder andern Seite würden sie, wegen ihrer Höhe, den übrigen Obstbäumen schaden.

Die untergeordneten Obstarten, als Quitten, Haselnüsse, Mispeln, und was man sonst noch pflanzen will, finden zwischen den Reihen und an den Rändern hinlänglich Platz. Die Beerensträucher, deren Kultur sich sehr gut im großen Baumgarten betreiben läßt, finden am besten längs der Mauern oder Hecken, jedoch weit genug davon entfernt, ihren Platz. Sollen passende Mauern zu Spalierbäumen benutzt werden, so müssen die Hochstämme natürlich so weit davon bleiben, daß sie keinen Schatten werfen und es ist gut nur niedrig bleibendes Obst, als Pflaumen, Aprikosen u. s. w. in die nächsten Reihen zu pflanzen, damit die Entfernung nicht zu groß zu sein braucht.

Die besten Obstsorten für alle Lagen und Gegenden wurden bereits im II. Abschnitt genannt und ich bemerke in Bezug auf die Wahl noch, daß man, wenn nicht besondere pomologische Liebhaberei in's Spiel kommt, sich auf wenige der vorzüglichsten am reichsten tragenden Sorten beschränken soll. Welche Sorten besonders gut und einträglich sind, läßt sich nur für einzelne Gegenden bestimmen, denn eine Sorte, die in einer Gegend in dieser Hinsicht gerühmt wird, ist in einer andern wenig werth, weil sie nicht gut und nicht fruchtbar genug wird. So geht es z. B. mit dem herrlichen Borsdorfer Apfel, der in Mittel- und Norddeutschland, ferner in Tyrol so außerordentlich, in Süddeutschland dagegen weniger geschätzt wird, während die Süddeutschen ihre Luiken- und Madäpfel über alle stellen. Der Luikenapfel scheint übrigens, nach allem, was man hört zu urtheilen, sich überall als vorzüglich fruchtbar und dauerhaft zu bewähren. Diese eben gemachte Bemerkung gilt auch für die feinen Sorten des Hausobstgartens und die härteren der freien Pflanzungen. Ich wiederhole noch einmal (weil so viel darauf ankommt), daß, wenn man zugleich Obstpflanzungen im freien Felde hat, man in dem eingefriedigten Baumgarten vorzugsweise das dem Diebstahl und Abfall mehr ausgesetzte Frühobst und das bessere spätere Winterobst pflanzt.

45. Ich erwähnte schon, daß man auch im Baumgarten von der regelmäßigen Pflanzung abgehen und eine landschaftliche, natürliche

Gruppenpflanzung anwenden kann. Mancher Grundbesitzer möchte einen parkartigen Garten haben, aber doch dem Nutzen kein Land entziehen. Obgleich nun von Obstbäumen kein Park geschaffen werden kann, so können sie doch recht gut einen Theil desselben bilden, ja man kann sogar nur aus Obstbäumen und Fruchtsträuchern einen schönen natürlichen Garten herstellen, wie ich aus dem folgenden zeigen will. Fig. 32 mag als Beispiel dienen, doch ist jede andere malerische Anordnung gut, wenn auf die Höhe der Bäume und den Stand der Sonne Rücksicht genommen wird. Man bilde lichte Gruppen von 3—7 Stämmen, ver-

Fig. 32.

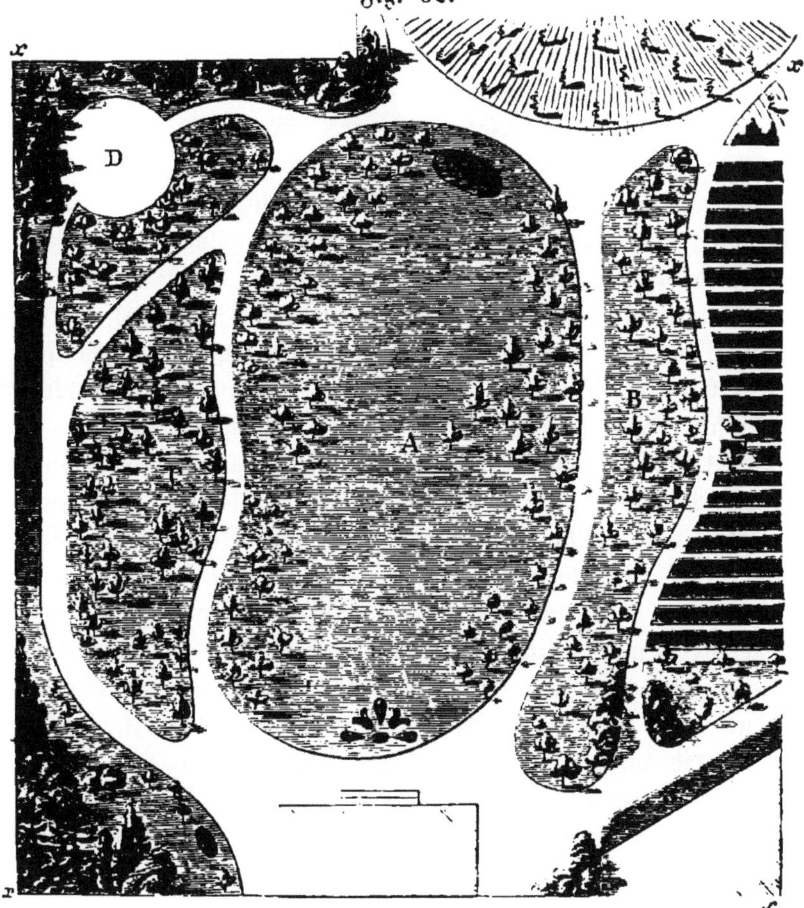

binde diese zu einem Haine, pflanze dort eine Gruppe Wallnußbäume und Kastanien (die beide an Schönheit von keinem Zierbaume übertroffen werden), von Aepfeln und Birnen, Kirschen und Pflaumen, dazwischen Gebüsch von Haselnüssen, Mispeln, Quitten, Zwergkirschen, Rosenäpfeln (Rosa pomifera) Berberitzen, Korneliuskirschen, Stachelbeeren, Johannisbeeren u. a. m. und an die auffallendsten Plätze Rosen, Jasmin, Goldregen und andere schönblühende Sträucher, ziehe Weinguirlanden an den Bäumen, bringe einige Blumenbeete an, sehe auf schönen kurzen oder auch blumenreichen Rasen: wahrlich man wird die fremden Holzarten nicht sehr vermissen. Ist auch ein solcher Garten im Allgemeinen wegen der meist matten Belaubung der Obstbäume nicht so schön, als wenn er aus Ziergehölz bestände, so ist er doch zur Blüthenzeit und im Herbst mit Früchten beladen schöner. Man kann besonders schön aussehende Früchte nahe an die Wege und an gut sichtbare Stellen bringen, was bei einiger Obstkenntniß leicht einzurichten ist. Es giebt auch unter den Aepfeln und Birnen Sorten, welche sich vor andern durch einen schönen Wuchs auszeichnen; z. B. der Borsdorfer Apfel, der Blutapfel (Rother Cardinal), der Taubenapfel (Pigeon), die meisten Peppings und sehr viele Birnen. Solche kann man vorzugsweise wählen *). Eine große Zierde bilden die kleinfrüchtigen Kirschäpfel und Wachsäpfel (Pyrus baccata, prunifolia und spectabilis) in vielen Farben, die auch zum Einmachen und zu Most zu gebrauchen sind. Besondere Berücksichtigung verdienen die durch Schönheit ausgezeichneten Spielarten des Wallnußbaums und der Kastanien, nämlich Juglans Regia asplenifolia, laciniata und pendula und Castania vesca asplenifolia, crispa, argentea marginata und lutea marginata (weiß und gelb gerändert und gefleckt), ferner die rothblätterige Haselnuß (Corylus tubulosa purpurea), die geschlitztblätterige Haselnuß (Corylus Avelana laciniata), und die buntblätterigen Sorten, die buntblätterige rothe und schwarze Johannisbeere (Ribes rubrum und nigrum fol. var.), die buntblätterige und die rothblätterige Berberitze (Berberis vulgaris fol. varieg. und fol. atropurp.), die weiß- und gelbbuntblätterige Kornelius-

---

*) Ich habe in dem „Ideenmagazin zur Anlegung und Ausstattung geschmackvoller Hausgärten ꝛc." (Weimar 1845) eine größere Anzahl von Obstsorten, die sich durch schönen Wuchs auszeichnen, aufgeführt.

kirsche (Cornus mascula fol. argent. var. u. fol. aur. varieg.), die buntblätterige Quitte und Mispel, die buntblätterige Nectarinenpfirsich, endlich die Feigen mit ihrer schönen Belaubung als Sträucher an sonnige Plätze in die Nähe des Hauses.

Ich will noch einige Worte zur Erklärung des Fig. 32 abgebildeten Planes hinzufügen. Das mittlere Rasenstück A ist mit Aepfel-, Birn- und Pflaumenbäumen bepflanzt. Rechts, auf der Abtheilung B den fortgesetzt gedachten Gemüsegarten verbergend, stehen einige Gruppen von nicht hohen Kirschen-, Weichsel- und Aprikosenbäumen. Bei C findet man hohe Kirschen-, Aepfel- und Birnbäume; die Ecke in der nördlichen Ecke des Gartens, welche den Platz D umgibt, besteht aus hohen schattigen Wallnuß- und Kastanienbäumen, die vom Hause gesehen, eine sehr schöne Gruppe bilden. Das Gebüsch, links am Hause, ist meist aus Fruchtsträuchern, nämlich Haselsträuchern, Mispeln, Quitten, Ostheimer Weichseln u. a. m. zusammen gesetzt. Die Beerensträucher und andere untergeordnete Obstarten stehen gruppenweise zerstreut im ganzen Garten. Hinten schließt sich ein Weinberg an den Garten, von dem jedoch nur der Anfang angedeutet ist. Zwei Wege führen im Bogen zur Höhe, wo eine elegante Weinlaube ein hübsches Lusthaus halb verbirgt.

III. Die Feld- und Straßenpflanzungen.

46. Ueber die Wahl der Obstarten und Sorten für Pflanzungen auf Feldern, Triften und an Wegen in verschiedenen Lagen ist schon früher gesprochen worden. Ich erwähne nur noch, daß man besonders kräftige, in einer frei liegenden ausgesetzten Lage erzogene Stämme wählen soll, da die Obstbäume im freien Felde abgehärteter sein müssen, als in geschlossenen Pflanzungen. Man pflanze stets Obst von gleicher Reifezeit zusammen und das vom Baume eßbare Frühobst vorzugsweise in die Nähe der Orte, um die Beaufsichtigung zu erleichtern. Auf diese Art werden die Pflanzungen auch einträglicher, weil die Aufsicht weniger kostet. Wenn, wie es bei Gemeindepflanzungen meistens geschieht, das Obst am Baume verkauft wird, so nehmen die Pächter auf diesen Umstand sehr Rücksicht und bieten mehr oder weniger. So würden sie z. B. für einen Frühbirnbaum, wo sie die Ernte vom Baume

weg verkaufen können, nahe am Orte oder zwischen anderem Frühobst doppelt so viel bezahlen, als für einen allein zwischen Spätobst und fernstehenden Baum, weil sie dort der Ernte nicht sicher sind. Die Bäume müssen sämmtlich sehr hochstämmig gezogen sein, und sollten nicht unter 6, besser noch 7 Fuß Stammhöhe haben. In manchen Ländern wird letztere Höhe für Straßen sogar geboten. Dies ist in doppelter Hinsicht nützlich; erstens, um den Bodenertrag durch niedrige Kronen nicht zu verringern und das Austrocknen der Wege nicht zu verhindern, zweitens der Beraubung wegen. Auch auf die Kronen muß Rücksicht genommen werden. Auf Viehweiden pflanze man immerhin Bäume mit großen breiten Kronen, also vorzugsweise Aepfelbäume, manche Sorten von Birnen, Wallnuß- und Kastanienbäume, weil der Graswuchs dadurch nicht benachtheiligt, ja in trocknen, von der Sonne leidenden Lagen sogar erhöht wird. In Felder und an Wege dagegen pflanze man Bäume mit hochgehenden, mehr langen als breiten Kronen, die man vorzugsweise an Süßkirschen und Birnbäumen findet. Die Aepfelbäume breiten sich meist sehr aus und haben oft herabhängende Aeste, wodurch Wege und Felder benachtheiligt, überdies die Bäume leicht beschädigt und beraubt werden. Es giebt jedoch auch Sorten mit hochwachsenden Kronen, auf die man ein besonderes Auge haben soll. Stehen die Bäume auf erhöhten Straßen- oder Feldrändern, so sind sie fast alle tauglich, weil dann die durch den niedrigen Wuchs bewirkten Nachtheile aufgehoben werden. An breite Landstraßen eignen sich auch Wallnuß- und Kastanienbäume, welche zugleich einen herrlichen Schatten geben. Auf Feldern ziehe man Sorten von lockerem Kronenbau vor, damit der Regen so wenig als möglich abgehalten wird. Es giebt deren genug; doch kommt noch mehr auf das Schneiden an. Frühobst, welches vor der Ernte reift, darf nicht auf Felder gepflanzt werden, weil sonst die Ernte zertreten wird. Man beschränke sich auf nur wenige gute Sorten, und ziehe solche mit unscheinbaren, fest am Baume hängenden Früchten vor. Das früher gegebene Verzeichniß enthält vorzugsweise solches Obst.

47. Die Anlage von Baumpflanzungen auf Aeckern hat eben so viele Freunde als Gegner, und kann für alle Fälle weder angerathen, noch für schädlich erachtet werden. In den besten Gegenden des südlichen Deutschlands, und hie und da noch in Mitteldeutschland, also in der I. Region, bringt das Pflanzen von Obstbäumen zwischen den Feldern

keinen Schaden, wenigstens ist derselbe sehr gering im Vergleich zur Obstnutzung. In Südtyrol baut man zwischen ziemlich dicht stehenden Bäumen, sogar unter Weinlauben, das schönste Getraide, und im südwestlichen Deutschland, der Schweiz und Frankreich zeigt die Erfahrung allenthalben, daß weitläuftig gepflanzte Obstbäume den Feldfrüchten nur wenig schaden. Man würde aber sehr Unrecht thun, dies auf alle Gegenden anwenden zu wollen; denn im norddeutschen Klima und auf Gebirgen und Hochebenen, besonders aber auch in wenig ergiebigen Bodenarten ist das Pflanzen von Bäumen in die Ackerfelder nur als nachtheilig für letztere zu betrachten. Man begnüge sich damit, die Wege und Ränder (Raine) zu bepflanzen und setze, wenn Boden und Lage günstig sind, hin und wieder nur einzelne Reihen auf das Feld. Ueberhaupt dürfte die Zeit gekommen sein, wo das Bepflanzen fast aller Felder mit Obstbäumen, wie es hie und da im südwestlichen Deutschland gebräuchlich ist, als nachtheilig zu erkennen ist; denn die Preise des Getraides und der Kartoffeln werden wahrscheinlich nie wieder so niedrig werden, so daß also der durch Obstbäume verursachte Verlust viel höher anzuschlagen ist als sonst, während das Obst nicht im Preise gestiegen ist und schwerlich steigen wird. Der Landwirth halte sich in dieser Hinsicht besonders an Versuche, die öfter und auf verschiedenen Feldern wiederholt werden müssen. Wo man aber auch Obstbäume im Felde pflanzen möge, so bringe man die Kernobstbäume in Reihen mindestens 50—60 Fuß, die Zwetschen 30 Fuß von einander und gebe den Reihen einen noch größeren Abstand.

48. Man hat neuerdings vorgeschlagen, Obstbau in Verbindung mit Waldbau zu betreiben und nachzuweisen versucht, welcher ungeheure Nutzen daraus erwachse, auch bereits Anpflanzungen der Art in den preußischen Elbforsten bei Magdeburg und einige Erfahrungen gemacht. Es wird angegeben, daß ein Distrikt von 60 Preußischen Morgen im Durchschnitt 5—600 Thaler Obstertrag ergeben habe. Man darf diesen Gegenstand nicht einseitig auffassen, denn er ist mehr forstlicher als landwirthschaftlicher Natur. Die Forstleute müssen entscheiden, ob der Holzgewinn von den Obstbäumen groß genug ist, um mit den Waldbäumen in die Schranken zu treten, denn der Ertrag von 1 vielleicht 2 Procent mehr an Obst, ist nur in diesem Falle in Anschlag zu bringen. Vom gärtnerischen Standpunkte aus kann ich mir keinen besonderen Gewinn

vom Waldobstbau versprechen; denn gutes Obst wird nie im Walde wachsen (wenn es wirklicher Wald bleiben soll), und an schlechtem Obst ist nichts gelegen. Ich glaube, daß die von Forstleuten so ungern gesehenen Haselnüsse einträglicher sind, als Kernobst, und daß selbst der Ertrag von Eicheln und Buchnüssen zur Mast und Oelbereitung, sogar der von Beeren, wenn man ihn ausbeuten wollte, dem von Obstbäumen wenig nachsteht, wogegen die Haupt-Holznutzung in keinen Vergleich zu bringen ist. Daß auf breiten Waldwegen, in schlecht bestandenen Gemeindewaldungen, auf Waldhutplätzen und an Rändern Obstbäume zur Noth fortkommen und mitunter auch leidliche Ernten bringen, ist nicht zu bezweifeln. Wenn aber der Wald so schlecht bewirthschaftet wird, daß Obstbäume darin gut fortkommen, so soll man ihn nicht durch Obstbau verbessern wollen, denn ebenso gut könnte man, wie es im Siegener Lande geschieht, Feldbau darin treiben. Eine ganz andere Sache ist es, wenn große Waldblößen förmlich kultivirt werden, denn in diesem Falle mögen Obstbäume oft einen recht guten geschützten Standort finden. Es ist auch eine bekannte Sache, daß in südlicheren Gegenden, selbst noch häufig in den Alpen, Kastanien- und Wallnußbäume förmlich in Wäldern und ganz wie andere Waldbäume gezogen werden und unter günstigen Verhältnissen sehr gute Frucht- und Holzerträge liefern. Beides sind aber auch gute Nutzholzbäume von ziemlich raschem Wuchs. Solche Pflanzungen sollte man auch in den günstigsten Gegenden Deutschlands häufiger anlegen. Hierzu empfehle ich noch ganz besonders den wilden Süßkirschenbaum, der so ausgezeichnetes Nutzholz und zugleich die beste Frucht zur Branntweinbereitung (Kirschwasser) giebt, und bekanntlich im Walde sehr gut gedeiht. Endlich liegt auch die Möglichkeit vor, zwischen jungen Waldkulturen (Saat- und Pflanzreihen) Garten-Erdbeeren und Himbeeren förmlich zu kultiviren und so dem Boden noch mehr abzugewinnen. Es fragt sich aber, ob der Ertrag so groß ist, als die Aufsicht oder Schutzvorrichtung kosten würde, und es wäre Unrecht den Menschen sogar noch den Besuch des Waldes abzuschneiden und so die schöne Waldfreiheit ganz zu vernichten.

49. Bei den Straßenpflanzungen sind noch besondere Rücksichten zu nehmen, wobei, wenn es sich um Hauptverbindungswege handelt, noch die gesetzlichen Bestimmungen jedes Landes zu befolgen sind. Zuerst will ich bemerken, daß es, so unrecht es einerseits ist, breite Wege in

passender Lage unbepflanzt zu lassen, oder mit Waldbäumen zu besetzen, es auf der andern Unsinn ist, überall Obstbäume pflanzen zu wollen. Wenn man pflanzt, so geschieht es, um möglichst viel und gut zu ernten. Dies kann aber auf feuchten Plätzen in tiefen, engen Thälern, wo Nebel und Nachtfröste gewöhnlich sind, nicht der Fall sein. Man benutzt daher den Platz viel besser, wenn man andere passende Alleebäume an solche Stellen bringt, wenn überhaupt eine Bepflanzung als nothwendig oder angenehm erscheint. Die Regierungen sollten daher die Gesetze über das Bepflanzen der Straßen mit Obstbäumen anders fassen und Sachverständigen die Entscheidung überlassen.

Es kommt sehr darauf an, ob die Baumpflanzungen an den Wegen den daran stoßenden Grundbesitzern, oder Gemeinden, oder dem Staate gehören. Wird eine Staatsstraße von Gemeinden bepflanzt, so ist es nur besondere Begünstigung, wenn die Bäume auf der Straße selbst stehen dürfen, außerdem müssen die Stämme (je nach verschiedenen gesetzlichen Bestimmungen) 6—15 Fuß vom Straßenrande (Graben) stehen. In diesem letzeren Falle ist es aber auch jedem Feldbesitzer erlaubt, Bäume an die Grenze seines Feldes zu pflanzen, wenn er nur diese Vorschrift befolgt. Solche willkürliche Pflanzungen kommen indessen jetzt nicht viel mehr vor. Auf großen Chausseen von über 25 Fuß Breite werden die Bäume meist auf die Straße (auf das sogenannte Bankett oder den Fußweg) selbst und zwar nahe an dem Graben gepflanzt, müssen jedoch, wenn sie nicht den Feldeigenthümern gehören, 6 Fuß vom Felde entfernt bleiben. Die Entfernung der Bäume muß bei Zwetschen und Sauerkirschen 24, bei Kernobstbäumen 36—40, bei Wallnuß- und Kastanienbäumen 40—50 Fuß betragen. Obschon es wenig Nachtheil bringen würde, zwischen die 30—40 Fuß von einander stehenden Kernobstbäume noch Zwetschen oder Sauerkirschen zu pflanzen, die später wegkommen, so wird dies an Landstraßen doch meist nicht geduldet. Auf Höhen und im mageren Boden, wo die Bäume nicht so groß werden, können die Entfernungen durchaus kleiner sein. An breiten Straßen können die Bäume einander gegenüber stehen, an schmäleren unter 25 Fuß Breite muß aber im Verband über's Kreuz gepflanzt werden. Wenn man bedenkt, daß auch die Früchte weit von einander stehender Bäume schöner und besser werden und die Bäume unter sonst günstigen Verhältnissen eine bedeutende Größe und ein höheres Alter erreichen, so muß man sich mit den Straßenordnungen, welche weite Pflanzungen vorschreiben, ganz einverstanden erklären.

50. Anger oder Viehtriften sollten stets mit Obstbäumen bepflanzt werden, weil dadurch die Viehweide nicht geschmälert, oft noch verbessert wird, und andererseits die Obstbäume Gewinn von dem Uebertreiben des Viehes haben, indem der Boden gedüngt wird und Raupen und deren Puppen, besonders auch die flügellosen Weibchen des schädlichen Frostnachtschmetterlings von den Schafen zertreten und von den Gänsen aufgefressen werden. Was die Entfernung und Stellung der Bäume anbelangt, so können hier die für den großen Baumgarten gegebenen Regeln gelten, nur daß man kein Zwergobst dazwischen bringt und die passenden Sorten gepflanzt werden. In rauhen, sehr den Stürmen ausgesetzten Gegenden ist die geschlossene Pflanzung auf Angern der von einzelnen Reihen vorzuziehen, weil sie so mehr Schutz haben. Es giebt oft wüste Plätze, besonders Anhöhen, die mit Obstbäumen bepflanzt werden sollen und können. Hierbei trifft es sich öfter, daß der Felsen zu Tage liegt, oder nur schwach mit Erde bedeckt ist, weshalb man nur an die mit hinlänglicher Erde ausgefüllten Vertiefungen pflanzen kann. In diesem Falle muß man von der regelmäßigen Pflanzung abgehen, und pflanzen, wie es gehen will.

Fünfter Abschnitt.

Vorbereitung zu den Pflanzungen, Beschaffung der Bäume und nöthige Vorsichtsmaßregeln.

Abstecken, Pflanzgruben oder Baumlöcher, Rigolen.

51. Eine Obstanlage mag groß oder klein sein, so muß erst vorher jedem Baume sein Platz angewiesen werden. Dies geschieht durch sogenanntes Abstecken mit glatten mannshohen Pfählen, welche man

einvisiren kann. Da die unregelmäßige Pflanzung sehr selten ist, so will ich von dieser Eintheilung weiter nicht reden und nur erwähnen, daß trotz der Unregelmäßigkeit die oben angegebenen Entfernungen bei jeder Gruppe eingehalten werden müssen, während die Gruppen selbst weiter von einander stehen. Will man eine gerade Reihe pflanzen, so visirt man zuerst mit drei Stangen eine gerade Linie ein, mißt dann die Entfernung der einzelnen Stämme ab und steckt einen Pfahl aus. Sämmtliche Pfähle werden später einvisirt, d. h. in eine gerade Linie gebracht. Bei krummlinigen Wegen, Feldern und Angern läßt sich dies Verfahren nicht anwenden, doch kann der Geübte, wenn er die Linie entlang geht, sehr gut beurtheilen, ob die Pfähle eine gleichmäßige Bogenlinie bilden, indem man stets nur einige Pfähle in's Auge faßt *). Will man mehrere Baumreihen neben einander abstecken, so visirt man die folgenden Reihen ebenfalls in entsprechender Entfernung ein, wodurch man allein eine gerade Linie bekommt, und das Abmessen jedes einzelnen Baumes von einer Reihe zur andern erspart. Da die Bäume bei mehreren Reihen im Verband gepflanzt werden müssen, weil so jede Ast- und Wurzelkrone den meisten Raum hat, so entstehen zuletzt, wenn die Pfähle nach allen Seiten einvisirt werden, nach jeder Richtung gerade Reihen, wie Fig. 33 zeigt. Wer in solchen Arbeiten nicht geübt ist, thut wohl, seine Pflanzung erst vorher auf diese Weise aufzuzeichnen, weil es ihm dann im Freien viel leichter wird. Er hat dabei die Größe seines Grundstückes und die Entfernung der Bäume wohl zu beachten. Zugleich kann dieser Entwurf als Pflanzungsplan gelten, indem man jedem Baume seinen Platz anweist und numerirt, so daß man beim Pflanzen selbst gar nichts mehr zu überlegen und einzutheilen, sondern nur die betreffenden Nummern zu verlangen braucht. Dieser Plan dient zu gleicher Zeit dazu, um die Sorte stets auffinden zu können, wenn andere Bezeichnungen verloren gehen, was sehr gewöhnlich ist. Auf diese Weise werden auch die Kosten und der Bedarf an Stämmen am einfachsten ermittelt. Nachdem die Hauptbäume abgesteckt sind, werden die Zwischenstämme, welche später wegkommen sollen, auf gleiche Weise abgesteckt. Bei regelmäßigen Pflanzungen bilden auch diese nach allen

---

*) Es ist dies dasselbe Verfahren, welches man beim Abstecken gebogener Gartenwege befolgt.

Richtungen unter sich gerade Reihen, wie aus den diese Zwischenreihen

Fig. 33.

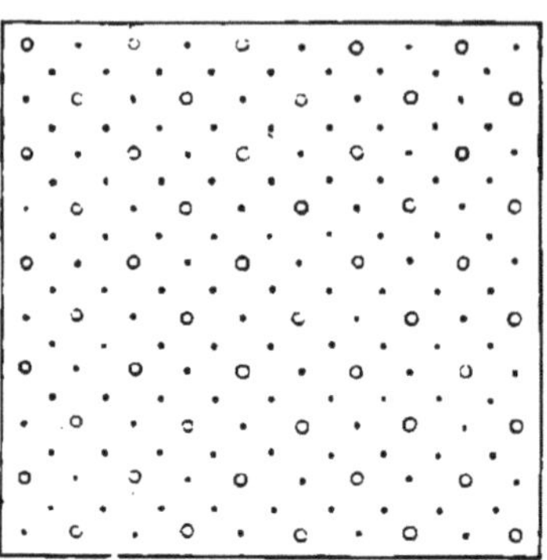

bedeutenden Punkte auf Fig. 33 zu sehen ist. Bei großen Pflanzungen trägt man die Nummern in ein besonderes Pflanzbuch ein, wobei auch Bemerkungen über den Ort, woher die Sorte bezogen, und später Bemerkungen über Ertrag, Reifezeit, Benutzung u. s. w. eingetragen werden können. Wer große Pflanzungen anlegt, wird meist auch einige Obstkenntniß haben oder erwerben wollen, und hierzu ist ein solches Buch unentbehrlich *). — Das Abstecken geschieht bei Boden, welcher vorher durchaus umgearbeitet werden soll, nach dem Graben, Rigolen oder Pflügen.

52. Die gebräuchlichste Art, den Boden vorzubereiten, ist, daß man einzelne Pflanzlöcher oder Baumgruben macht. Es ist bekannt, daß diese von unverständigen Leuten oft so klein gemacht werden, daß kaum die wenigen Wurzeln der jungen Bäume darin Platz finden, was natürlich immerwährendes Siegthum der Bäume zur Folge hat. Wenn man den guten Erfolg einer Baumpflanzung sichern will, so müssen möglichst große Baumlöcher gemacht werden. Die Größe richtet sich nach der Beschaffenheit des Bodens. Je besser und lockerer der Boden ist, desto kleiner können die Löcher sein, je schlechter, steiniger und fester, desto größer. Die meisten Pflanzer begnügen sich mit 2—2½ Fuß Weite und 1—1½ Fuß Tiefe und glauben es schon gut zu machen. Dies ist aber nicht genug. In gutem Boden mache man die Löcher 3½—4 Fuß weit und 2 Fuß tief, in schlechtem 5—6 Fuß weit und 3 Fuß tief. Wer in schlechten Boden noch weitere Löcher macht und düngen läßt, thut noch besser, und dann ist schlechter Boden kein Hinderniß des Obstbaues mehr. Auf nassen Plätzen werden die Gruben nur 1 Fuß tief gemacht oder, wenn kein Grundwasser kommt, etwas tiefer, weil in

*) Ueber Probe- und Sortenbäume, welche zur Erwerbung pomologischer Kenntnisse und zur Erhaltung der Sorten unentbehrlich sind, enthält „die Baumschule S. 20—25 einen besonderen Abschnitt.

diesem Falle die Bäume auf Hügel gepflanzt werden. Ebenso verfährt man, wenn der Untergrund ganz unfruchtbar ist, besonders, wenn er felsig oder kiesig ist. In rigoltem Boden oder an Plätzen, wo alte Bäume ausgerodet wurden, macht man die eigentlichen Pflanzgruben nicht größer als nöthig ist, um die Wurzeln ohne Biegung hinein zu bringen. In England, wo man sich mit den Pflanzungen ungeheure Mühe giebt, pflegt man neuerdings auf solchem Boden, der erwiesen den Bäumen schädlich ist, die Baumgruben mit Backsteinen oder Platten förmlich auszupflastern, um das Eindringen der Wurzeln zu verhindern, macht aber dann die Gruben auch so groß, daß sie mit guter Erde ausgefüllt, den Bäumen hinlänglich Nahrung bieten, jedoch auch allzu frechen Holzwuchs unmöglich machen. Dies Verfahren verdient besonders bei Formbäumen, namentlich bei Birnen auf Wildling und bei Aepfeln auf Splittapfel (Johannisstamm) Nachahmung.

Bei dem Ausgraben der Baumlöcher wird die obere gute Erde auf eine, die untere geringere auf die andere Seite gebracht, damit die lockere Erde an die Wurzeln gebracht werden kann, wenn gute Erde angefahren wird, die schlechte bei dieser Gelegenheit mitgenommen werden kann, wenn man nicht vorzieht, sie auf dem Lande umher zu breiten oder beim Pflanzen Hügel zu bilden. Ist der Boden Rasen oder sehr verunkrautet, so wird der oberste Stich ebenfalls besonders gethan, damit später der Rasen oder das Unkraut unten in die Grube kommen kann. Verwendet man gute lockere Erde beim Pflanzen, was nicht genug zu empfehlen ist, so wird diese kurz vor dem Pflanzen angefahren und neben die Grube geschüttet, damit sie möglichst trocken bleibt. Der die Pflanzstelle bezeichnende Absteckpfahl bildet genau den Mittelpunkt des Loches. Die äußersten Pfähle der Reihen rückt man, wenn die Löcher gemacht werden, genau in derselben Linie einige Fuß hinaus, um darnach die andern wieder einvisiren zu können. Bei den Eckbäumen müssen zwei solche Stangen gesteckt werden, weil man von diesen die äußeren Längs- und Querreihen einvisiren muß.

Es ist gut, wenn die Baumlöcher einige Monate vor dem Pflanzen gemacht werden, damit die ausgeworfene und die umgebende Erde dem Einflusse der Luft einige Zeit ausgesetzt ist und fruchtbar wird. Wenn im Frühjahr gepflanzt wird, so ist es gut, wenn die Baumlöcher im Herbste gemacht werden, wird im Herbst gepflanzt, schon im Sommer.

Es ist hier noch zu bemerken, daß man, wenn ein junger Baum an die Stelle eines alten ausgerotteten gepflanzt wird, die Erde aus dem Loche beiseit wirft und andere, noch nicht von Wurzeln durchdrungene herbeischafft.

53. Wenn eine ganze Rabatte oder ein Hausobstgarten durchaus mit Bäumen bepflanzt werden soll, so ist es das beste, wenn der Boden 2—2½ Fuß rigolt wird. Wer die Kosten daran wenden will, kann sogar den für Hochstämme bestimmten Baumgarten rigolen lassen und er wird das Geld dafür nicht weggeworfen haben, indem die Bäume durch raschen Wuchs und kräftiges Gedeihen diese Arbeit belohnen. Kann man dabei Dünger in die Tiefe bringen, was bei mageren, schlechten Boden sehr anzurathen ist, so wird der Erfolg ein außerordentlicher sein. Hierzu eignen sich vorzüglich langsam und nachhaltig wirkende Düngerstoffe, z. B. Knochen, Leder- und Fleischabfälle u. s. w. In sehr gutem, lockerem Boden ist das Rigolen im Baumgarten entbehrlich, braucht wenigstens nicht so tief vorgenommen zu werden, in schlechtem dagegen unerläßlich. Leider ist diese Arbeit zu kostspielig, um auf große Anlagen ausgedehnt zu werden Da ich die Arbeit des Rigolens als bekannt voraussetze, so will ich sie nicht weiter beschreiben. Ich glaube jedoch Vielen zu nützen, wenn ich durch eine Zeichnung deutlich mache, wie man sich diese Arbeit sehr erleichtern kann, indem man die Erde des ersten Grabens nicht weit zu fahren braucht. Fig. 34 zeigt die Eintheilung der Gräben.

Fig. 34.

A I.	II. B
1	18
2	17
3	16
4	15
5	14
6	13
7	12
8	11
9	10
C	D

Wollte man über die ganze Breite des Landes rigolen, so müßte der ganze Graben von A B nach dem Ende C D gefahren werden. Rigolt man aber erst die eine Hälfte von A nach C hinunter und von D aufwärts nach B, so wird die Erde des Grabens 1 sogleich nach 18 gebracht, weil dort der letzte Graben zuzufüllen ist. Der Graben 9 wird mit der Erde des Grabens 10 zugefüllt. Je mehr Arbeiter angestellt werden, desto länger können die Gräben sein. Nimmt das

Grundstück an Breite zu, so macht man die Gräben immer schmäler, nimmt es dagegen an Breite ab, breiter, so daß stets die Erde des einen Grabens den vorhergehenden füllt. Man läßt die Erde in Bänken liegen, und ebnet sie erst vor der Pflanzung.

Rücksichten, welche beim Ausgraben und Ankauf der Bäume zu nehmen sind.

54. Wenn man die Obstbäume und Fruchtsträucher selbst zieht, was, wie schon erwähnt, ein großer Vortheil ist, so spare man ja keine Mühe, die Arbeit des Ausgrabens so gewissenhaft als möglich machen zu lassen, damit möglichst viel feine Haarwurzeln daran bleiben. Leider wird das Ausrotten meist unverantwortlich leichtsinnig besorgt, indem oft die besten Wurzeln muthwillig abgestochen oder abgerissen und beschädigt werden. Man muß bei dem Ausgraben so weit vom Stamme einstechen, als es der andern Stämme wegen möglich ist und den Spaten nicht schräg gegen den Stamm zu halten. Auch darf man nicht zu früh ziehen, damit die Wurzeln nicht abgerissen werden. Wer die Bäume kaufen muß, bitte ganz besonders den Baumschulengärtner um sorgfältiges Ausgraben und scheue selbst eine geringe Mehrausgabe nicht. Man nehme käufliche Bäume stets aus einer möglichst nah gelegenen Baumschule, was freilich nicht immer geht. Große, in gutem Ruf stehende Baumschulen verpacken indessen meist so gut, daß die Obstbäume bei der heutigen schnellen Beförderung selten leiden. Sollten sie indessen stark vertrocknet ankommen, so bedecke man sie einige Tage ganz mit feuchter Erde, wodurch sie sich eher erholen als im Wasser und keinen Schaden leiden. Kommen die Baumballen gefroren an, so läßt man sie unberührt, bis sie an einem kühlen Orte aufgethaut sind. Gesund angekommene und selbst gezogene Bäume werden bis zum Pflanzen auf die bekannte Weise eingeschlagen.

Hochstämme pflanzt man meist mit Kronen versehen, also 5—6jährige Bäume. Wer dagegen schöne Formbäume ziehen will, wähle 1—2jährige Stämmchen, die noch beliebig gezogen werden können, denn in Baumschulen bekommt man selten ältere Bäume nach Wunsch gezogen und geschnitten. Man zieht und verkauft zwar in den größeren Baumschulen auch Formbäume, die sogleich tragbar sind (zu deren Anzucht ich in der „Baumschule“ S. 149—180 eine ausführliche Anweisung gegeben habe), weil solche Stämme von Gartenbesitzern, welche die Zeit des Tragens nicht erwarten können, oder das Ziehen nicht verstehen, häufig verlangt werden, allein es ist immer nachtheilig, so große Bäume zu pflanzen, denn sie leiden meist so viel, daß sie mehrere Jahre kränkeln, meist zu früh Frucht ansetzen, und leicht von jüngeren zu gleicher Zeit gepflanzten Bäumen überholt werden. Gewöhnlich verlieren sie auch die Form, weil sie um das Gleichgewicht zwischen Krone und Wurzeln herzustellen, bei dem Pflanzen stärker geschnitten werden müssen, als es der Form nach der Fall sein müßte.

Da beim Ankauf der Stämmchen oft gewisse Sorten nicht mehr zu haben sind, so zeichne man stets einige Sorten mehr auf, um die bestellte Anzahl richtig zu bekommen, oder man überlasse dem Verkäufer in diesem Falle von manchen Sorten mehr Stämmchen, als bestellt waren, zu verpacken. Dem Verkäufer die Auswahl der Sorten ganz zu überlassen und nur anzugeben, ob man frühe oder späte Sorten, Hausgarten- oder Feldbäume haben will, ist zwar das Vernünftigste, wenn man selbst gar nichts davon versteht, indessen baue man nicht zu sehr auf eine überlegte Auswahl, da die Baumverkäufer zur Versendzeit selten so viel Zeit haben, um sich viel darum zu bekümmern und gewöhnlich von den Sorten geben, die sie am meisten haben, was allerdings auch oft die besten sind. Man hat auch noch besonders zu bestimmen, welche Unterstämme gewünscht werden; z. B. ob Pfirsich auf Pflaume oder auf Mandel, Birnen auf Wildling, Quitte oder Weißdorn, Aepfel auf Paradies- oder Splittapfel u. s. w., weil hierauf sehr viel ankommt *). Man hüte sich, Bäume von Hausirern, die besonders in Mitteldeutschland häufig sind, und meist aus der Gegend von Bamberg, aber auch aus andern Gegenden Frankens und aus Schwaben kommen, zu kaufen, denn dies sind nicht nur oft unveredelte Stämme, wovon selten einer gute Früchte bringt, sondern auch durch langes Umhertragen verdorben, wenn sie auch noch frisch aussehen, weil sie täglich in's Wasser

---

*) Ich verweise hier auf „die Baumschule“, worin S. 30—49 ausführlich von den Veredelungsunterlagen und deren Einfluß die Rede ist.

gelegt werden. Der wohlfeile Kauf wird daher meistens ein sehr theurer. Durch diese Händler sind die meisten schlechten Sorten verbreitet worden.

Sechster Abschnitt.

Das Pflanzen und damit verbundene Verrichtungen.

55. Der Herbst wird allgemein für die beste Pflanzzeit gehalten, indem dann die Bäume im Frühjahr keine Störung erleiden und sogleich weiter wachsen, weil sie oft schon junge Saugwurzeln gebildet haben. Besonders gut ist es, wenn man frühzeitig im Herbst pflanzen kann, ungefähr von Mitte October bis Mitte November, denn um diese Zeit verpflanzte Bäume bilden in gutem Boden meist im Herbst noch junge Wurzeln, was bei später gepflanzten nicht der Fall ist. Kirschbäume, im Herbst gepflanzt, gehen nicht leicht zurück, was bei den im Frühjahr gepflanzten öfter vorkommt. Auf leichtem Boden soll man, wo möglich, immer im Herbst pflanzen. Es giebt aber auch Fälle, wo die Frühjahrpflanzung vorzuziehen ist, nämlich in rauhen, kalten Lagen und auf Anhöhen und Plätzen, welche den Stürmen sehr ausgesetzt sind, in sehr schwerem, kaltem, nassem Boden und auf Plätzen, welche im Winter überschwemmt werden können. Endlich ist die Frühjahrspflanzung stets vorzuziehen, wenn die Baumlöcher erst im Herbst gemacht werden konnten, oder das Land im Herbst rigolt wurde, weil das Gedeihen des Baumes viel gesicherter ist, wenn die Löcher im Winter offen bleiben und das Land rauh liegen bleibt. Da dies meistens der Fall ist, so werden die meisten Pflanzungen zeitig im Frühjahr vorgenommen Dabei ist auch noch zu berücksichtigen, daß die im freien Felde oder in abgelegenen Gärten im Herbst gepflanzten Stämme in Gegenden, wo die Obstbaumzucht noch nicht allgemein ist, im Winter oft gestohlen werden. Man kann also vom October bis Mai pflanzen, sobald der Boden offen,

zu bearbeiten und vorbereitet ist. In leichtem Boden hüte man sich jedoch, spät im Frühjahr zu pflanzen, damit die Frühjahrsfeuchtigkeit noch wirken kann. In schwerem, feuchtem Boden kann man dagegen im nördlichen Deutschland noch im Mai pflanzen, wenn die Bäume zeitig genug ausgerottet und im Schatten eingeschlagen wurden, und muß es sogar zuweilen, weil der Boden nicht eher zu bearbeiten ist. Man hat sogar Beispiele, daß Obstbäume mit voller Belaubung verpflanzt wurden und gut gediehen, was natürlich nicht zur Regel werden kann. Das Wetter muß bei dem Pflanzen wo möglich trocken sein, weil sonst die Erde klosig wird, doch ist es bei scharfem Ostwind zu vermeiden.

56. Bevor das Pflanzen beginnt, werden die Baumlöcher bis $\frac{3}{4}$ oder $\frac{4}{5}$ ihrer Tiefe mit der vorhandenen Erde zugefüllt, damit diese Arbeit des Pflanzens nicht zu lange aufhält und die Erde sich erst etwas setzt. Auf einigermaßen feuchten Plätzen füllt man die Löcher ganz zu und auf noch feuchteren bildet man sogar kleine Erhöhungen. Es ist schon soviel gegen das tiefe Pflanzen gesprochen und geschrieben worden, daß man glauben sollte, es könnte gar nicht mehr vorkommen; gleichwohl setzen unverständige Leute, dabei selbst solche, die aus der Baumzucht ein Gewerbe machen, die Bäume häufig noch so tief, daß sie gar nicht gedeihen können. Oft geschieht es auch, weil die Pflanzer nicht berechnen, um wie viel die Erde sich setzt, was besonders bei Anfängern vorkommt. Noch schädlicher wirkt der tiefe Stand in schwerem Boden und auf feuchten Plätzen, denn hier leben zu tief gepflanzte Bäume meistens nur einige Jahre. In leichtem Sandboden ist das Tiefpflanzen weniger schädlich. Ist der Boden naß, so kann man unten in die Baumlöcher Kies, Sand, zerschlagene Backsteine und Scherben, Schutt und andere den Wasserabzug befördernde Stoffe bringen, was auch schon beim Rigolen geschehen kann, wenn überhaupt rigolt wird. Der Rasen und etwa verwendbare frische Dünger wird, mit der schlechten Erde vermischt unten in die Grube gebracht. Will man in sehr schlechtem Boden Composterde verwenden, so ist es gut, auch unten in das Loch zwischen den schlechten Boden hin und wieder einige Schaufeln davon zu werfen. Selbst Laub, Stoppeln und andere Pflanzenabfälle kann man mit zwischen die schlechte Erde unten in das Loch werfen, was besonders in schwerem Boden gut ist, weil dieser so lockerer bleibt

und die Wurzeln später in die durch die verwesten Pflanzen gebildeten Zwischenräume leichter eindringen. Mistjauche und flüssigen Abtrittsdünger schüttet man einige Zeit vor dem Pflanzen in die Baumlöcher, damit dieser Dünger die Wandungen durchdringe.

Es ist in nicht ganz besonders gutem Boden immer zweckmäßig, beim Pflanzen Composterde anzuwenden, denn der Erfolg ist ein ganz auffallend guter. Wenn die Wurzeln in solche gute, lockere Düngererde kommen, so erzeugen sie sogleich eine Menge feiner Haar- oder Saugwurzeln, und das Gedeihen des Baumes ist gesichert, während in schlechtem Boden das Erzeugen der Wurzeln sehr langsam geht. Man braucht dazu nicht einmal viel Erde und kann mit einer Fuhre wohl hundert und mehr Bäume pflanzen. Natürlich ist es noch wirksamer, wenn man viel, etwa 2—3 Handkarren (Radeberren) voll für jeden Baum verwenden kann.

57. Bevor der Baum gepflanzt wird, werden die Pfähle nach dem Zufüllen der Grube genau in die Mitte der Pflanzgrube gesteckt, und etwas festgeschlagen. Bei geradlinigen Pflanzungen werden dieselben erst wieder genau einvisirt, wie bei dem Abstecken. Die Pfähle müssen im Verhältnisse zum Stamme stark und hoch sein. Sie dürfen nicht so lang sein, daß sie in die Aeste reichen, weil so immer Reibung entsteht, sondern brauchen höchstens bis 1 Fuß unter die Krone zu reichen. Etwas anderes ist es, wenn man die Kronen hochstämmig veredelter Bäume, z. B. copulirte Kirschen, welche an sehr den Stürmen ausgesetzten Plätzen gepflanzt werden, vor dem Abbrechen schützen will, in welchem Falle man den Pfahl über die Krone gehen läßt, dabei aber sehr darauf sieht, daß sich keine Aeste reiben können. Die Pfähle müssen glatt geschält und von allen vorstehenden Punkten frei, auch vollkommen gerade sein. Es eignen sich fast nur Nadelholzstangen dazu. Man schützt den untern Theil vorher durch Eintauchen in Firniß, Theer und andere Stoffe, oder durch Anbrennen gegen Fäulniß.

Dies ist die gewöhnliche Art der Befestigung, aber keineswegs die beste. Viel zweckmäßiger ist es, nach der Pflanzung 1—1½ Fuß vom Stamme 2 gegenüberstehende kurze Pfähle so tief einzuschlagen, daß sie

Fig. 35.

nur gegen 3 Fuß hoch über der Erde stehen, und zwar nach Ost und West, oder nach den Seiten, woher in der Gegend die meisten starken Winde wehen, was meist die Südwest-, oft aber auch die Nordwestseite ist. An diese wird der Stamm, einen Tag nach der Pflanzung, (wenn die Wurzeln eingeschlemmt wurden) oder sogleich nach dem Pflanzen (wenn nicht begossen wurde), mit Baststricken oder Stroh mit Weiden verflochten, so angebunden, daß er grade steht. Fig. 35, welche den Schutz der Bäume an Wegen, auf Ackerfeldern und Viehtriften deutlich macht, zeigt zugleich das Verfahren; doch brauchen die Pfähle nur drei Fuß hoch zu sein.

Hierzu können auch krumme und rohe Pfähle genommen werden, was in holzarmen Gegenden, wo hohe glatte Fichtenstangen schwer zu bekommen sind, von großer Bedeutung ist. Auf diese Weise sind die Bäume auf Plätzen, wohin kein Rindvieh kommt und nicht gepflügt wird, hinlänglich gesichert. Dies Verfahren beseitigt viele Nachtheile. Bekanntlich gehen die Weiden, womit die jungen Stämme angebunden werden, sehr oft verloren, weil sie reißen, rutschen, oder muthwillig abgerissen werden. Die Folge davon ist, daß die Stämme sich reiben und vom Sturm oder Schnee oft abbrechen. Bei bis an die Krone festgeschnürten Stämmen theilt sich die Bewegung der Krone durch den Pfahl den Wurzeln mit, so daß diese oft abreißen und locker werden. Kann aber der obere Stamm sich mit dem Sturme biegen, so bleibt der untere feststehen. und die Wurzeln werden nicht gelockert.

Wo Vieh hinkommt und geackert wird, genügen so kurze Pfähle nicht, und es ist nöthig, daß man höhere, stärkere Pfähle anbringt und sie mit einer Latte verbindet, wie Fig. 35 zeigt. Noch besser ist es, besonders in Feldern, wenn 3 Pfähle eingeschlagen und durch 3 kurze Latten verbunden werden. Die Befestigung des Stammes kann auch mit einem Strick geschehen, jedoch so, daß der Stamm frei steht. Wendet man gewöhnliche Baumpfähle an, so legt man den Bund über's Kreuz an, so daß die Weide die Form einer 8 bildet, wodurch die Reibung vermieden wird. Moos oder Lappen unterzulegen ist nur räthlich, wenn man diese Polsterstoffe besonders um den Stamm befestigt, so daß sie nicht herausfallen können, denn außerdem thun sie mehr Schaden, weil sie leicht herausfallen, und dann die Reibung noch stärker wird. Auf Feldern sind sogenannte Baumkästen, wie man sie auch zum Schutze der Weinstöcke auf Straßen und Höfen anbringt, sehr zweckmäßig, weil sie, eng gemacht, zugleich die Hasen abhalten. Bei großen Anlagen kommen sie freilich zu theuer, und es genügen auch 3 Pfähle, wie oben angegeben ist.

Bäume, welche an Plätze gepflanzt werden, wo das Weide- und Zugvieh oder Hasen hinkommen, werden bald nach dem Pflanzen dicht mit Dornen eingebunden, wozu glatte, nicht zu knorrige Dornen genommen werden müssen. Die Höhe dieses Schutzes richtet sich nach dem in der Gegend gewöhnlichen Schneefall. Wenn man den Stamm 4 Fuß hoch einbindet, so wird dies meistens genügen, doch würden an Stellen, wo sich Schneewehen anlegen, 5 Fuß noch besser sein.

Alles, was bisher über Pfähle und Schutz gesagt wurde, findet nur bei Hochstämmen Anwendung. Formbäume bedürfen selten eines Pfahls. Man bindet die Bäume, welche eingeschlemmt oder eingegossen wurden, erst ganz fest, wenn sich der Boden gesetzt hat.

58. Das Beschneiden der Krone und Wurzeln findet meist erst bei der Pflanzung statt, doch kann es auch vorher beseitigt werden. Sehr zu empfehlen ist es, die Wurzeln Tags zuvor zu beschneiden und in einen dünnen Brei von Lehm oder lehmiger Erde, Kuhmist und Wasser, oder von Lehmerde und Mistjauche zu stellen. Hierdurch wird das Anwachsen außerordentlich befördert, und zugleich schützt der dadurch entstehende Ueberzug gegen das Austrocknen der Wurzeln. Dies Verfahren sollte bei Bäumen, welche über Land geschafft werden müssen, nie versäumt werden.

An den Wurzeln beschneidet man nur die abgestochenen Spitzen und die sonst beschädigten Theile. Der Schnitt wird stets von unten auf schräg geführt, so daß die Schnittfläche beim Pflanzen unten hin kommt. Das Beschneiden der Wurzeln ist dringend nothwendig, darf also nie versäumt werden. Daß es auch eine ganz besondere Wirkung ausüben kann, beweisen die Erfahrungen des Herrn Oberdieck, (mitgetheilt im I. und XII. Heft der Pomologischen Monatsschrift), welcher frischgepflanzte Bäume, die nicht austreiben wollten und schon vertrocknet aussahen, wieder aus der Erde nahm, an den Wurzeln noch einmal einen frischen Schnitt machte und die Bäume einschlemmte, wodurch er die meisten rettete. Dies geschah bei manchen 2—3mal, vor und nach Johanni; doch hatte der Wurzelschnitt 14 Tage vor Johanni den besten Erfolg.

59. Um das richtige Verhältniß zwischen den ernährenden Wurzeln, von denen viele beim Ausgraben verloren gehen, und der Krone (dem verzehrenden Theil) herzustellen, müssen die Zweige beschnitten werden, weil der Baum nicht im Stande ist, soviel Saft zuzuführen, als sämmtliche Zweige verbrauchen würden. Der Schnitt ist aber auch der Form der Baumkrone wegen nöthig, besonders bei den Formbäumen (Pyramiden-, Spalier-, Becher-, Zwergbäume), von denen besonders die Rede sein wird. Jetzt ist nur von Hochstämmen die Rede. Man bekommt aus den Baumschulen in der Regel zwei-, manchmal sogar dreijährige Kronen. Der Käufer würde zwar besser thun, wenn er Bäume mit einjährigen Kronen pflanzte, weil er diese ganz nach seinem besten Ermessen schneiden kann, und junge Bäume besser wachsen, als alte, ebenso der Verkäufer sich besser stehen, wenn er sie ein Jahr früher verkaufen könnte, indessen man bekommt nun einmal die Stämme meistens so, und muß sich bei dem Beschneiden darnach richten. Die Bäume haben in der Regel 3—4 Aeste. Haben sie deren mehr, so werden die am schlechtesten stehenden ganz weggeschnitten, so daß nur so viele bleiben. Ebenso werden alle Seitenzweige und vorhandenes Fruchtholz glatt abgeschnitten. An Kronen von guter Bildung und kräftigem Holze werden die letzten Jahrestriebe auf 3—4 gute Augen zurückgeschnitten. Ist ein Mittelzweig vorhanden, welcher die Spitze des Baumes bilden soll, wie es bei Kirschen immer der Fall sein soll, und bei Birnbäumen sein kann, wohl auch bei Aepfel- und Pflaumenbäumen vorkommt, so wird dieser auf 2—3 Augen länger geschnitten. Hat der Baum sehr starke, kräftige Triebe, so kann man jedem Zweig ein Auge mehr lassen, hat er hingegen schwaches Holz, so sind 2—3 Augen genug. Man muß sich dabei auch sehr nach dem Wurzelvermögen richten, denn reich bewurzelte Bäume können länger geschnitten werden, weil sie viele Augentriebe ernähren können, schwach bewurzelte dagegen müssen aus demselben Grunde kurz geschnitten werden. Der Schnitt wird in der Regel über einem nach außen stehenden Auge ausgeführt; hat jedoch die Krone eine

Fig. 36.

b

c

1 Jahr

d

a

Lücke, so schneidet man womöglich über einem nach dieser Seite stehenden Auge, weil der Ast dann diese Richtung bekommt. Der Schnitt geschieht schräg von unten nach oben, so daß das Messer der Spitze des Auges gegenüber angesetzt wird und der Schnitt etwa $\frac{1}{8}$—$\frac{1}{6}$ Zoll (je nach der Stärke des Zweiges) ausläuft. Das Messer muß stets scharf sein, weshalb man die Wurzeln besonders beschneiden muß, weil dabei das Messer leicht stumpf wird. Am besten ist es, wenn ein Mann die Wurzeln, der andere die Zweige beschneidet. Sind Stämme oder Zweige durch den Transport an der Rinde beschädigt, so wird die Wunde glatt geschnitten, und mit Theersalbe oder Baumwachs verstrichen.

60. Pyramidenbäume, wozu nur Birnen verwendet werden sollten, schneidet man, wie Fig. 36 zeigt, auf $\frac{2}{3}$ oder die Hälfte der ganzen Länge des Triebes, so daß nie mehr, als die Hälfte stehen bleibt, und zwar so, daß das oberste Auge über dem Abschnitt des Wildlings steht, wodurch der Stamm gerade wird. Man sollte stets nur solche Stämmchen zu Pyramiden, überhaupt nur einjährig veredelte Bäume zu Formbäumen pflanzen. Ueber den Schnitt solcher Bäumchen, welche schon mehrere Zweige haben, können hier keine Regeln gegeben werden, da dies in das Feld des Baumschnittes gehört, von welchem hier nicht die Rede sein kann, und wovon das bereits erschienene III. Bändchen besonders handelt. Ich bemerke nur noch, daß man die an vorjährigen Trieben oft vorkommenden Seitentriebe (Aftertriebe, falsche Triebe) wenn sie gut stehen und die unteren schlafenden Augen des Haupttriebes durch Einschnitte oberhalb zum Austreiben gebracht werden können, benutzen kann, um die ersten Seitenäste der Pyramide zu bilden *). Hat das Stämmchen oben

*) Ich werde hier öfter auf den III. Band verweisen und die betreffenden Figuren und Seiten anzeigen. Für diesen Fall verweise ich auf Seite 55 Fig. 17.

Zweige, unten aber schlafende Augen, so wird unter den Zweigen, ganz als ob diese nicht vorhanden wären, abgeschnitten *).

Die eigentlichen Zwergbäume und die Halbhochstämme, welche man Becher= oder Kesselbäume nennt, werden ziemlich wie Hochstämme geschnitten. Hat man noch keine Krone, so wird der vorhandene Trieb des Edelreises bei Zwergstämmen auf 4—5 Zoll zurückgeschnitten, damit man 3—4 Triebe bekommt. Bei Halbhochstämmen geschieht dasselbe in geeigneter Höhe, doch bekommt man solche Stämmchen meist schon mit Kronen versehen.

Der Schnitt der für das Spalier bestimmten Pflänzlinge ist verschieden, je nachdem die künftige Form sein soll. Auf „Herzstamm", welche Form für Birnbäume die beste Methode ist und neuerdings auch für Pfirsiche und Aprikosen angewendet wird, schneidet man den einfachen Trieb (Fig. 36) so zurück, daß man ein Auge rechts, eins links, und eins nach vorn hat, damit ein Trieb die Spitze fortsetzt, während zwei die ersten Seitenzweige bilden **). Da nicht immer jedes Auge austreibt, so ist es gut, auf einige Augen mehr zu schneiden und die überflüssigen Augen auszubrechen, sobald der Trieb der am besten stehenden ganz gesichert ist. Will man einen Doppelherzstamm ziehen, so schneidet man auf zwei gegenüberstehende Augen ***). Um Bäume in der gewöhnlichen Fächerform zu bekommen, schneidet man das Stämmchen, welches am besten wie Fig. 36, ohne Seitenzweige, 5—6 Zoll über der Veredelungsstelle über zwei nach den Seiten und ziemlich einander gegenüberstehenden Augen ab, so daß sich zwei Triebe bilden. Auf die oben befindlichen Zweige, wie sie bei den Pfirsichen meist vorkommen, wird gar keine Rücksicht genommen †). Bekommt man ein Stämmchen, welches schon zwei gutstehende Zweige hat, so schneidet man dieselben auf zwei nach unten und vorn stehende Augen ††), wovon das eine nach vorn stehende den Ast verlängert, das untere den ersten Unterast bildet. Ist dagegen ein Zweig schlecht gewachsen, erfroren, beschädigt oder im Ver=

*) Obstbaumschnitt Fig. 18 Seite 57.

**) Obstbaumschnitt Fig. 27 Seite 85.

***) Obstbaumschnitt Fig. 30 Seite 87.

†) Obstbaumschnitt Fig. 47 Seite 108.

††) Obstbaumschnitt Fig. 48 Seite 110.

hältniß zum andern zu schwach, so schneidet man ihn ganz ab *), und den bleibenden wieder wie einen gewöhnlichen Trieb, pflanzt aber das Stämmchen so, daß dieser Seitentrieb senkrecht zu stehen kommt. Bekommt man ein Stämmchen, wo schon beim Oculiren zwei einander gegenüberstehende Augen eingesetzt wurden, welche zwei Triebe gebildet haben, so werden diese ganz so geschnitten, wie eben für Stämmchen mit 2 Trieben angegeben wurde **). Bei Spalierbäumen, welche schon mit mehreren Aesten versehen sind, treten andere Regeln ein, die hier nicht erörtert werden können und sich im III. und I. Bändchen finden. Ich bemerke nur, daß man bei Stämmen mit zwei und mehr Zweigen die bei oculirten Bäumen gebliebenen Stumpfen des Wildlings glatt ausschneiden muß, wozu, wie überhaupt bei dem Beschneiden der Krone die Fig. 4 und 5 abgebildete Astzange sehr gut zu gebrauchen ist.

61. Weinstöcke werden auf 5—6 Augen oder auch kürzer geschnitten, welche jedoch beim Pflanzen bis auf das oberste in die Erde kommen. Bei Johannis- und Stachelbeeren kommt es darauf an, ob man einen Strauch oder ein Bäumchen ziehen will. Soll es ein Strauch werden, so schneidet man die zu dicht stehenden Zweige ganz aus, die übrigen auf die Hälfte oder ⅓ ihrer Länge, wobei man sich immer nach der Regel zu richten hat: schwache Zweige mit engstehenden Augen kurz, starke lang. Will man ein Bäumchen ziehen, so läßt man nur den schönsten geradesten Trieb, und schneidet daran die Seitenzweige ab, bis er die geeignete Höhe hat. Ist kein gerader Zweig vorhanden, so schneidet man den Pflänzling ganz kurz und wählt im folgenden Jahre den stärksten, geradesten Trieb aus. Quitten, Mispeln, Maulbeeren und andere minder wichtige Obstarten werden ähnlich geschnitten, wobei man immer darauf sieht, daß der Busch oder die Krone innen hohl und luftig bleibt. An Wallnußbäumen schneidet man nur die schlecht stehenden Zweige ganz ab, übrigens keinen Zweig zurück, sondern nur die etwa erfrorenen Spitzen ab. Kastanien schneidet man so, daß sie eine Spitze bekommen, übrigens innen locker. Mandeln werden wie Birnpyramiden geschnitten. Himbeeren schneidet man bis auf die Hälfte zurück.

---

*) Obstbaumschnitt Fig. 49 S. 111.
**) Obstbaumschnitt Fig. 50 S. 112.

62. Nachdem wir alle Nebendinge besprochen haben, ist über das Pflanzen selbst nur wenig zu sagen. Vor allem also nicht zu tief pflanzen. Wenn die Wurzelkrone ist, wie sie sein soll, nämlich ohne Pfahlwurzel, so kann sie unten mit dem umgebenden noch festen Erdboden gleich hoch liegen, denn wenn sich die Erde setzt, so kommt der Baum recht zu stehen. Deßwegen muß man auch das Pflanzloch ganz oder fast ganz zufüllen. Je tiefer das Loch gemacht oder rigolt wurde, desto mehr setzt sich der Boden. Man kann annehmen, daß sich jeder aufgelockerte Boden um 2—3 Zoll auf den Fuß setzt, so daß er sich also in einem 2 Fuß tiefen Pflanzloch um 4—6 Zoll setzt. Steht das Stämmchen genau an dem Platze, so wird die beste Erde, womöglich Composterde zunächst an die Wurzeln geworfen, während ein zweiter Arbeiter, (wenn das Pflanzloch groß ist), mehr an den Rand die schlechtere Erde wirft. Glaubt man genug Erde auf den Wurzeln, so hebt man etwas schüttelnd langsam das Stämmchen, bis es die rechte Höhe hat. Die Erde wird hierauf ein wenig festgetreten, ohne förmlich darauf herum zu treten, wie es die meisten Pflanzer thun, denn dadurch kommt entweder der Stamm zu tief zu stehen (wenn man ihn nicht festhält), oder man beschädigt (ihn festhaltend) die Wurzeln. Werden die Wurzeln eingeschlemmt, so wird weder an den Wurzeln gerüttelt, noch die Erde festgetreten. Man schlemmt dann die Erde mit einer Kanne Wasser, während ein Arbeiter Erde darauf wirft, förmlich zwischen die Wurzeln. Das Einschlemmen ist in leichtem Boden stets zu empfehlen, jedoch nur bei der Frühjahrspflanzung. In schwerem Boden gießt man den fertig gepflanzten Baum nur an, denn das Einschlemmen würde hier schädlich sein, weil die Erde zu fest wird. Zuletzt wird mit der übrig gebliebenen Erde ein Rand, die sogenannte Pflanzscheibe gebildet, damit das Wasser nicht daran abläuft. Um das Austrocknen und Risse des Bodens zu verhindern, deckt man 2 Zoll hoch Erde auf die Scheibe. Noch besser ist halb verwester Mist. Hierauf wird zum Anbinden und, wenn es nöthig ist, zum Einbinden mit Dornen geschritten.

Auf diese Weise werden alle freistehenden Bäume gepflanzt. An Spalieren sehe man darauf, daß der Stamm 4—5 Zoll vom Geländer kommt, und legt die Wurzeln so, daß sie von der Mauer wegwachsen können. Es versteht sich von selbst, daß Spalierbäume, welche schon Seitenäste haben, so gepflanzt werden, daß diese die rechte Richtung bekommen und das Endauge nach vorn steht. Die oft dicht am Boden veredelten Zwergapfelbäume dürfen mit der Veredlungsstelle nicht in die Erde kommen, weil sie, abgesehen von der Schädlichkeit des tiefen Pflanzens, sonst an dieser Stelle des Edelreises zuweilen Wurzeln schlagen und nun gleichsam auf eignen Füßen stehend, viel höher wachsen; also die Eigenschaft eines Zwergbaumes verlieren. — Weinstöcke pflanzt man am besten 2—3 Fuß von dem Geländer, und legt den nächsten Jahrestrieb wieder in die Erde, so daß die Rebe erst im 2. oder 3. Jahr das Geländer erreicht. So eingelegte Reben schlagen Wurzeln und ernähren den Stock viel besser, als wenn sie dicht an die Mauer gepflanzt werden. Fig. 37 zeigt das Pflanzen des Weinstockes. Je dichter die Stöcke gepflanzt werden, desto weiter muß man von der Mauer pflanzen. Bei dem Verfahren von Thomery, wo die Stöcke je nach der Höhe der Mauer, 1½—2 Fuß von einander gepflanzt werden, muß man 3 Fuß von der Mauer pflanzen. Man kommt mit den von der Mauer entfernten Pflanzen ebenso schnell zum Ziel, als wenn man dicht daran pflanzt, wie es gebräuchlicher ist, denn die Reben tragen doch vor dem dritten Jahre nicht.

Fig. 37.

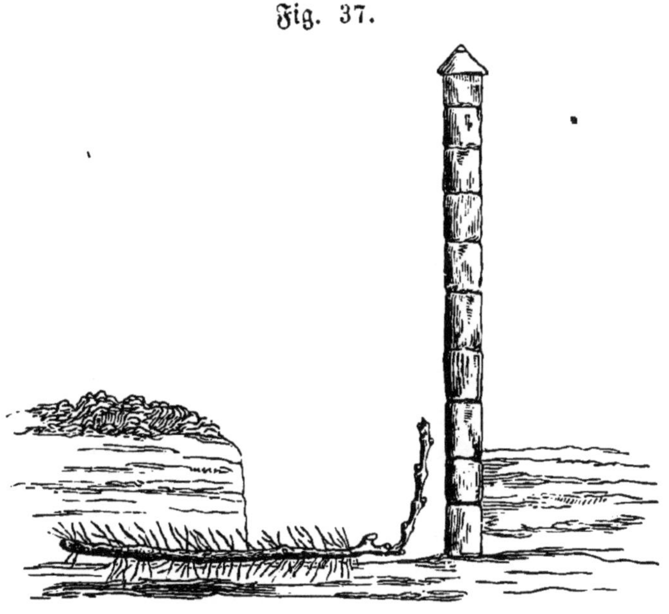

Siebenter Abschnitt.

Behandlung der gepflanzten Bäume und Sträucher in den ersten Jahren.

63. Die nothwendige Pflege im ersten Jahre der Pflanzung besteht darin, daß die Pflänzlinge bei trocknem Wetter einigemal tüchtig begossen werden. Man braucht selbst bei großer Trockenheit nicht öfter als wöchentlich einmal zu begießen, es muß aber stark geschehen. Bei Pflanzungen, welche vom Wasser fern liegen, muß selbst bei großer Trockenheit ein zweimaliges Begießen im ganzen Sommer genügen. Erscheint Unkraut auf den Pflanzscheiben, so wird es ausgejätet. An Spalier- oder andern Formbäumen unterdrückt man schlechtstehende oder unnütze Triebe, ehe sie zu lang werden, und entspitzt andere, die nicht so stark wachsen sollen. Wenn man Zeit hat, kann man dieselbe Sorgfalt auch bei Hochstämmen anwenden, wenigstens dulde man keine Räuber, d. h. Zweige am Stamme oder unter den Endtrieben. Diese Arbeiten wiederholen sich jedes Jahr, nur fällt das Begießen weg, wenn nicht große Trockenheit es nothwendig macht. Steht der Baum nicht auf Boden, welcher ohnedies alljährlich gegraben, gehackt oder gepflügt wird, so muß die Baumscheibe vorsichtig und ohne den Wurzeln zu nahe zu kommen, gelockert werden. Wurde der Baum zu hoch gepflanzt, oder die Erde durch Wasser von den Wurzeln geschlemmt, so daß diese blos liegen, so müssen sie mit Erde, am besten mit Compost bedeckt werden. Es ist endlich dringend nothwendig, darauf zu sehen, daß die jungen Stämme, so lange sie eine Stütze bedürfen, fortwährend gut angebunden sind. Man muß deßhalb die Bänder öfter nachsehen und wo nöthig erneuern. Dies ist besonders im Spätherbst nöthig. Ebenso werden, wenn es Noth thut, die Dornen erneuert oder frisch befestigt. Wie lange diese Aufmerksamkeit nöthig ist, hängt ganz von dem Wachsthume des Baumes und dem Stand auf einem mehr oder weniger geschützten Platze ab.

64. Die wichtigste jährlich sich wiederholende Arbeit ist das Beschneiden der Leitzweige und Entfernung der Räuber und des Frucht-

holzes. Bei Zwerg-, Pyramiden- und Spalierbäumen läßt man jedoch das Fruchtholz vom dritten Jahr an stehen. Auch bei Steinobsthochstämmen kann man in den späteren Jahren die Knospen und Früchte lassen, nur nicht in freien Pflanzungen, ohne Aufsicht, weil dort durch das Abreißen der leicht zu erreichenden Früchte die jungen Stämme oft ganz verdorben werden. Ich rathe, im freien Felde nie Früchte an jungen Bäumen zu lassen, so lange dieselben gut erreichbar sind. Sauerkirschen tragen allerdings schon im dritten Jahre oft so voll, daß es Schade um die Früchte wäre. Man schneidet die Leitzweige (Endtriebe) in den ersten 3 Jahren auf 4—6 Augen, bei starken Trieben wohl auch länger, und fährt, den Schnitt alljährlich etwas länger ausführend, bis zum fünften oder sechsten Jahre fort, so daß man in den letzten Jahren auf 8—9 Augen schneidet. Genaue Zahlen lassen sich hier gar nicht angeben, denn alles kommt auf die Länge der Triebe und Stellung der Augen an. Man schneidet den Endzweig in der Regel über einem nach außen gerichteten Auge, damit die Baumkrone luftig wird, und macht nur Ausnahmen, wenn man eine Lücke ausfüllen will, indem man dann auf ein nach dieser Seite gerichtetes Auge schneidet. Das Schneiden findet im ersten Frühjahr statt, sowie keine starke Kälte mehr zu erwarten steht. Schneidet man Pfropfreiser von jungen Bäumen, was schon im Februar geschieht, so schneide man so, daß, im Falle einer Beschädigung des Zweiges durch nachfolgende Kälte noch nachgeschnitten werden kann. Nach dem fünften oder sechsten Jahre läßt man die Leitzweige wachsen, was bei sehr üppigem Wachsthum auch schon im vierten Jahre eintreten kann.

Hierbei finden jedoch einige Ausnahmen statt. Süßkirschen, Kastanien und Wallnüsse schneidet man nach dem Pflanzen gar nicht, sondern beseitigt blos zu dicht oder schlecht stehende Aeste und Zweige ganz. Bei den andern Steinobstbäumen läßt man die frühzeitig sich bildenden Seitenzweige, welche bald tragbar. Diese sterben nach und nach von selbst ab, besonders bei den Aprikosen-Hochstämmen, die deßhalb mit gutem Erfolge immer beschnitten werden. Auch gute Pflaumen-Hochstämme beschneidet man alljährlich an den Leitzweigen. Hierdurch erzeugt man schönere und größere Frucht, obschon weniger als an unbeschnittenen Bäumen, erhält sie aber auch länger tragbar.

Das Beschneiden der Formbäume und des Weinstocks erfordert die genaue Kenntniß des Baumschnitts, welcher im III. Bande bereits besonders abgehandelt ist.

Die übrigen, noch nicht erwähnten Obstarten werden nach dem Pflanzen selten mehr beschnitten, doch ist eine Nachhülfe schon der Form wegen zweckdienlich. Das Beschneiden ist unerläßlich bei Stachelbeersträuchern, welche schöne, große Früchte bringen sollen, ferner bei allen Sträuchern, welche man zu Bäumchen erziehen will, z. B. Haselsträucher, Quitten, Mispeln, Korneliuskirschen. Um Haselnuß- und Korneliuskirschenbäumchen zu bilden, schneidet man ein Jahr nach der Pflanzung den Strauch dicht über dem Boden ab, worauf sich mehrere lange gerade Triebe bilden, unter welchen der stärkste und geradeste als Stamm gezogen wird.

Achter Abschnitt.

Pflege der tragbaren Obstbäume und Unterhaltung der ganzen Pflanzungen *).

1. Ausputzen und Reinigen der Obstbäume.

65. Wenn die Bäume das Alter von 5—6 Jahren erreicht haben und sonst gesund sind, so fällt bei den Hochstämmen (mit Ausnahme der früher genannten Bäume), das Zurückschneiden der Zweige weg und das Ausputzen beginnt. Unter Ausputzen versteht man: 1) das

---

*) Ich bemerke nochmals, daß hierbei auf die Behandlung der im Schnitt erhaltenen Bäume keine besondere Rücksicht genommen ist, da dieselbe im III. Bändchen enthalten ist. Uebrigens kommen alle Verrichtungen auch an Schnittbäumen vor.

Wegnehmen aller trocknen Aeste, Zweige und Stumpfe; 2) aller zu dicht stehenden, sich kreuzenden oder berührenden Aeste; 3) der Aeste, welche in die Krone hinein wachsen und auf einander liegen; 4) der schwächlichen, erschöpften Aeste, wenn die Lücke durch kräftigere ersetzt werden kann; 5) der Wasserreiser, außer an kahlen Stellen, wo aus denselben Aeste gebildet werden; 6) endlich der zu tief herabhängenden und in andere Baumkronen hereinwachsenden Aeste.

Wenn die Bäume in der Jugend alljährlich und später alle 2—3 Jahre nachgesehen werden, so braucht man selten starke Aeste wegzunehmen, um die Form und die Krone innen luftig zu erhalten. Das Innere der Krone der größeren Bäume muß so beschaffen sein, daß man darin herumklettern kann, ohne Zweige zu berühren. Es ist Unsinn, an Kernobstbäumen im Innern der Krone schwache Aeste stehen und Frucht tragen zu lassen, denn die Früchte werden hier nie gut und die Nahrung wird den äußeren Zweigen entzogen. Bei Steinobst ist es in dieser Beziehung anders, obschon man um die Hauptäste die Krone immer ebenfalls frei halten muß. Diese putzen sich auch meist von selbst aus, indem die schwachen Zweige, nachdem sie einigemal Frucht getragen haben, absterben. Dasselbe ist bei Wallnußbäumen der Fall, die von selbst luftige Kronen bauen. An Kirschen- und Aprikosenbäumen muß man sich hüten, stärkere Aeste wegzunehmen, weil dadurch oft der verderbliche Harzfluß entsteht. Wo Aeste zu dicht stehen, sich kreuzen, reiben, oder über einander liegen, nimmt man stets denjenigen weg, der am schlechtesten gewachsen und am schwächlichsten oder durch langes Tragen am meisten erschöpft ist. Manche Kernobstbäume, besonders Aepfel, haben die Eigenthümlichkeit, daß sie von Zeit zu Zeit (alle 5—6 Jahre) auf den durch Fruchttragen niedergebogenen Aesten, eine Menge senkrecht in die Höhe wachsender, Wasserreisern ähnliche Triebe bilden, die sich im zweiten Jahre verzweigen und im dritten meist wieder Frucht tragen. Sind diese neuen Aeste so weit, daß sie reichlich zu tragen beginnen, so werden die meisten der älteren darunter weggeschnitten. Wenn die Kronenform durch Wegnahme eines schwächlichen Astes leiden sollte, so kann man, wenn ein Zweig weg muß, auch den besseren entfernen, in welchem Falle sich der Schwächling oft erholt, besonders wenn er zurückgeschnitten wird. Zeigen sich an den Aesten an Stellen, wo die Krone nicht gut mit Zweigen versehen ist, Wasserreiser, so läßt man die am besten stehenden wachsen, woraus sich nach 3 oder 4 Jahren Fruchtholz bildet. Wenn Aeste zu tief herabhängen, so ist es besser, die unteren Aeste ganz wegzunehmen, als viele einzelne Zweige abzuschneiden.

Bei dem Ausputzen großer Bäume sind oft 2 Mann nöthig, indem einer von unten die wegzunehmenden Aeste bezeichnet, was am besten der Gartenbesitzer oder Gärtner selbst thut. Hierzu braucht man: 1) die Baumsäge (Fig. 11), womit stärkere Aeste abgeschnitten werden; 2) ein scharfes Beil, um die stärksten Aeste abzuhauen; 3) das Baummesser (Fig. 2), um schwache Zweige abzuschneiden, und den Sägeschnitt ringsum an Rinde und Splint nachzuschneiden; 4) den Astputzer (Fig. 10), um damit von unten oder von den starken Aesten und Leitern aus die schwächeren, dürren Zweige abzustoßen; 5) verschiedene Leitern, darunter besonders auch die Fig. 24 abgebildete Einbaumleiter oder Kletterstange, endlich den Topf mit Theer oder einer andern Baumsalbe mit Pinsel. Zuweilen thut auch die Stangenscheere (Fig. 6 und 7) und die Baumscheere (Fig. 3) gute Dienste.

Alle Aeste und Zweige werden, falls nicht blos ein Zurückschneiden und neues Austreiben derselben beabsichtigt wird, glatt an ihrer Wurzel abgeschnitten, so daß kein Stumpfen bleibt. Man sucht die schwächeren Aeste bei dem Abschneiden mit einer Hand zu halten, die stärkeren stützt man durch untergestellte Leitern oder den Astputzer, um das Schneiden zu erleichtern und das Reißen zu verhindern. Jeder stärkere Ast wird erst von unten mit der Säge einige Zoll tief eingeschnitten, damit die Rinde nicht schlitzen kann. Trifft der obere Schnitt nicht genau auf den unteren, so wird der vorstehende Stumpfen noch einmal abgeschnitten. Wenn man Aeste mit dem Beile abhauet, was ebenso gut ist, als wie mit der Säge, wenn es von geschickter Hand und mit einer scharfen Schneide geschieht, so muß die Wunde ebenfalls glatt, kann aber gerundet sein. Bei gesägten Wunden wird die Rinde bis an's Holz mit dem Messer nachgeschnitten, damit die Wunde von der Rinde überwachsen kann. Der Abschnitt muß sich immer nach der Stellung des Stammes oder Astes richten. Der Schnitt muß beim Ausputzen, wo kein Aststumpf wieder austreiben soll, so dicht an der Astwurzel geschehen, daß die Wunde leicht überwachsen kann und nur eine kleine Erhöhung, nie aber einen Stumpfen bildet. Man darf indessen auch nicht zu dicht am stehenbleibenden Holze abschneiden, weil sonst die

Wunde unnöthigerweise vergrößert wird. Muß man die Spitze eines Baumes oder Astes wegnehmen, was meist nur geschieht, wenn sie dürr oder abgebrochen ist, so suche man eine Stelle aus, wo Zweige, wenn auch schwache, stehen, oder wo sich in Folge des Verlustes zufällige Augen gebildet haben, weil ohne Zugäste die Wunde schwer überwächst und der Stumpfen meist vertrocknet, was oft eine Veranlassung zu weiteren Krankheiten ist.

Die größeren Schnittwunden werden bald nach dem Abschneiden mit einer Baumsalbe, am besten mit Theer oder Theersalbe (wovon unter 32 die Rede war), so bedeckt, daß kein Holz sichtbar ist. Starke Wunden an Bäumen, deren Erhaltung besonders am Herzen liegt, können mehrmals überstrichen werden. Kein Stoff schützt das Holz so gut gegen Fäulniß, als Steinkohlentheer, und es ist dies zugleich die wohlfeilste Baumsalbe.

Das Ausputzen kann zu jeder Zeit geschehen, wenn der Saft nicht schon stark in aufsteigender Bewegung ist. Man unternimmt es meist im Frühjahr. Da aber um diese Zeit ohnedies viel im Feld und Garten zu thun ist, und die Bäume durch spätes Ausputzen, wenn der Saft schon ausfließt, oft großen Schaden leiden, so ist es besser, es im Spätsommer und Herbst vorzunehmen, wobei man auch das dürre Holz besser auffindet, als an entlaubten Bäumen. Man kann schon im August mit dem Frühobst, und wenn kein Obstjahr ist, mit allen Bäumen beginnen. Bäume, besonders Wallnußbäume, welche vom Frost gelitten haben, putzt man im Mai und Juni aus, wenn sich der Schaden zeigt. An Wallnußbäumen läßt man von dem todten Holz einen Zoll stehen, bis es von selbst vertrocknet und abfällt. Wer viele Obstbäume hat, thut wohl, jedes Jahr einen Theil vorzunehmen, so daß er in 3 Jahren herumkommt. Dürre Aeste müssen jedes Jahr weggenommen werden.

66. Unter Reinigen versteht man das Abkratzen der abgestorbenen Rinde und des Mooses von Stamm und Aesten, wodurch die Gesundheit der Bäume viel länger erhalten und Tragbarkeit und Güte der Früchte befördert wird. Außerdem werden dadurch unzählige Massen von Insecteneiern und Larven vertilgt, welche den Bäumen Schaden bringen können, denn man kann in den meisten Fällen annehmen, daß das Thier, welches seine Eier an eine Pflanze legt, auch daran lebt. Uebrigens

ist dieses Reinigen nur an alten und in ungünstigen Verhältnissen wachsenden Bäumen nöthig. In guter, sonniger, warmer Lage und auf günstigem Boden blättern Aepfel- und Birnbäume ihre Rinde meist von selbst ab, und Kirschen, Wallnußbäume, Kastanien entledigen sich ihrer alten Rinde überhaupt nicht so augenfällig. Unter solchen Verhältnissen wächst auch selten Moos, unter welcher Bezeichnung man die verschiedensten Laubmoos- und Flechtenarten versteht.

Man nimmt das Abkratzen oder Reinigen der Bäume am besten im Frühjahr bei feuchtem Wetter vor, denn vor Winter und bei großer Hitze kann es leicht den Bäumen nachtheilig werden. Ist die Rinde zu trocken, so spritzt man sie mit einer Handspritze tüchtig naß, weil so das Reinigen besser geht. Man bedient sich dazu der verschiedenen Arten von Baumscharren oder Rindenkratzern, wovon Fig. 14 und 15 einige abgebildet worden sind, und wozu auch der Fig. 13 abgebildete Wundenreiniger, wenn er eine scharfe Seite hat, zu gebrauchen ist. Um höhere Aeste und den Stamm und den untern Theil der Aeste auch von unten erreichen zu können, befestigt man Rindenkratzer in Form einer Scharre (Baumscharre) auf Stangen. Auch der obere scharfe Theil des Fig. 10 abgebildeten Astputzers ist zum Abstoßen der Rinde, Schwämme und des Mooses zu gebrauchen. Wo sich Schwämme zeigen, muß man genau nachsehen, weil es dann meist an dieser Stelle nicht richtig ist.

Wenn die alte Rinde immer am Baume bleibt, so wird sie, mit Moos überwachsen und darunter durch Vermodern und Insecten zu Pulver, woraus durch die Winterfeuchtigkeit eine schmierige Masse, die sogenannte Lohe- und Lohkrankheit entsteht. Man sieht diesen Zustand meist nicht, weil das Baummoos an solchen Stellen am besten wächst. Man kann annehmen, daß die meisten Aepfelbäume in schattigen, feuchten und kalten Lagen, wovon die Rinde nicht abgekratzt wird, diese Krankheit haben. Wenn man beim Reinigen junger Obstbäume die nasse Bürste anwendet, so ist es noch wirksamer, wenn man Kalkwasser, Lauge oder unvergorenen Urin anwendet, weil dadurch die daran bleibenden Moostheile vertilgt werden und nicht sogleich neue Zellen ansetzen, also nicht fortwachsen. Auch ein Anstrich von Lauge und Lehm, oder Mistjauche, Asche, Kalk und Lehm, von welchen Stoffen man einen dünnen Brei macht, schützt sehr gegen Moos, und in ungünstigen, den

Mooswuchs befördernden Lagen thut man wohl, die jungen Obststämme so anzustreichen.

Beim Ausputzen und Reinigen werden auch die Wunden ausgeschnitten und für deren Heilung Vorkehrungen getroffen, wovon weiter unten besonders die Rede sein wird. Die abgekratzte Rinde wird am besten verbrannt, um das darin verborgene Ungeziefer zu vertilgen oder in eine tiefe Grube geworfen und mit Erde bedeckt.

2. Verjüngen und Umpfropfen alter Bäume.

67. Bei den meisten Bäumen tritt nach einer Reihe von Jahren in schlechtem Boden und ungünstigen Lagen früher, unter guten Verhältnissen später, eine Erschöpfung ein, die sich in Unfruchtbarkeit, schlechter Beschaffenheit der Früchte, kümmerlichen Wuchs und Absterben einzelner Aeste äußert. Dabei kann der Stamm noch kerngesund und der Baum braucht noch gar nicht sehr alt zu sein. Diese Schwäche tritt nicht allein bei den verschiedenen Obstarten, sondern auch bei gewissen Sorten früher oder später ein, bei Steinobst im Allgemeinen früher, als bei Kernobst. Alle früh tragbar werdenden Bäume bedürfen einer solchen Verjüngung durch Abschneiden starker Aeste am ersten. Solche sind unter den Aepfeln die meisten Rosenäpfel, der weiße Sommerrabeau, mehrere Pepping-Sorten, die Muscat-Reinette, Reinette von Orleans, die Kasseler Reinette, die englische Wintergoldparmäne, die Reinette von Canada u. a. m.; unter den Birnen viele Bergamotten, die Beurré blanc und B. gris, B. Rance, B. Napoléon, Diel's Butterbirne, Saint Germain u. a. m. Noch nothwendiger ist es bei Zwetschen- und Pflaumenarten, bei Sauerkirschen, Pfirsichen, Mandeln, Maulbeeren und Aprikosen. Süßkirschen vertragen ein so gewaltsames Verfahren schwer und gehen dabei am Harzflusse meistens zu Grunde. Auch bei Aprikosen ist es bedenklich, doch ist eine solche Kur auf Tod und Leben oft das einzige Mittel, um die Bäume wieder zu beleben.

Dieses Verjüngen besteht in dem sogenannten Abwerfen der Aeste, indem dieselben auf altes Holz stark zurückgeschnitten werden. Sehr oft zeigt in gutem Boden die Natur schon dem Baumzüchter, wann er zu verjüngen hat, indem an den kahlen, starken Aesten häufig Wasserschossen zum Vorschein kommen.

Man muß zwei Arten von Verjüngung unterscheiden, nämlich die ganze Verjüngung oder das Abwerfen, wobei man sämmtliche alte Aeste, manchmal bis auf wenige Fuß vom Stamme, abhaut, so daß sich eine ganz neue Krone bilden muß, zweitens die halbe Verjüngung oder das Einschneiden auf altes Holz, wobei man nur auf mehrjähriges Holz zurückschneidet, und die Krone im Ganzen bleibt. Die letztere Art ist bei allen Bäumen anwendbar, besonders auch bei den Pyramiden, Spalierbäumen und andern Formbäumen, und schadet, außer bei Süßkirschen, niemals. Die erstere Art, das vollständige Abwerfen der Krone, ist das letzte Mittel, hat aber, mit Ausnahme der Süßkirschen und Aprikosen, fast immer einen guten Erfolg. Hauptbedingung ist, daß der Stamm noch vollkommen gesund sei. Bei der halben Verjüngung kann die Gefahr, daß der Baum im Safte erstickt, nicht eintreten, weil sich in den bleibenden Aesten noch Augen finden, die den Saft aufnehmen und in Umlauf bringen. Bei dem vollständigen Abwerfen dagegen kann der Baum zu Grunde gehen, oder krank werden. Wenn daher keine Wasserreiser vorhanden, oder am alten Holze schon schlafende Augen sichtbar sind so ist es nöthig, an jedem Ast einen schwachen Zugast unbeschnitten zu lassen, oder so zu beschneiden, daß zahlreiche Augen bleiben. Bei dem Abschneiden der Aeste beobachtet man alle früher für das Ausputzen gegebenen Vorsichtsmaßregeln, namentlich darf das Nachschneiden mit dem Messer und das Bestreichen der Wunde mit Theersalbe nicht versäumt werden. Zugleich soll man die alte Rinde abkratzen, um das Austreiben verborgener oder zufälliger Augen (Adventivknospen) zu erleichtern. Solche Augen erscheinen am häufigsten an den Krümmungen und an knotigen Stellen, weshalb man auch gern dort abschneidet. Dies ist auch bei dem bloßen Zurückschneiden zu berücksichtigen. Bei dem Abwerfen muß darauf gesehen werden, daß die Form der Krone gut bleibt, also die Aeste in ziemlich gleichmäßiger (gerader) Entfernung vom Mittelpunkt der Krone abschneiden. Dies ist besonders bei den Formbäumen nöthig, weil man sonst nie wieder eine gutgeformte Pyramide u. s. w. bekommen würde.

Das Abwerfen und Zurückschneiden geschieht meist zeitig im Frühjahr, wenn ausgeputzt wird, kann aber auch im Herbst und Winter vorgenommen werden. Wartet man so lange mit dem Verjüngen, bis die Bäume alt sind, so ist es gewöhnlich nur einmal nöthig, weil bei einer abermaligen Erschöpfung der Baum meist zu alt und entkräftet geworden ist, und ihm nur noch durch Düngung aufgeholfen werden kann. Bei Kernobst geschieht es, wo es überhaupt ausgeführt wird, meistens nur einmal. Gewiß ist aber bei frühzeitig tragbar werdenden Sorten, von denen oben einige genannt wurden, ein mehrmaliges Verjüngen zweckmäßig. Lucas räth, solche frühzeitig fruchtbare Sorten alle 10—12 Jahre abzuwerfen. Bei Pflaumen- und Zwetschenbäumen sollte es alle 10 Jahre geschehen, weil so die Ernten häufiger und die Früchte schöner werden. Namentlich gedeiht die gemeine Hauszwetsche auf diese Weise sehr gut. Sauerkirschen oder Weichseln kann man eben so oft zurückschneiden, doch schont man dabei das starke Holz und läßt wo möglich die Spitze, welche nur eingeschnitten wird. Bei der Ostheimer Zwergweichsel ist das starke Zurückschneiden alle 6—8 Jahre nöthig, wenn die Bäume fruchtbar bleiben und große Kirschen tragen sollen. Bäume dieser Kirschenart, welche in regelmäßiger Form gezogen werden, nimmt man alle Aeste bis auf 2—3 Zoll lange Stumpfen, wild aufgewachsene Stämmchen dagegen, die überhaupt nur einige Fuß hoch werden, haut man ganz am Boden ab, um das Austreiben junger Bäume zu bewirken. Haselnüsse, Maulbeeren, Quitten, Mispeln, überhaupt alle Obststräucher müssen öfter stark eingeschnitten und alle 10—12 Jahre ganz abgeworfen werden, um sie wieder fruchtbar zu machen. Bei schnell wachsenden und früh tragbar werdenden Sträuchern, z. B. Johannis- und Stachelbeeren zieht man vor, junge anzupflanzen, weil diese besser sind, als verjüngte Sträucher und eben so bald tragen.

68. Wenn die Verjüngung sehr wirksam sein soll, so muß gleichzeitig eine Düngung vorgenommen werden. Diese bewirkt neuen kräftigen Trieb und stärkt den Baum auf viele Jahre hinaus. Wie diese zu bewirken ist, wurde schon im ersten Abschnitt §. 8 angegeben. Es erscheint räthlich, die Düngung erst im Herbst oder ein Jahr nach dem Abwerfen vorzunehmen, um nicht den astlosen Bäumen zuviel Nahrung zuzuführen. Zugleich muß mit der Düngung ein Umgraben des Bodens verbunden werden.

69. Bäume, welche blos stark zurückgeschnitten, oder halb verjüngt wurden, bringen selten so viele Triebe, daß sie eine Verwirrung in der

Krone hervorbringen könnten. Dagegen treiben die ganz abgeworfenen Bäume meist sehr viele eng beisammenstehende Wasserreiser. Kommen sie förmlich büschelweise zum Vorschein, wie es an Stellen der Fall ist, wo Knoten oder Biegungen im Aste waren, oder wo früher ein Seitenast weggenommen wurde, so ist es zweckmäßig, schon im Sommer die überflüssigen Triebe zu entfernen, weil man später oft nicht mit dem Messer dazu kommen und sie glatt abschneiden kann. Man läßt im folgenden Jahre nur die besten Triebe stehen, und entfernt davon nach und nach so viele als nöthig sind, um eine schöne luftige Krone zu bilden. Zuweilen müssen Triebe zurückgeschnitten werden, um die Krone zu formen. Man verfährt dann ganz nach den Regeln, welche für die Bildung eines jungen Baumes aufgestellt wurden.

70. Ein ähnliches Verfahren befolgt man, wenn man schlechte Obstsorten hat. In diesem Falle werden die Bäume umgepfropft, d. h. man pfropft eine bessere Sorte darauf, und hat das Vergnügen, davon oft schon im dritten Jahre Früchte zu ernten. Da schlechte Obstsorten leider häufiger sind, als gute, wenigstens bei den Landleuten, so kann das Umpfropfen nicht genug empfohlen werden, denn es ist das wirksamste Mittel, um eine gute Sorte in kurzer Zeit in einer Gegend allgemein zu machen. Das Umpfropfen hat außerdem noch vielen Nutzen. Obstsorten, welche erst sehr spät tragbar werden und zu mächtigen Bäumen anwachsen, ehe sie nur blühen, wie z. B. der Borsdorfer- und Stettiner Apfel, zwingt man dadurch zur frühen und reichlichen Tragbarkeit. Einzelne Bäume, die wegen zu üppigen Holztriebes unfruchtbar blieben, tragen gewöhnlich bald, nachdem sie umgepfropft wurden. Man verschafft sich dadurch am schnellsten die Kenntniß neuer Sorten. Endlich reizt man den Baum, weil er zugleich verjüngt wird, zu neuer Triebkraft.

Es eignen sich aber nicht alle Bäume gleich gut zum Umpfropfen. Am besten gelingt es bei Birnen, wo man Aeste von 4—5 Zoll Stärke pfropfen kann, was jedoch nicht anzurathen ist, wenn man schwächere hat, ferner bei Aepfeln, wo jedoch das Pfropfen starker Aeste über 3 Zoll mißlich ist. Bei Süßkirschen darf es nur mit größter Vorsicht von höchstens zollstarken Aesten vorgenommen werden. Ueberhaupt wendet man das Umpfropfen vorzugsweise bei Kernobst an. — Die Bäume müssen hierzu noch jung und kräftig sein. Am besten sind fünfzehn- bis fünfundzwanzigjährige Kernobstbäume geeignet. Doch eignen sich auch ältere dazu, wenn sie nahe am Stamme geeignete Aeste haben, denn an dem Außenrand der Krone umzupfropfen, würde einen verunstalteten schlechten Baum geben. Es versteht sich von selbst, daß man auch jüngere Bäume umpfropfen kann, und man sollte es stets thun, sobald man erkannt hat, daß die Frucht eines Baumes schlecht ist. Nur wenn man eine spät tragende Sorte tragbar machen will, z. B. Borsdorfer, wählt man nicht zu junge Bäume.

Hat man gesunde Bäume mit guten, das heißt nicht nach unten und innen stehenden Aesten, nicht zu weit vom Stamme, so schneidet man den Baum zurück, wie bei dem Abwerfen. Hierbei muß die zukünftige Kronenform schon in das Auge gefaßt werden. Ist der Hauptast zu stark zum Pfropfen, so sucht man passende Seitenäste aus. Sind solche nicht vorhanden, so muß das Umpfropfen unterbleiben, bis die nach dem Abwerfen zahlreich entstehenden Wasserreiser ihre nöthige Stärke haben. Bei dem Abwerfen müssen an jedem Hauptaste einige Zugäste unbeschnitten bleiben, wozu auch Wasserreiser und kleinere Zweige dienen. Man hält es für gut, das Abwerfen einige Wochen vor dem Pfropfen vorzunehmen, um den Saft erst nach den Zugästen zu leiten, in welchem Falle die Wunde bei dem Pfropfen nachgeschnitten wird. Dieses frühere Abwerfen wird schon durch die Nothwendigkeit geboten, weil das Umpfropfen meist in die Rinde, also erst im Mai geschieht, wo es zum Abwerfen zu spät ist.

Das Umpfropfen selbst weicht nicht von dem gewöhnlichen Pfropfen in den Spalt und in die Rinde ab, weshalb ich eine Beschreibung nicht für nöthig halte *).

Damit das Verwachsen der Wunde schneller geht, so setzt man auf starke Aeste von zwei Zoll Durchmesser vier Reiser und zwar am besten unter die Rinde, ohne diese zu spalten, was bei vollem Saft geschehen muß. Sind sie etwas schwächer, so kann man schon in den Spalt pfropfen, wie Fig. 13 und 14 der „Baumschule" zeigt. Ist die Pfropfstelle nur einen Zoll stark, so genügen 2 Reiser. Schwache Wassertriebe

*) Man vergleiche die „Baumschule" Seite 92 und 99.

endlich werden blos mit einem Reis bepfropft, und können auch copulirt werden. Die Pfropfstelle wird gut mit Baumwachs oder mit einer anderen Baumsalbe bestrichen. Theer darf man nicht daran bringen. Um das Abbrechen durch Vögel zu vermeiden, bindet man neben jedes Pfropfreis einen passenden Zweig, oder biegt Weiden darüber. Das Ueberwachsen geht mit mehreren Reisern von allen Seiten sehr schnell. Im folgenden Jahre kann man bei 4 Reisern oft schon zwei wegnehmen, jedoch nur, wenn die Wunde schon überwachsen ist. Außerdem läßt man sie stehen, knickt aber die zum Wegfall bestimmten Triebe im Sommer ein, damit ihr Wuchs gemäßigt bleibt. Die getriebenen Edelreiser werden wie die Zweige junger Baumkronen (§. 64) zurückgeschnitten, sind es nur lange unverzweigte Triebe bis auf die Hälfte ihrer Länge. Später lichtet man die Krone und behandelt jeden einzelnen umgepropften Ast, wie die Krone eines jungen Baumes. Die gebliebenen wilden Zugäste werden nach und nach entfernt, sowie die Edelreiser zunehmen, und können im zweiten oder dritten Jahre noch nachgepfropft werden, wenn die Krone noch schwach ist. Es ist überhaupt zweckmäßig, bei sehr vollsaftigen Bäumen das Umpfropfen auf 2 Jahre zu vertheilen.

3. Ergänzung abgestorbener Bäume.

71. Wenn man bemerkt, daß ein Baum zu alt und wenig einträglich wird, oder wenn er trotz aller angewendeten Mittel, unfruchtbar bleibt, so soll man nicht säumen, ihn auszuroden, damit ein junger seine Stelle einnehme, und das Holz noch einigen Werth habe, was nicht der Fall ist, wenn er zu alt wird. Bei den meisten Obstbäumen wird man gewiß den letzten Zeitpunkt abwarten. Dagegen sollten Wallnußbäume, deren Holz, wenn es gesund ist, soviel einbringt, als die Nüsse in zehn Jahren, stets geschlagen werden, ehe sie anbrüchig geworden sind. Sind sie aber einmal anbrüchig und hohl, dann lasse man sie auch stehen, bis sie gar nicht mehr tragen, denn dieser Zustand schadet der Tragbarkeit oft wenig. Dasselbe ist ausnahmsweise auch mit Kernobstbäumen der Fall. Bäume, welche ohnedies schon bei der Pflanzung nur für eine gewisse Zeit zur Ausfüllung des Platzes bestimmt waren, werden nicht ergänzt. Will man einen jungen Baum

an die Stelle eines alten pflanzen, so muß dessen Stock rein ausgerodet sein. Am besten ist es, die Erde ganz mit anderer zu vertauschen, was, wenn der benachbarte Boden nicht schlecht ist, nur wenig Arbeit verursacht. Außerdem pflanze man stets auf solche Stellen Bäume anderer Art; z. B. wo ein Kernobstbaum stand, einen Kirschbaum, an die Stelle eines Birnbaums einen Apfelbaum. Bäume, welche lange auf derselben Stelle standen, haben die meiste Nahrung, welche ihnen nöthig ist, aus dem Boden verbraucht; er enthält wenigstens nicht mehr genug, um einen jungen Baum derselben Art schnell zu kräftigen. Daß die Pflanzen schädliche Bestandtheile durch die Wurzeln ausscheiden sollen, die späteren Pflanzen derselben Art schädlich, dagegen andern nützlich, ist eine Fabel, wenn sie auch noch jetzt von manchem Gelehrten geglaubt wird. Werden ganze Pflanzungen ausgerodet, so ist es am besten, daß sämmtliche Plätze gewechselt werden.

4. Verschiedene zur Unterhaltung der Obstpflanzungen nöthige Verrichtungen.

Hierher gehört außer dem schon erwähnten noch: 1) die Bearbeitung des Bodens und die Düngung, 2) die Pflege kranker Bäume und Schutz gegen Feinde, Schutz mancher Obstarten gegen Kälte und üble Witterung, Schutz gegen Stürme und Astbruch durch Anbinden und Stützen, 3) das Abernten des Obstes. Wir wollen nun diese Verrichtungen weiter besprechen.

72. Wie wichtig die Auflockerung des Bodens ist und wie sie wenigstens von Zeit zu Zeit nothwendig wird, ist schon weiter oben (§. 9 und 63) erwähnt worden, ebenso wurde der Nutzen der Düngung (§. 8) bereits hervorgehoben, das dabei einzuschlagende Verfahren erwähnt und die Düngstoffe genannt. Ich erwähne noch ein hie und da gebräuchliches Verfahren bei der Düngung mit Mistjauche (Gülle) oder anderen flüssigen Dünger in Grasgärten und auf Angern, wo man den Rasen nicht auflockern will. Man durchlöchert nämlich den Boden, soweit gedüngt werden soll, mit der Mistgabel, oder man hakt mit dem Karst tief hinein und hebt die Erde dabei ein wenig. Nachdem der Boden tüchtig getränkt ist, wird er wieder festgetreten oder gewalzt.

Bei dem Umgraben und Aufhacken der Erde um die Bäume muß man einige Vorsichtsmaßregeln anwenden. Wird der Boden gegraben, so darf es nicht so tief geschehen, daß die Wurzeln beschädigt werden könnten. Dies wird bei Pflaumenbäumen noch dadurch nachtheilig, daß diese an den verwundeten Stellen leicht Ausläufer machen. Sehr zweckmäßig ist die Bodenlockerung durch den Karst, oder die Grabgabel, indem dadurch die Wurzeln geschont werden. Im Felde sollte man den Boden um die Bäume stets mit der Hacke bearbeiten, damit der Pflug, welcher schonungslos die Wurzeln zerreißt, nicht in die nahen stärkeren Wurzeln kommt. Nimmt man das Umgraben und Hacken im October vor, so werden zugleich viele Spannraupenpuppen vertilgt, weil diese dann noch in der Erde in der Nähe des Stammes sind.

73. Die Behandlung kranker und unfruchtbarer Bäume erfordert die größte Sorgfalt, noch mehr der Schutz gegen die zahlreichen Feinde der Obstbäume. Da die Krankheiten und Feinde in einem der nächsten Abschnitte besonders behandelt werden, so soll hier nicht weiter davon die Rede sein.

74. Manche Obstarten bedürfen in den rauheren Gegenden eines Schutzes gegen Kälte und übele Witterung. Die am Spalier stehenden Pfirsich-, Aprikosen- und Maulbeerbäume werden im Winter mit Stroh, Fichtenreisig, Binsen- und Bastmatten und auf andere Weise bedeckt. Ebenso die Weinstöcke, welche nicht niedergelegt werden können. Freistehende Pfirsich-, Mandel-, Aprikosen-, Wallnuß- und Maulbeerbäume bindet man in rauheren Gegenden in der Jugend mit Stroh ein. Weinstöcke und Feigen werden meist im Winter in die Erde gelegt, weil sie so am besten durchkommen. Wenn sich in der Blüthezeit des Aprikosen- und Pfirsichbaumes, die sehr frühzeitig eintritt, starke Nachtfröste einstellen, so müssen die Bäume auf die §. 31 angegebene Weise durch vorgestellte Rahmen oder vorgehängte Tücher und Strohmatten, zahlreich eingesteckte Büschel von Haidekraut u. s. w. gesichert werden. Einen guten Schutz während der ganzen ungünstigen Zeit vom Eintritt der Blüthe bis zum Steinen der Pfirsiche und Aprikosen gewähren die §. 31 erwähnten und Fig. 27 abgebildeten Wetterdächer. Gleiche Aufmerksamkeit verlangen die Weinreben. Selbst die begünstigteren Gegenden sind vor Maifrösten nicht sicher, und nur, wenn man alle Sicherungs-

mittel anwendet, kann man mit Gewißheit auf eine Obsternte zählen. Die Spaliere sind ja zum Theil auch deßhalb da, um auch Obst zu ernten, wenn es an den freistehenden Bäumen missräth, deßhalb darf man auch keine Mühe und Sorgfalt scheuen. Die freistehenden Zwergbäume können in kalten Nächten während der Blüthe ebenfalls leicht mit Tüchern bedeckt werden. Große Bäume schützt man durch das Unterhalten von Rauchfeuern, welche so vertheilt sind, daß überall der Frost abgehalten wird. Durch das Unterhalten von solchen Feuern in einer halben oder ganzen Nacht hat schon mancher Obstzüchter seinen Obstgarten oder Weinberg geschützt, und so reiche Ernten gehalten, während ringsum alles erfroren war. Diese Maßregel ist gar nicht kostspielig, weil dazu meist Holzabfälle und andere sonst nicht zum Verbrennen verwendete Stoffe dienen, denn es kommt hauptsächlich darauf an, Rauch zu erzeugen. Sieht das Wetter in der Baumblüthe nach Frost aus, so macht man schon am Tage die Vorbereitung zu den Rauchfeuern. Sie werden unterhalten, bis der Thermometer auf 0 gestiegen ist und dienen zugleich dazu, die schädliche Einwirkung der Sonne auf die etwa gefrorenen Blüthen durch den Rauchschatten zu verhüten. Wendet man Mittel an, die zu frühe Baumblüthe zu verhindern, so wirken diese auch als Schutzmittel. Ein solches ist, daß man große Massen von Schnee um die Bäume aufhäuft, so weit muthmaßlich die Wurzeln gehen. Dies ist auch besonders von Mauern zu empfehlen, wodurch zugleich der Boden stark mit Wasser getränkt wird, was an Mauern sehr nützlich ist. Dieser Schnee bleibt manchmal zwei Wochen lang liegen, während rings der Boden schon frei ist und von der Sonne durchwärmt wird, und in Folge dieses muß der Saft später in Umlauf kommen, und die Blüthe später eintreten. Acht Tage machen hier schon viel aus, denn wenn ein Baum anstatt den 12.—15. Mai, erst den 20.—25. in Blüthe tritt, so ist er größtentheils gegen Frost gesichert. An Mauern sucht man in rauhen Gegenden die zu frühe Blüthe der Steinobstbäume dadurch zu verhindern, daß man sie lange zugedeckt läßt. Sie müssen im Februar und Anfang März stets noch zugedeckt bleiben, wenn auch das Wetter mild ist, denn je wärmer die Sonne in diesem Monat scheint, desto gefährlicher ist es für die Blüthe.

Vom Schutz junger Bäume gegen Stürme, Schnee, Thier u. s. w. war schon im 6. und 7. Abschnitt die Rede.

Eine andere Art von Schutz besteht darin, das Abbrechen der Aeste, wenn dieselben überall mit Obst beladen sind, zu verhindern. Zu diesem Zwecke wendet man allgemein Stützen an. Man kann aber wenn deren in obstreichen Jahren viel nöthig sind, die Aeste dadurch schützen, daß man sie mit Basistricken, Weiden- und Strohseilen, oder starkem Bindfaden an höher stehende Aeste festbindet. Es hält dann ein Ast den andern. Bei Apfelbäumen, welche meist wagrecht stehende Aeste haben, geht dies nicht so gut an, als bei Birnbäumen, ebenso bei Pflaumen, denen es an einer starken Spitze fehlt. Hier thut eine in der Mitte angebrachte starke Rüststange, an welche die obersten Aeste befestigt werden, gute Dienste. Drohen starke Gabeläste auseinander zu spalten, so müssen sie mit Holz- oder Eisenschienen zusammengehalten werden. Sehr schief stehende Stämme muß man aufzurichten suchen, was manchmal nicht ohne Winde und Stricke geht. Eine solche Mühe würde aber vergeblich sein, wo alle Bäume wegen der herrschenden Winde schief stehen.

Hierher gehört endlich das Beschneiden und Anbinden der im Schnitt gehaltenen Formbäume, wovon im 3. Bande ausführlich die Rede gewesen ist. Das gleiche gilt vom Weinstock und den Beerensträuchern, und andern untergeordneten Obststräuchern, insofern sie dem Schnitt unterliegen.

75. Endlich muß hier noch einiger künstlicher Verrichtungen gedacht werden, welche man zu verschiedenen Zwecken ausführt: Das Ringeln. Es besteht darin, daß man an einen Ast oder jungen Stamm einen nur einige Linien breiten Ring aus der Rinde bis an den Splint herausnimmt. Dies geschieht mit dem Messer, oder noch bequemer mit der Fig. 8 und 9 abgebildeten Ringelzange, welche den Schnitt auf einmal macht und zugleich die Rinde entfernt. Dieser Ringelschnitt, welcher früher unter dem Namen pomologischer Zauberring viel Aufsehen gemacht hat, von manchen Obstzüchtern (darunter auch der berühmte Van Mons) bis in den Himmel erhoben, von andern als schädlich und unnütz verworfen worden ist, wird zu verschiedenen Zwecken angewendet und kann zuweilen sehr gute Dienste thun, muß aber immer nur ausnahmsweise und vorsichtig angewendet werden. Seine Wirkung gründet sich auf den Saftlauf der Holzpflanzen. Der Saft steigt nämlich im

ganzen Holzkörper, besonders im Splint in die Höhe und, nachdem er die bekannte Veränderung durch Aufnahme des Kohlenstoffes durch die Blätter erfahren hat, zwischen Rinde und Splint wieder abwärts, und setzt so junges Holz oder Splint an. Ist nun die Rinde durchschnitten, so kann der Saft wohl auf= aber nicht abwärts steigen. Er kräftigt daher den Asttheil oberhalb des Ringes und setzt im Schnitte selbst, zunächst von oben Holz und Rindenstoff zur Vernarbung an. Van Mons behauptet, der geringelte Ast nehme im ersten Jahre nach dem Schnitt um das doppelte, im zweiten um das dreifache, im dritten um das vierfache an Stärke vor andern zu. Er will es nur bei Birnästen 2—2½ Fuß vom Stamme angewendet haben, hält es bei Steinobst wegen Veranlassung zum Harzfluß und bei Aepfeln wegen Austreiben von Räubern für bedenklich. Andere Obstzüchter haben keine so große Erwartungen davon, wenden es aber auch bei Aepfeln und Pflaumen ohne Gefahr an. Am häufigsten wird das Ringeln bei dem Weinstock gegen das sogenannte Verrießen oder Reeren der Trauben, das heißt Abwerfen der Beeren sogleich nach der Blüthe angewendet und die Erfolge sollen in Gegenden und Jahren, wo dieses Abwerfen eine fast allgemeine Krankheit ist, ganz außerordentlich sein. Das Ringeln wird hier während der Blüthe vorgenommen. Man hat dadurch den Ertrag im Verhältniß zu nicht geringelten Weinpflanzungen verdoppelt. Die Trauben werden um 8—10 Tage früher reif und die Beeren vollkommener. Ob es nicht häufig angewendet schädlich wirkt, will ich dahin gestellt sein lassen. Bei Kernobst wendet man das Ringeln an, um die Reife der Früchte zu beschleunigen, um größere Früchte zu bekommen und um die Fruchtbarkeit früher herbei zu führen. Das frühere Reifen ist sicher, ebenso die frühere Tragbarkeit, und es hat das Ringeln meist schon im zweiten Jahre Fruchtansatz zur Folge. Nicht so anwendbar ist es, um schönere Früchte zu erziehen und es wird zu diesem Zwecke allein schwerlich von einem vernünftigen Baumzüchter angewendet werden. Man darf stets nur einige Aeste eines Baumes ringeln, weil man sonst den Baum zu Grunde richten könnte.

Das Aderlassen und Schröpfen sind zwei nah verwandte Verrichtungen. Bei dem Aderlassen, das man lieber Rindenspalten nennen sollte, weil es nur eine Ausdehnung der Rinde zur Folge, und mit dem Aderlassen, wobei eine Flüssigkeit abgehen muß, nicht die geringste Aehn=

lichkeit hat, wird mit einem Messer, am besten mit dem Oculirmesser, in der ganzen Länge des Stammes in senkrechter bis auf den Splint gehender Schnitt gemacht. An verkümmerten Stämmen mit sehr harter, krustiger Rinde macht man doppelt so viele Schnitte, als der Stamm Zolle an Umfang hat, also bei 3 Zoll Durchmesser oder 9 Zoll Umfang 18 Schnitte. Bei vollsaftigen Stämmen mit glatter, weicher Rinde hingegen genügen 3—4 Schnitte. Saft geht sehr wenig bei dem Aderlassen verloren, und es hat nur eine Stammerweiterung durch Ausdehnung der Rinde und vermehrten Holzansatz zur Folge. Klaffen die Schnitte sehr weit aus einander, so ist es zweckmäßig, sie mit Lehm zu verstreichen, weil sonst manche Insecten, besonders Rüsselkäfer ihre Eier hinein legen. Das Verstreichen ist allemal nöthig, wenn der Bast nicht mit durchschnitten wurde, in welchem Falle unten im Spalt eine schwarze faserige Masse sichtbar wird, welche ganz geeignet ist, Insecteneier aufzunehmen. Das Aderlassen geschieht in den Frühlingsmonaten bis Johanni. Man wendet es zu verschiedenen Zwecken an, nämlich: 1) um schwache Stämme mit starken Kronen stärker zu machen, 2) um üppig wachsende junge Bäume eher fruchtbar zu machen, weil der vermehrte Holzansatz sie gleichsam früher reif macht, 3) um den sich zeigenden Harzfluß bei Aprikosen- und Kirschbäumen zu unterdrücken, was jedoch nur glückt, wenn Saftüberfluß die Ursache ist. Rubens räth, das Aderlassen bei Pflaumenbäumen regelmäßig alle zwei Jahre vorzunehmen.

Das Schröpfen besteht darin, daß man kürzere Längsschnitte, dabei aber noch ebenso viele Querschnitte macht, so daß die Rinde netzartig durchschnitten ist. Da hierbei mehr Saft nur fließt, als bei dem Aderlassen, so wirkt es bei vollsaftigen Bäumen stärker auf Fruchtholzbildung, und ist wirksamer gegen den Harzfluß aus Saftüberfüllung.

76. Das Abnehmen des Obstes gehört ebenfalls zur Baumpflege, weil die Bäume, wenn es von gleichgiltigen, ungeschickten Personen geschieht, oft sehr arg mitgenommen werden. Aus diesem Grunde leiden auch verpachtete Pflanzungen sehr, indem es den Obstpächtern völlig gleichgiltig ist, ob Aeste abgebrochen werden oder nicht. Man sollte auf diese Leute ein wachsames Auge haben, und sie schon vor der Ernte

für allen Schaden verantwortlich machen. Hie und da hat man hierbei Vorurtheile. Eines der verbreitetsten ist, daß Nußbäume, deren Früchte mit Stöcken abgeschlagen werden, wobei die Zweige tüchtig geprügelt wurden, wie man sagt, reichlicher tragen sollten. Dieses Prügeln thut, derb ausgeführt, sicher nur Schaden. Man hüte sich auch, bei dem Pflücken des Kernobstes die Fruchtkuchen und Ringelspieße, auf welchen die Früchte manchmal sehr fest und dicht aufsitzen, mit abzubrechen, weil man dadurch das beste Fruchtholz für die nächsten Jahre verdirbt.

Neunter Abschnitt.

Krankheiten und Feinde der Obstbäume. Mittel dagegen.

1. Krankheiten.

Unter Krankheiten verstehen wir nicht nur einen Zustand, wo die Obstbäume geradezu ungesund sind, sondern überhaupt, wenn sie in Bezug auf Tragbarkeit nicht ihren Zweck erfüllen. Also gehört Unfruchtbarkeit ebenfalls hierher, wenn die Bäume auch kerngesund sind. Die hauptsächlichsten Krankheiten sind: Brand, Krebs, Harz- oder Gummifluß, Rost, Schimmel, Darr-, Wasser-, Bleichsucht, Grind oder Schorf, Zersplittern der Rinde, Stammfäule, Kräuselkrankheit, Mehl- und Honigthau, Weinkrankheit, Schwämme und andere Schmarotzer, Verletzung durch Frost, Verwundungen, Stammschwäche, Unfruchtbarkeit und Abwerfen der Früchte. Man sieht, daß das Pflanzengeschlecht ebenfalls reichlich mit Krankheiten bedacht worden ist.

77. Brand nennt man den Zustand, wenn die Rinde eines Baumes rußige, wie verbrannt aussehende Stellen zeigt, welche von einer Masse kleiner Schwämme (Staubpilze) herrühren. Der Brand

kommt hauptsächlich bei Aepfelbäumen vor und entsteht durch Reibungen, Quetschungen und starkes Schlagen, während der Baum im Safte ist, so daß sich die Rinde ablöst und in Zersetzung übergeht. Oft zeigt sich aber der Brand auch von selbst auf nassen Plätzen. Die Heilung besteht darin, daß man die brandigen Stellen bis auf gesundes Holz ausschneidet, wozu außer Meisel und Messer das Fig. 13 abgebildete Werkzeug zu gebrauchen ist. Die Wunden werden sofort mit Theer oder einer anderen Salbe bestrichen, doch ist Steinkohlentheer vorzuziehen. Ist die Wunde groß, so muß ein Verband von Leinwand angelegt werden. Ist Nässe die Ursache der Krankheit, so muß der Boden zunächst entwässert werden, denn sonst hilft das Ausschneiden und Verbinden nichts. Betrifft die Krankheit junge Bäume, oder findet sich vielleicht gar schon bei der Pflanzung vor, so werfe man solche lieber weg.

78. Der Krebs findet sich meist auf Obstbäumen, die ungünstig, namentlich zu naß stehen, vorzugsweise schon an jungen Bäumen. Er zeigt sich in zahlreichen Höckern und krustenartigen Stellen. Außer Entwässerung (wenn Nässe die Ursache ist), wirkt besonders Bodenverbesserung und Lockerung am ersten, ebenso Düngung, besonders mit Salz. Bei älteren Bäumen hilft oft das Abwerfen der Krone, oder Umpfropfen. Der Krebs zeigt sich vorzugsweise bei Kernobst, namentlich bei Apfelbäumen. Er trifft besonders feine Sorten südlicher Abstammung, wenn diese in rauhe Lagen und kalten Boden verpflanzt werden uud gewisse Sorten, z. B. der weiße Wintercalvill, die französische Gold- oder Edelreinette, sind dem Krebs in rauhen Lagen fast immer unterworfen. Man soll daher solche Sorten unter ungünstigen Verhältnissen lieber gar nicht anpflanzen. Die krebsigen Stellen werden ausgeschnitten und mit Steinkohlentheer bestrichen. Junge krebsige Bäume werfe man, wenn nicht gerade die Sorte behalten werden muß, lieber weg. Der Krebs soll auch aus Ueberfülle von Saft entstehen, daher soll auch in den Monaten Mai und Juni ein zeitweises Aderlassen das Umsichgreifen desselben verhüten.

79. Der Harzfluß oder richtiger Gummifluß, (weil Steinobstbäume kein Harz, sondern Gummi haben), kommt nur bei Steinobst, vorzugsweise bei Kirschen und Aprikosen vor. Das Absetzen von Gummi

in geringer Menge ist keine Krankheit und schadet nicht, wohl aber, wenn Gummi in Masse ausfließt, Knoten bildet oder sich zwischen Splint und Rinde festsetzt. In diesem Falle ist meist sicherer Tod die Folge. Auch bei dieser Krankheit ist ein feuchter Standort oder zu düngerreicher Boden oft die Ursache. Der Harzfluß entsteht aber auch durch starke Verwundungen in der Saftzeit, namentlich wenn stärkere Aeste dicht am Stamme abgenommen werden. Man muß die angegriffenen Stellen bis auf gesundes Holz ausschneiden, und sie mit Theersalbe (Theer und Ruß) bestreichen. Auch schwarze (grüne) Seife mit Ruß vermischt soll bei den noch nicht zu sehr angegriffenen Bäumen gute Dienste thun. Wie schon unter 7 erwähnt wurde, verhütet das Aderlassen und Schröpfen bei vollsaftigen Bäumen diese Krankheit, und hält sie im Zunehmen auf. Auch das Abhauen einiger stärkeren Wurzeln, wodurch der Saft weniger reichlich fließt, hilft oftmals. Auch bloßes Ringeln der Wurzeln kann schon helfen. In der „Pomona" von Dochnal wird das Auflegen und Umwickeln von nassen Lappen empfohlen, um den Gummi zu erweichen und dann leicht zu entfernen. Dies Verfahren scheint nachahmungswerth. Ferner soll es gute Dienste thun, wenn man die von Gummi gereinigten Wunden mit Sauerampfer ausreibt *).

80. Der Rost zeigt sich in rothgelben, rostartigen Flecken auf Blättern, Zweigen und Wurzeln und besteht aus niederen Schmarotzerpflanzen. Gegen den oben sich zeigenden Rost ist mir kein Mittel bekannt, auch bringt er wenig Schaden. Findet man bei der Untersuchung der Wurzeln eines kranken Baumes solche Roststellen, so muß der Rost entfernt und die angegriffene Stelle mit Asche bestreut werden.

81. Der Schimmel oder Mehlthau erscheint als weißer Ueberzug vorzugsweise an den Pfirsichbäumen, wo er die jungen Spitzen im Sommer förmlich weiß überzieht, sich nach und nach über den ganzen Baum verbreitet und Blätter, junges Holz und in Folge dieses auch die Früchte verdirbt. Auch der Weinstock zeigt häufig einen solchen Schimmel, obschon zu vermuthen ist, daß es eine andere Art ist. Leider

*) Es liegt der Gedanken nahe, daß alle Säuren gegen den Gummifluß angewendet werden können.

kehrt der Schimmel auf Bäumen, wo er einmal ist, meist jedes Jahr wieder. Die Früchte kommen dabei selten zur Reife. Die dagegen anzuwendenden Mittel haben sich als ungenügend erwiesen; dennoch muß man etwas dagegen thun. Man bespritzt den Baum gegen Abend und wendet dabei eine Auflösung von schwarzer Seife oder Seifenwaschwasser mit Lauge, reine Lauge, Pottasche, Aetzkalkwasser an, oder man bespritzt die Bäume mit reinem Wasser und bestäubt sie mit Schwefelblumen, wobei man einen besonders dazu eingerichteten Blasebalg Fig. 38 anwendet, der auch gegen die Weinkrankheit gebraucht wird. Beim Weinstock hat man schon das Beschneiden und Ringeln der Wurzeln mit Nutzen angewendet, und es sind auch Versuche bei Pfirsichbäumen zu empfehlen. Wenn diese Krankheit immer wiederkehrt, so ist es am besten die betroffenen Bäume gänzlich durch Abwerfen der Aeste zu verjüngen, das abgeschnittene Holz zu verbrennen, und die Spaliere mit scharfer Lauge abzuwaschen.

Fig. 38.

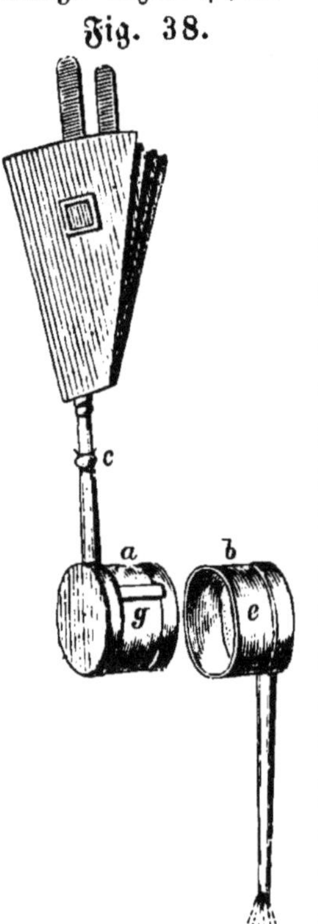

82. *Bleich- oder Gelbsucht, Darrsucht Wassersucht.* — Die *Bleich- oder Gelbsucht* ist eine Art Abzehrung in Folge von Nahrungsmangel, wenn die Wurzeln in geringer Tiefe auf unfruchtbaren Boden stoßen. Die Blätter werden dann mitten im Sommer welk, gelb und fallen ab. Schrumpfen in Folge davon die Triebe ein, so entsteht die *Darrsucht*. Stoßen die Wurzeln auf Grundwasser, so werden sie mehr hellgelb oder weißlich und man nennt die Krankheit *Bleichsucht*. Die Krankheit muß, wenn Nahrungsmangel die Ursache ist, durch Düngung und Wechsel der Erde gehoben werden. Zum größeren Triebreiz schneidet man die Zweige zurück. Ist schon Darrsucht eingetreten, so müssen die Zweige bis auf gesundes Holz zurückgeschnitten werden. Ist das Grundwasser nicht zu entfernen, so können junge Bäume höher gepflanzt werden, ältere müssen aber ihrem Schicksal überlassen bleiben. — *Wassersucht* ist selten. Sie äußert sich dadurch, daß der Saft, (des Cambium) sich nicht in Splint (junges Holz)

ablagert, sondern ausfließt, oder unter der Rinde in Gährung übergeht, die Rinde sprengt und schwammig macht. Aderlassen hilft am schnellsten, außerdem Verjüngen des Baumes, dazu eine gute Bodenlockerung und Salzdüngung, um den Saft zu verändern.

83. Grind oder Schorf ist eine dem Krebs ähnliche Erscheinung, als grauer oder schwarzer Grind vorkommend, der jedoch mehr an der Rinde bleibt, dabei aber oft alle jungen Zweige einnimmt, und so das Wachsthum hemmt, und das Fruchttragen verhindert. Er findet sich am meisten bei zarten Birnsorten in rauhen Lagen und auf feuchtem, kalten Boden. Es scheint eine Rindenkrankheit zu sein, indem der Saft durch die Rinde tritt, und hier jene grindartigen Warzen bildet. Außer starkem Zurückschneiden der angegriffenen Aeste ist kein Mittel dagegen bekannt.

84. Frostschaden und Absplittern der Rinde. Der Frost thut oft großen Schaden, selbst bei unsern als ganz hart bekannten Obstbäumen. Bekanntlich werden unbeschützte Pfirsich-, Mandel-, Aprikosen-, Feigen- und Maulbeerbäume, sowie Weinreben von starker Kälte so beschädigt, daß die Stämme bis an den Boden erfrieren. Außer diesen sind Wallnußbäume dem Erfrieren am meisten ausgesetzt, namentlich junge Bäume, die sehr lange, markige Triebe machen. Aber auch an alten Bäumen erfriert in kalten Wintern zuweilen alles junge Holz. Solcher Frostschaden ist nicht zu den Krankheiten zu zählen, und er ist bei niedrigen Bäumen durch Bedecken zu vermeiden. Oft äußert sich der Frost blos auf der Rinde und auch hier nur stellenweise oder nur auf einer Seite. In diesem Falle trocknet die Rinde ein und splittert ab, was besonders bei Pflaumen häufig ist, oder es entsteht Brand und Krebs. Ist der Baum nur wenig beschädigt, so ist Aderlassen ein gutes Mittel. Die ganz todten Stellen werden ausgeschnitten und mit Theersalbe darüber noch mit Baummörtel verstrichen und mit Lappen oder Moos umwickelt. Wallnußbäume schlagen meist, obschon etwas spät, näher oder entfernter von der Spitze wieder aus. Ueberhaupt schneide man nicht zu früh die erfrornen Zweige ab, denn oft treiben sie noch im zweiten Safte ganz gut aus. Erfrorene Weinstöcke schneidet man erst dann zurück, wenn sich am alten Holz bereits junge Triebe gebildet haben. Am schädlichsten scheint das Glatteis zu wirken, denn oft erfrieren Bäume nur auf der Seite, wo Glatteis gesessen hat.

85. Die Stammfäule entsteht meist durch vernachlässigte Verwundungen selbst bei alten Bäumen, wenn starke Aeste schlecht abgeschnitten und nicht mit Baumsalbe verstrichen werden, oder wenn die Spitze ausbricht oder ein Gabelstamm spaltet, so daß Wasser eindringen kann. Bemerkt man noch zur rechten Zeit, daß der Stamm innen angegriffen ist, so können die faulen Stellen ausgemeißelt werden. Nachdem sie ausgebrannt worden sind, wozu man Kohlen mit Hilfe des Blasebalges nimmt, füllt man die Höhlung mit trocknen Stoffen, als Lehm, Steinen, Kohlen u. s. w., bringt darauf einen Ueberzug von Baummörtel an und überstreicht diesen mit Theer, um das Feuchtwerden zu verhindern. Aufgenagelte Brettchen, wie man am häufigsten sieht, schützen nicht so gut. Will man einen alten ganz hohlen Baum noch einige Zeit erhalten, so meißelt man unten an einer dünnen Stelle ein Loch, holt die Holzerde und das Wurmmehl heraus und zündet ein Kohlenfeuer an, welches man durch den Blasebalg in die Höhe treibt. Hierauf wird der hohle Stamm mit einem der erwähnten Stoffe angefüllt und oben gegen das Eindringen der Nässe gut verwahrt.

86. Die Kräuselkrankheit zeigt sich meist nur an Pfirsichbäumen. Sie ist eine Folge schnell wechselnder Temperatur, wenn die Blätter noch jung sind. In der Regel sind dadurch die Früchte, wenigstens theilweise gefährdet. Das einzige Gegenmittel ist, daß man zeitig die zusammengerollten Blätter abschneidet, jedoch so, daß die Blattstiele daran bleiben. Es entwickeln sich darauf Nebentriebe (Aftertriebe), welche die Vegetation wieder beleben und unterhalten. Am sichersten wird diese Krankheit verhütet, wenn man die §. 31 erwähnten und Fig. 27 abgebildeten Schutzdächer anbringt.

87. Der Honigthau entsteht in Folge schnellen Uebergangs von Wärme zu Kälte. Auf welche Art ist freilich unerklärt. Er wird sehr schnell von Bienen und andern Honig liebenden Insecten weggesogen und schadet selten.

88. Die Weinkrankheit hat mehr von sich sprechen gemacht, als irgend eine der aufgezählten Krankheiten, obschon sie noch nicht seit zehn Jahren bekannt geworden ist. Sie besteht bekanntlich darin, daß ein Fadenpilz (Oidium Tuckeri) die jungen Reben und Trauben über-

zieht. Das Wachsthum hört auf, oder geht nur kümmerlich fort, die Beeren bleiben hart oder platzen auf, so daß die Kerne bloß liegen, und endlich entsteht Schimmel und Fäulniß, oder Verschrumpfen der Beeren und Verderben der Blätter und jungen Reben. Alle bisher vorgeschlagenen Mittel haben die Krankheit nicht heilen und vertreiben, nur weniger schädlich machen können. Als ein völlig sicheres, in Südtyrol seit 1854 vielfach angewendetes Mittel, ist nach einer Mittheilung des Herrn von Zallinger in Botzen (in der Monatsschrift für Pomologie von Lucas und Oberdieck, Seite 143, Jahrgang 1855) das Eintauchen der Trauben in dünnes Leimwasser, so wie sich die Krankheit in der Nähe zeigt. Dies schützte nach der Angabe des genannten, völlig glaubhaften Gewährsmanns und des Erfinders, Herrn Dr. Vulkan in Eppan, die Trauben vollständig und wurde schon angewendet, als die Beeren noch die Größe von Hasenschrot hatten. Man nimmt dazu gewöhnlichen Tischlerleim, kocht denselben und verdünnt ihn. Zu einem Eimer Wasser wurden 3 Pfund Leim genommen. Eine Person kann des Tages viele hundert Trauben eintauchen. Wo es nicht geht, muß man die Trauben mit einem Schwamm ganz einweichen, wobei das Gefäß untergehalten wird. Wie dadurch auch die Krankheit von den Reben abgehalten und für die Trauben unschädlich gemacht wird, ist allerdings noch nicht erwiesen. Unter den übrigen Mitteln will ich nur noch das Pulvern oder Pudern mit Schwefelblumen mit Hilfe des Fig. 38 abgebildeten Blasebalgs, das Bespritzen mit Schwefelwasser (aus Wasser und Schwefelblumen, oder Wasser mit schwefelsaurem Kupferoxyd im Verhältniß von 1 Pfund auf 40 Maß Wasser) erwähnen. Wichtiger ist die Erfahrung des Ritter Tomasini (Podesta von Triest), der bemerkte, daß auf der ganzen Länderstrecke von Tyrol bis Neapel alle diejenigen Reben von der Krankheit verschont blieben, welche zum erstenmal an jungem Holze trugen, während andere Reben ganz vernichtet wurden. Es ist dies ein Wink zur veränderten Kultur, indem man die einmal getragen habenden Reben ganz wegschneidet, wie es bei dem Winkelzug des Weinstockes stets der Fall ist*). Es wird gut sein, alle von der Krankheit befallenen Weinreben im Herbst zu verbrennen. Man hat

*) Man vergleiche S. 155—167 des III. Bandes dieser Bibliothek, sowie den Artikel über die Erziehung des Weinstockes weiter unten in diesem Bändchen.

auch schon das Bepinseln der Reben vor dem Austreiben mit Lauge oder starkem Seifenwasser, ebenso der Spaliere, ferner mit einer Auflösung von Kampfer (1 Loth Kampfer auf 3 Nösel Branntwein, oder 4 Loth Kampfer auf 1 Eimer Wasser) als sehr wirksam empfohlen.

89. Schwämme und andere Schmarotzer. Die Schwämme erscheinen sowohl am Stamme als an Wurzeln, an krankhaften Stellen, und sind höchst gefährlich, da dann der Organismus schon sehr angegriffen ist, und nur eine sehr kräftige Vegetation das dadurch angedeutete Zurückgehen überwinden kann. Man schneidet und meißelt die Stellen rein aus, und behandelt sie wie andere Wunden. Wurzelschwämme erscheinen selten an der Oberfläche. Zeigen sich aber Schwämme auf der Erde unter der Baumkrone, so suche man nach, ob sie aus den starken Wurzeln kommen. Außerdem findet man sie nur, wenn man an alten oder kranken Bäumen die Erde durch bessere ersetzen will. — Der auffallendste Schmarotzer ist nach diesen die bekannte Mistel, wovon der Vogelleim gemacht wird. Dies ist bekanntlich eine vollkommene Blüthenpflanze, die einen schönen immergrünen Busch bildet, und sich durch Saamen, den Beeren fressende Vögel verbreiten, fortpflanzt. Diese Pflanze ist sehr leicht auszurotten, indem man sie aus dem Holze schneidet, oder auch nur abschneidet, wird aber aus Aberglauben, und als abergläuisches Mittel gegen die Epilepsie und ähnliche Zustände von den Landleuten auf den Apfel- und Birnbäumen geduldet. — Von den schmarotzenden Flechten und Moosen (Baummoos genannt) und deren Schädlichkeit und Vertilgung war schon §. 66 hinreichend die Rede.

90. Durch Verwundungen und deren Vernachlässigung wird Stammfäule, Harzfluß, Rindensplittern u. s. w. erzeugt. Wie das zu vermeiden ist, wurde schon §. 65 und an andern Orten gezeigt.

91. Das Abwerfen der Früchte kommt meist als Folge von Anstechen derselben, durch Rüsselkäfer, Raupen und andere Insecten veranlaßt, vor. Sehr selten ist große Trockenheit und darauf folgende große Nässe die Ursache. Meist fallen nur diejenigen Früchte ab, welche sich nach der Blüthe unvollkommen ausbildeten, oder welche durch Saftentziehung (durch andere vollkommenere Früchte) absterben. Am schädlichsten und fast unerklärlich ist das Abwerfen der Weinbeeren (Verrießen oder Reeren) kurz nach der Blüthe, gegen welches bereits das Ringeln empfohlen worden ist.

93. Stammschwäche ist derjenige Zustand, wenn der Stamm im Verhältniß zur Krone zu schwach geblieben ist, wovon meist fehlerhafte Erziehung in der Baumschule die Ursache ist. Solche Stämme bedürfen länger einer Stütze und werden durch wiederholtes Aderlassen stark.

93. Die Unfruchtbarkeit hat verschiedene Ursachen und wird folglich durch verschiedene Mittel gehoben, ist jedoch auch oft Eigenthümlichkeit gewisser Sorten, wenn sie nicht den geeigneten Boden und Standort haben.

Ist Saftüberfluß und in Folge dessen vorherrschender Holztrieb die Ursache, so hilft Aderlassen, Ringeln einzelner Aeste und selbst ganzer Stämme, sowie Abhauen einzelner Wurzeln. Noch häufiger entsteht Unfruchtbarkeit durch schlechten Standort. Man versäumt zuweilen, die Pfahlwurzel bei dem Pflanzen abzuschneiden, was eigentlich schon bei der ersten Pflanzung aus dem Saatbeet in die Baumschule geschehen muß. Die Wurzeln gehen dann zu tief, kommen auf unfruchtbaren Boden oder Wasser und verursachen so Unfruchtbarkeit. Dagegen hilft zuweilen, daß man durch Düngung und gute Erde die Wurzelbildung und Ausdehnung derselben nach oben befördert. — Ist schlechter Boden die Ursache, so muß er verbessert werden, wobei gleichzeitig eine Verjüngung der Krone und Aderlassen angewendet wird. Setzt ein Obstbaum in rauher Lage keine Frucht an, so ist meist die Sorte für die Gegend ungeeignet, dann muß man den Baum umpfropfen. Oft ist auch die Unterlage (der Wildling) die Ursache, indem starkwüchsige Unterlagen genommen wurden (bei Formbäumen, welche im Schnitt gehalten werden). In diesem Falle wendet man den Sommerschnitt und das Entspitzen der Sommertriebe an, oder man bindet die zu üppigen Triebe im Bogen abwärts.

2. Feinde der Obstbäume.

Menschen und Thiere sind schlimmere Feinde als die Krankheiten. Baumfrevel, Obstdiebstahl und ungeschickte Behandlung bringen vielen Obstbäumen Krankheit und Tod. Aber die Zahl dieser Feinde wird immer mehr und mehr abnehmen, weil Baumfrevel und Obstdiebstahl um so seltener werden, je allgemeiner der Obstbau wird, und weil sich die Kenntniß der Obstbaumpflege immer mehr verbreitet, folglich eine schlechte Behandlung immer seltener werden wird. Unter den Thieren sind die kleineren die gefährlichsten, besonders Insecten. Die hauptsächlichsten Feinde sind folgende:

94. Säugethiere und Vögel. Unter den ersteren sind Hasen und Kaninchen die schädlichsten, indem sie die noch jungen Obststämme, besonders Kernobst, bei mangelnder Nahrung im Winter benagen. Glücklicherweise werden sie immer seltener. In offenen Obstpflanzungen schützt man die jungen Stämme am besten durch Einbinden mit Dornen, welche meist so lange halten, als der Schutz nöthig ist. Häufiger bindet man mit Stroh ein, was jedoch nur für einen Winter ausreicht. Ein anderes Mittel ist das Anstreichen der Stämme mit Kalk, Kalk und Ofenruß, oder Lehm mit Urin und Kuhmist vermischt. Bei gewöhnlichem Schneefall genügt es, wenn der Anstrich 4 Fuß hoch ist, an Stellen aber, wo Schneewehen jedes Jahr regelmäßig vorkommen, muß der ganze Stamm bestrichen werden. Kommen dennoch Beschädigungen vor, so muß man die benagten Stellen im Frühjahr rein ausschneiden, mit Theer, Baumwachs oder Baummörtel bestreichen, und, wenn sie groß sind, mit Lappen oder Moos verbinden. Bäume, die stark vom Hasenfraß gelitten haben, erholen sich in der Regel nicht wieder. — Außerdem gibt es unter den Säugethieren noch einige Fruchtnascher. So das Eichhörnchen oder Eichkätzchen, welches die Nüsse plündert, Marder, Wiesel und Mäuse, welche Früchte holen, besonders an Spalierbäumen. Gegen Mäuse schützt besonders das Ausstreichen der Mauerfugen mit Kalkmörtel, damit ihnen an der Mauer selbst keine Schlupfwinkel bleiben.

Die Vögel sind geborene Beschützer der Obstbäume, indem sie die schädlichen Insecten fressen, und unbedeutend ist der Schaden, den Krähen durch Abbrechen schwacher Zweige auf frisch gepflanzten Bäumen und von Pfropfreisern, sowie Sperlinge, Heher, Kernbeißer, Amseln, Drosseln u. s. w. durch Raub der Früchte anrichten. Man sollte daher auch die Früchte stehlenden Vögel nur vertreiben und abzuhalten suchen. Obschon es nicht hierher gehört, so will ich doch auf das Angelegentlichste empfehlen, alle Mittel anzuwenden, um die, schädliche Insecten, aber keine Früchte fressenden Vögel anzulocken und zu fesseln. Dies sind besonders Staare und Meisen, wovon ein Paar besonders in der Brutzeit, wo es auch die meisten Raupen giebt, mit den Jungen täglich Tausende von Raupen verzehrt. Dies geschieht dadurch, daß man sogenannte Staar- oder Meisenbrutkästen an den Bäumen befestigt, worin diese Vögel ihre Nester bauen können, weil sie in einer gut gepflegten Obstbaumanlage keine hohlen Bäume finden. Die Kästen und Fluglöcher müssen der Größe dieser Vögel angemessen sein, auch muß ein Sitzstock vor dem Flugloch angebracht werden. Meisen kann man so überall anlocken, nicht so die Staare, die in manchen Gegenden gar nicht bleiben. Meisen lockt man auch dadurch an, daß man im Frühjahr die noch mit Saamen besetzten Köpfe von Sonnrosen, eine Lieblingsspeise der Meisen, an die Bäume hängt. Sie bleiben dann gern in der Nähe.

95. Die Insecten sind die größten Obstbaumfeinde, besonders als Raupen und Larven. Die schädlichsten Raupen sind: 1) Der Baumweißling oder Weißdornschmetterling, jener bekannt weißgelbliche Schmetterling, der dem Kohlschmetterling so ähnlich sieht. Man kann ihn im Juni und Juli leicht massenweise an Pfützen fangen, was aber, wenn es nicht von der Regierung angeordnet und belohnt wird, nicht geschieht, weil jeder nur seinen Garten schützen will. Er legt seine Eier in die obersten Blätter der Kernobstbäume, oder in Weißdornblätter. Die Raupen kriechen noch im Sommer aus und umziehen vor Winter das Nest mit einem Gespinnst, wodurch es festgehalten wird. Ihr eigentlicher Schaden beginnt im Frühjahr, wenn Blätter und Blüthen erscheinen. Da diese Nester im Winter leicht aufzufinden und abzunehmen sind, so kann man sich gegen diesen Feind leicht schützen. In den meisten Staaten ist auch das Raupen der Bäume gesetzlich geboten und dies bezieht sich nur auf diese Weißlingsnester, während die viel schädlicheren Spannraupen für jetzt noch unter Regierungsschutz stehen, indem ihre Vertilgung nicht geboten ist. Da in den Weißdornhecken meist sehr viele Nester sitzen, wo sie leichter abgesucht werden können, als auf Bäumen, so haben solche Hecken einen doppelten Nutzen.

Die gefährlichste Raupe ist die sogenannte Spannraupe, wovon es zahlreiche Arten gibt. Am häufigsten ist die Raupe des Frostnachtschmetterlings (Geometra brumata), welcher von Ende October an bis zum Eintritt der Kälte in der Nacht umherfliegt und nicht groß und von hellgrauer Farbe ist. Zuweilen kriecht der Schmetterling auch erst im Frühjahr aus der Puppe. Das Weibchen ist nur mit ganz kurzen Flügelstumpfen versehen, und kann daher nicht fliegen. Es kriegt daher am Stamme hinauf, wobei es von dem Männchen umflattert und unterstützt wird, legt seine Eier in die Ritzen und Knospenschuppen, und stirbt nach kurzer Zeit. Im Frühjahr kriechen die Räupchen zeitig aus und beginnen ihre Verheerungen, die sich mit ihrer Größe steigern, wobei fortwährend Koth herabfällt, daß es wie Regen auf den Blättern klingt. Haben sie einen Baum entblättert und sind noch nicht ausgewachsen, so lassen sie sich an einem selbstgesponnenen Faden herab und klettern auf einen andern Baum. Sind sie vollkommen ausgewachsen, so kriechen sie in die Erde und verpuppen sich. Da man die Eier an Bäumen nicht finden und die Raupen unmöglich absuchen kann, so kennt man bis jetzt noch kein anderes sicheres Mittel gegen diesen Obstbaumverderber, als daß man das flügellose Weibchen vom Baume abhält. Unter allen vorgeschlagenen Mitteln erweisen sich nur die sogenannten Theer oder Klebbänder als wirklich nützlich, indem darauf die Weibchen kleben bleiben. Man bindet handbreite Streifen von steifem Papier mit zwei Fäden an einer glatten, möglichst runden Stelle so fest an den Stamm, daß kein Schmetterling darunter durchkommen kann. Haben die Bäume noch Stützen, so muß es oberhalb derselben geschehen, oder man bindet auch an den Pfahl ein Klebband. Dieses Papier bestreicht man mit einer klebrigen Masse. Hierzu ist diejenige am besten, welche an der Luft am längsten klebrig bleibt. Am zweckmäßigsten hat sich Holz- und Steinkohlentheer mit Fischthran oder Leinöl verdünnt, bewiesen, weil diese Masse 8—10 Tage klebrig bleibt. Auch dünner Vogelleim, von Leinöl gekocht, klebt sehr gut, bleibt aber nicht lange so. Dieser Anstrich muß bis zum Eintritt des Winters immer klebrig erhalten, also alle 4—8 Tage erneuert werden. Im Anfang verschluckt das Papier viel Klebstoff, weßhalb man mehrmals anstreichen muß. Man hat als eine Verbesserung sogenanntes Tabacksblei anstatt Papier vorgeschlagen, dieses kommt aber viel zu theuer. Sehr gut hat sich bei mir das sogenannte Wachstuchpapier, wie man es vielfach zum Verpacken braucht, bewährt, weil es gar keine Klebmasse verschluckt. Es ist gut, den Papierstreifen oben umzubiegen, so daß sich ein Rand bildet, welcher das Ueberklettern erschwert, und unter welchem sich die Klebmasse länger klebrig hält. Es ist gut, die Klebpapiere auch im März und April noch im Stand zu halten. Giebt es in der Nähe Spannraupen, so ist es zweckmäßig, die Theerbänder auch um die Zeit der Raupen anzulegen oder aufzufrischen, um das Aufklettern der Raupen zu verhindern. Ueberhaupt werden auf diese Weise auch viele andere schädliche Insecten und Raupen gefangen. Ich fing an einem Klebstreifen in der ersten Nacht schon bis 26 Weibchen. Man hat zu diesem Zwecke noch andere ähnliche Vorrichtungen erdacht, obschon keine bessere oder nur eben so gute gefunden worden ist. Trichterförmige Pappenstreifen, die vom Prediger Herrn Bennicke und dem Gärtner Herrn Jahn von Berlin aus vielfach empfohlen wurden, sind von anderer Seite wieder verworfen worden, verdienen aber immer einige Berücksichtigung. Man soll Pappstreifen so zuschneiden und am Stamm befestigen, daß sie nach unten einen Trichter bilden. Um den Erfolg kennen zu lernen, müßte man die äußere Seite des Trichters noch mit Klebmasse bestreichen, dann würde man sehen, ob die Schmetterlinge am Trichter umkehren, oder nicht. — Den Raupen selbst ist schwer beizukommen. Herr Panse in Suhl macht jedoch in der mehrmals erwähnten Monatsschrift für Pomologie u. s. w., S. 389, die Mittheilung, daß er sie durch Bespritzen mit gewöhnlichem starkem Seifenwasser ganz unschädlich gemacht habe, was sehr beachtenswerth ist. Da man auch den Raupen das Futter durch Aufstreuen von Asche, Staub, Kalk, Ruß u. s. w. auf die nassen Blätter verderben kann, was aber sehr schwer auszuführen ist, so ist die Wirksamkeit dieses Mittels, wenn es gut ausgeführt wird, d. h. wenn alle Blätter durchnäßt werden, nicht sehr zweifelhaft, jedoch nur an mäßig großen Bäumen auszuführen. Es muß dann auch gegen andere Raupen helfen, und wird auch schon gegen die Stachelbeerraupen vielfältig mit gutem Erfolge angewendet.

Von den übrigen Raupen nenne ich noch die Ringelraupe, deren Eier, weil sie in einem schwarzgrauen, wie ein eiserner Nähring aussehender Ring vereinigt an schwachen Zweigen sitzen, schwer aufzufinden und nur an Zwergbäumen und jungen Hochstämmen mit Sicherheit vertilgt werden können. Man muß meistens den ganzen Zweig abschneiden, weil das Entfernen der Eier mit dem Messer sehr lange aufhält. Die einmal vorhandenen Raupen thun großen Schaden, und sind nur in den Frühstunden, wo sie noch beisammen im Nest sitzen, durch Bespritzen mit Lauge, Seifenwasser, Bestreuen mit Aetzkalk, Ruß u. s. w. oder durch Schießen, indem man ein Gewehr schwach mit Pulver, aber mit viel Sand ladet und in die Nester schießt, zu vertilgen. Dieselben Mittel wendet man auch gegen die sogenannten Nest- oder Gesellschaftsraupen an, die in der Nacht stets zusammensitzen, außer, wenn sie fast ausgewachsen sind.

Die Stachelbeerraupe ist eine der gefräßigsten und zeigt sich häufig. Anfangs, wenn sich noch wenige zeigen, kann man sie leicht ablesen, da sie meist einzelne Zweige befallen und abfressen, ehe sie weiter gehen. Werden sie aber häufiger, so bespritzt man die Büsche täglich mit Seifenwasser (Waschwasser mit Lauge oder aus schwarzer Seife bereitet), und streut noch Ruß, Asche oder Kalk auf die nassen Blätter. Setzt man das einige Zeit fort, so verschwinden und sterben die Raupen. Dann werden, wenn nicht Regen eintritt, die Büsche mit Wasser abgespritzt, wodurch zugleich der Boden gedüngt wird. Bäumchen von Stachelbeeren kann man, wenn sich Raupen im Garten zeigen, durch Theer- oder Klebbänder schützen. Das Belegen der Erde um die Büsche mit zerhacktem Besenginster (Spartium scoparium), welches einen sehr unangenehmen Geruch hat, so wie mit frischem, stark riechendem Dünger, besonders Schweinemist, soll die Raupen ebenfalls abhalten.

Ich erwähne noch, daß der bekannte Traubenkirschbaum, oder die Ahle (Prunus Padus) ein guter Ableiter für Raupen sein soll, indem sie sich vorzugsweise dahin ziehen sollen. Die Richtigkeit dieser Angabe lasse ich auf sich beruhen, bemerke aber, daß allerdings die Traubenkirschen fast alljährlich sehr von Raupen angegriffen werden, obschon dies andere Arten zu sein scheinen.

96. Die Rüsselkäfer sind kleine, aber sehr gefährliche Thiere. Sie bohren sich in den Fruchtknoten der Blüthe, in Früchte, beißen junge Triebe von Wein und Kernobstbäume ab, oder schälen die Rinde ab. Einer der am häufigsten vorkommenden ist der Apfelstecher oder Apfelschäler, der die Blüthen der Apfelbäume zerstört. Ein Mittel dagegen kennt man nicht. Wer nur wenige Bäume hat, möge die Käfer mit den verdorbenen Blüthen auf Tücher schütteln und sie verbrennen.

Auf diese Weise wird doch die Vermehrung gehemmt. — Der Pflaumenbohrer ist ebenfalls ein Rüsselkäfer, der sein Ei in die Fruchtknoten legt, wodurch diese zu den bekannten Taschen werden. Man muß diese Taschen auf Tücher schütteln und verbrennen oder in's Wasser werfen, um die Nachkommenschaft zu vertilgen*). Den Rebenstecher, eine andere Art Rüsselkäfer, muß man an den Stöcken sorgfältig aufsuchen, weil er sonst vielen Schaden anrichten kann. Der Holzkäfer hält sich in alten vernachlässigten Bäumen unter der erdigen Rinde auf und arbeitet mit an dem Tod des Baumes.

Unter den Wespen sind die große Hornisse (Pferde-Wespe) und die gemeine Wespe schädlich. Hornissen sollen junge Birn- und Apfelzweige benagen, ich glaube aber eher, daß sie an den durch Rüsselkäfer gemachten Wunden den süßen Saft blos aufsaugen, also eigentlich so keinen Schaden thun. Die Hornissen thun aber besonders dadurch Schaden, daß sie Obstbäume aushöhlen, um ihre Nester hineinzubauen, und in einigen Gegenden Frankens werden sie als die schlimmsten Obstbaumfeinde betrachtet. Um ihrer Vermehrung Einhalt zu thun, muß man die Nester zerstören, in hohlen Bäumen durch Schwefeldämpfe, in gesunden, wo die Hornissen meist nur ein kleines Flugloch machen, durch Verkeilen der Oeffnung oder Einschütten von stickendem Oel. Den Früchten bringen sie, wie die gemeinen Wespen, Schaden, indem sie die süßesten benagen. Besonders gehen sie den Weintrauben nach, und man muß, wo viele Wespen sind, die schönsten in Pferdehaar-, Gaze- oder Papiersäcke einbinden, was zugleich gegen Vögel und Mäuse schützt.

Wanzen werden nur unangenehm, weil sie einzelne Früchte durch ihren Aufenthalt darauf besudeln und ihnen einen widerwärtigen Geruch und Geschmack mittheilen. Dies wird jedoch nur bei den Beerenfrüchten bemerkbar; Mittel dagegen sind mir nicht bekannt. Wo sich jedoch die Birnbaumwanzen in Menge zeigen, richten sie größeren Schaden an, können aber an Spalieren, wo sie meistentheils nur vorkommen, vertilgt werden, indem man nasse Tücher vor das Spalier

---

*) Manche Naturforscher bestreiten, daß dieser Käfer die Taschen hervorbringt, und ich wage nicht zu entscheiden, wer Recht hat.

hängt, sie oben verschließt und nun tüchtig darunter mit Taback räuchert, worauf die Wanzen herabfallen.

Oehrlinge oder Ohrwürmer, welche am Spalier oft großen Schaden anrichten, indem sie nicht allein Aprikosen, Pfirsiche und Weintrauben benagen, sondern auch Blätter abfressen, fängt man sicher, indem man 6—8 Zoll lange Papierstreifen, (Zucker- und Packpapier), welche man wie einen Fidibus zusammenlegt, oder kleine Weiden- und Strohbündel, indem man diese jeden Morgen ausschüttelt und die Ohrwürmer tödtet. Auch in Schweinsklauen, ausgehöhlte Möhren, (Mohrrüben) und kleine, halb mit Papier oder Moos gefüllte Blumentöpfe kriechen sie bei Tage. Noch besser soll sich, nach einer Mittheilung des Herrn Oberdieck in Jeinsen (in der Monatsschrift für Pomologie) das Hinstellen von alten, grob geflochtenen Weidekörben bewähren, ebenso Bündel von Erbsenstroh, in welchen sie massenweise gefangen werden.

Kellerwürmer thun nur in Kellern Schaden, indem sie manche Früchte benagen, besonders glattschalige Aepfel. Man fängt sie leicht in Schweinsklauen, ausgehöhlten Möhren, Kartoffeln, Kohlraben u. s. w., die man mit der Höhlung nach unten im Fruchtkeller hinstellt.

97. Die Ameisen werden von manchen Obstzüchtern zu den Feinden gezählt, von andern nicht, weil die letzteren behaupten, daß die Ameisen nur dem Honigthau und den süße Stoffe ausspritzenden Blattläusen nachgehen. Ich bin derselben Meinung und kann den großen Schaden der Ameisen nicht wohl einsehen. Da sie indessen im Garten unangenehm sind und auch die von Wespen angestochenen süßen Früchte verzehren helfen, so sind sie immerhin zu den Feinden zu zählen. Von Spalier- und Zwergbäumen hält man sie ab, wenn man den etwas stark riechenden narkotischen Liebesapfel (Solanum Lycopersicum) eine in vielen Gegenden sehr beliebte Gemüsepflanze, bei uns aber meistens nur zur Zierde angebaut, in die Nähe pflanzt, was besonders an Mauern gut angeht, da der Liebesapfel Wärme und ein Spalier liebt. Die Haufen zerstört man, wo man dazu kommen kann, durch stinkende Stoffe, als Mistjauche, Steinöl, Franzosenöl, oder durch eingelegte Stücke von ungelöschtem, gebranntem Kalk.

Die Blattläuse (Baumflöhe), welche sich besonders an Pfirsichbäumen, überhaupt an Spalierbäumen schädlich machen, vertreibt man durch Räuchern mit Taback unter übergespannten nassen Tüchern, ferner durch Bespritzen mit Wasser von schwarzer Seife. Wollige Blattläuse oder Baummilben, welche an den Spitzen der Zweige sitzen, werden mit Pinseln abgebürstet, wozu man ebenfalls schwarze Seife nimmt. Sie sitzen auch oft in Klumpen an den Aesten, und füllen Ritzen und Löcher aus. Hier muß man sie durch Bürsten, welche in eine Auflösung von Seifenwasser, Ruß, Schwefelblumen, Quasia- und Tabacksabsud getaucht werden, vertilgen.

Zehnter Abschnitt.

Abnehmen, Aufbewahrung, Versendung und Benutzung des Obstes.

I. Abnehmen des Obstes.

98. Das Abnehmen des Obstes, ich meine die Bestimmung, welches Obst und wie es abgenommen werden soll, erfordert eine genaue Kenntniß der vorkommenden Sorten. Man unterscheidet die Baumreife wenn die Früchte vom Baume weg eßbar sind, und die Lagerreife, wenn sie erst nach dem Abpflücken eßbar werden oder nachreifen. Unser Winterobst ist sämmtlich nur lagerreif. Vor allem muß man die Zeit der Reife genau kennen, damit nicht spätes Obst, wie es leider häufig geschieht, zu früh abgenommen wird. Es giebt Obstarten und einzelne Sorten, die einige Zeit vor der völligen Reife gepflückt werden müssen, wenn sie den rechten Wohlgeschmack bekommen und sich halten sollen. Solche sind vor allem die Aprikosen. Man erkennt den rechten Zeitpunkt der Reife, wenn sie unten in der Nähe des Stiels anfangen weich zu werden. Diese Vorsicht ist besonders bei Früchten nöthig, welche verschickt werden sollen. Läßt man die Aprikosen am Baum reif werden,

so sind sie mehlig und saftlos. Dasselbe gilt von den Pfirsichen, wenn sie verschickt werden sollen, außerdem können sie am Baume bleiben bis zum Genuß. Pflaumen und Kirschen jeder Art müssen am Baume vollständig reif werden, sonst verlieren sie an Geschmack und sind oft kaum genießbar. Nur die Reineclaude, die rothe und die violette Diapree und die Aprikosenpflaume reifen im Lager etwas nach. Will man aber diese Früchte für den Marktverkauf verschicken, so dürfen sie nicht den höchsten Grad der Reife haben. Unter den Birnen giebt es viele Sommerbirnen, die mehrere Tage, selbst 8 Tage vor ihrer Baumreife abgenommen werden müssen, wenn sie saftig bleiben sollen. Die Sommeräpfel schmecken baumreif am besten, und werden nur, wenn sie zum Verkauf versendet werden, einige Tage früher abgenommen. — Alle Beerenfrüchte müssen am Stocke vollkommen reif werden. Wallnüsse Mandeln und Kastanien erntet man, wenn die grünen Schalen aufplatzen wollen, Haselnüsse, wenn sie sich leicht aus den Schalen lösen und unten schon bräunlich aussehen. Quitten und Mispeln läßt man so lange als möglich am Strauch. Das bisher Gesagte gilt vorzüglich nur von solchen Früchten, welche vom Baum weg genießbar werden. Anders ist es mit dem Herbst- und Winterobst. Hier tritt der Zeitpunkt der Reife, die Lagerreife, geraume Zeit, oft erst nach 3—6 Monaten nach dem Abnehmen ein *). Es herrscht der Gebrauch, alles Kernobst, welches nicht bis Ende September baumreif ist, dann abzunehmen und aufzubewahren. Dies kann aber nicht als Regel gelten. Je länger das Winterobst am Baume hängen kann, ohne abzufallen oder beschädigt zu werden, desto besser ist es. Allerdings ist in guten Gegenden das meiste Obst Anfangs des Octobers vollkommen reif. Allein Reinetten, späte Winterbirnen, Kochbirnen, überhaupt alle Obstarten, die leicht welken, sollten, wenn die Witterung nicht ganz ungünstig, d. h. sehr stürmisch ist, wo möglich bis gegen Ende October hängen bleiben. Dies ist um so nöthiger, wenn das Frühjahr spät eingetreten ist und der Sommer kalt war, in welchem Falle häufig der Herast noch sehr schön ist. In

---

*) In den guten vollständigen pomologischen Werken ist der Zeitpunkt der Reife und die Haltbarkeit der Früchte möglichst genau angegeben. Am übersichtlichsten ist in dieser Beziehung das „Handbuch der bekannten Obstsorten" von Freiherrn von Biedenfeld, Jena 1854—1856, worin sämmtliche Obstsorten nach der Reifezeit geordnet sind.

der Regel ist es Furcht vor dem Diebstahl, welche das zu frühe Abnehmen des Obstes zur Folge hat. Dies ist aber in gut geschützten Gärten nicht der Fall. Auch bei freiliegenden Pflanzungen kann dieser Nachtheil beseitigt werden, wenn man, wie ich früher schon dringend empfohlen habe, die Obstsorten von gleicher Reifezeit zusammen setzt und überhaupt in unbeschützte Lagen nur spät reifendes Obst pflanzt. Noch sicherer wird dieser Zweck erreicht, wenn sich die Gemeinden und Gemeindeglieder unter sich verständigen und das spätere Obst nicht vor einer bestimmten Zeit abnehmen, wie es ja mit der Traubenlese und anderen landwirthschaftlichen Verrichtungen schon der Fall ist. Nur ganz reifes Obst ist gut, und nur solches kann gehörig verwerthet werden. Man denke nur an den Preis- und Geschmacksunterschied von Welk- oder Trockenobst aus Gegenden, wo man es allgemein gut reif werden läßt, und dem halbreif geernteten Welkobst, welches die Bauern an vielen Orten zum Verkauf bringen. Der Preis vom ersteren beträgt mindestens ein Drittheil mehr, und man verkauft es überall leichter. Bei Früchten, welche eingemacht werden sollen, wird oft ein anderer Zeitpunkt der Reife gewählt, doch werden die meisten im vollkommen reifen Zustande eingemacht.

99. Alles Obst, welches aufbewahrt werden soll, muß sorgfältig gepflückt werden. Dasselbe gilt selbstverständlich von allem Obst, welches sich nicht abschütteln läßt und solchem, das beschmutzt werden könnte. Hierzu dienen die früher (§. 28) beschriebenen Leitern, Obstbrecher, Körbe und andere Werkzeuge. Um das Obst bei dem Pflücken aus der Hand zu thun, ist ein gewöhnlicher Sack am besten, in dessen einen Winkel man eine harte Frucht knüpft, so daß sie eine Art Knopf bildet, um welchen die Sackbänder gebunden werden. Der Sack wird wie eine Jagdtasche auf die linke Seite gehängt, so daß der rechte Arm frei ist. Ein solcher Sack ist nirgends im Wege und das Obst wird nicht gedrückt, oder durch Fallen in den Korb beschädigt, läßt sich auch sehr bequem ohne Nachtheil für das Obst ausschütten. Diese Anwendung eines Sackes ist noch in vielen Gegenden unbekannt, weshalb ich sie ganz besonders hervorhebe. Natürlich kann man nur Kernobst so abpflücken.

Obst, welches sofort zu Most, Schnitzen, Muß u. s. w. verwandt werden soll, schüttelt man ab, wodurch es wohlfeiler verkauft werden kann. Dasselbe geschieht auch bekanntlich mit allen Zwetschen, die nicht eingemacht oder aufbewahrt werden, ebenso mit den meisten andern Pflaumenarten. Mostobst läßt man, wo viel Obstbau ist, bei gutem Wetter unter den Bäumen auf Haufen liegen, oder bringt es an sichere Plätze, bis es gemostet werden kann. Weiches Obst, als Pflaumen, Kirschen und Beerenfrüchte dürfen nicht hoch aufgeschichtet werden. Kirschen, die sich mehrere Tage halten sollen, müssen mit den Stielen gepflückt werden. Wenn es aber sehr viele Kirschen giebt, so pflückt man sie, weil es schneller geht, zum Marktverkauf, zu Muß und Branntwein auch ohne Stiele. Bei Pflaumen verschiedener Sorten werden blos die zum Einmachen und frischen Aufbewahren bestimmten Früchte mit Stielen gepflückt. Pflückt man Himbeeren, Brombeeren und Maulbeeren für die Tafel, so sucht man den Stiel daran zu behalten, was oft uur mit Hilfe einer Scheere möglich ist.

Da bei dem Pflücken und Schütteln des Obstes sehr häufig die Bäume durch Abbrechen von Fruchtholz und ganzen Aesten verstümmelt und beschädigt werden, so habe man ein wachsames Auge darauf. Selbst bei verpachtetem Obst muß man diese Arbeit überwachen und lieber das Obst selbst abnehmen, und dann erst verkaufen, ehe man die Bäume gewissenlosen Pächtern überläßt, und auf Jahre hinaus verderben läßt.

II. Aufbewahrung des Obstes.

100. Es handelt sich hier zunächst um Kernobst, welches über Winter aufbewahrt werden soll. Hierbei muß eine sorgfältige Auswahl stattfinden. Soll dagegen das Obst vor Neujahr auf den Markt gebracht werden, und hat man Massen davon, so läßt man es auf ziemlich großen Haufen an luftigen, gegen Frost geschützten Orten liegen und deckt es bei eintretender Kälte mit Stroh, oder man bringt es auf Haufen an frostfreie Orte bis zum Verkauf oder Verbrauch. Dabei geht allerdings viel Obst zu Grunde, aber es ist dieser Nachtheil doch nicht so groß, als dabei an Kosten erspart wird, weil solches Obst nicht theuer verkauft werden kann, also auch nicht viel Arbeit verursachen darf. Es versteht sich, daß man nur hartes Wirthschaftsobst so behandeln kann. Will man viel Most oder Essig haben, so moste man es möglichst bald, um Platz zu gewinnen und weil man so viel mehr Saft

bekommt als von Lagerobst. Wer hingegen ausgezeichneten Apfelwein haben will oder das Obst zu Muß verwenden und trocknen will, muß es erst lagerreif werden lassen. Zur längeren Aufbewahrung von hartem Winterobst, d. h. Aepfeln, (denn Birnen vertragen eine solche Behandlung nicht), schafft man es in trockne luftige Keller, Gewölbe oder sonstige frostfreie Räume. Die weicheren Sorten werden in Haufen auf Bretter gelegt, härtere auf den Erdboden, nachdem Stroh untergebreitet wurde, die härtesten auf den bloßen Boden, vorausgesetzt, daß dieser ganz trocken ist, doch ist es immer besser, etwas Stroh unterzulegen. Sehr harte Sorten habe ich schon ohne Nachtheil in Fässern und Kisten im trockenen Keller durchwintert, besonders den sogenannten Borsfelder, ein in Hessen und dem südlichen Hannover verbreiteten, sich bis Mai und Juni des folgenden Jahres haltender dunkelrother, harter Apfel. Hat man soviel Obst, daß es im Keller nicht untergebracht werden kann, oder ist der Keller ungeeignet, so kann man die härtesten, erst im Frühjahr reifenden Sorten im Freien frostfrei aufbewahren. Ich machte einen Versuch dieser Art schon als junger Mensch vor mehr als zwanzig Jahren und er gelang vollständig. Ich grub nämlich eine Kiste in einen Erdhaufen und bedeckte sie zwei Fuß stark mit Erde. So blieben die Aepfel bis Ausgang Februar vollkommen frisch und gesund. Welche Sorten dies waren, weiß ich nicht, doch soviel, daß Reinetten dabei und daß einige Traubenäpfel (Pigeon rouge), die sonst nicht viel vertragen und gegen Ende des Winters meist fleckig nnd saftlos werden, noch ganz frisch waren. Später veranlaßte ich einen Versuch im Großen, indem eine trockene Grube auf dem Boden und an den Wänden mit Stroh belegt wurde. Ich konnte jedoch den Erfolg nicht abwarten und erfahren. Gleiche Erfahrungen theilen die Herren W. Haffner in Cadolzburg und E. Lucas in Hohenheim, in der Monatsschrift für Pomologie Seite 103 mit. Ersterer bewahrt Obst in Laubhaufen auf, letzterer in Erdemieten. Die in Laub aufbewahrten Früchte sollen sich vortrefflich halten, sogar Herbstäpfel und Birnen bis zum Frühjahr. Ich bemerke zu jenen Mittheilungen, daß sich das Laub vorher erst erhitzt haben muß, weil sonst der Haufen heiß werden und das Obst verderben könnte. Die Hauptsache ist, daß das Obst ganz trocken und bei trockner Luft in die Erde kommt. Wenn der Boden nicht ganz trocken ist, so wird man gut thun, in einiger Entfernung einen hinlänglich tiefen Graben um den Platz zu ziehen, wodurch auch die Mäuse etwas abgehalten werden. Ferner ist es zweckmäßig, den Platz mit Brettern zu bedecken, um Regen und Schnee davon abzuhalten. Ich empfehle diese Art Aufbewahrung sehr, aber auch, daß man die Früchte sorgfältig pflückt und aussucht, damit keine Fäulniß entsteht.

101. Ganz anders muß verfahren werden, wenn man Tafelfrüchte aufbewahren will. Hierzu muß man einen besonderen Fruchtbehälter haben. In den meisten Fällen benutzt man hierzu einen trocknen Keller mit hinreichenden Luftzügen oder ein frostfreies Gewölbe. Helle, luftige Räume, auch wenn sie frostfrei sind, eignen sich nicht gut als Fruchtkammer, weil hier das Obst leicht welkt, und sich wegen wechselnder Temperatur und dem damit verbundenen sogenannten Schwitzen (Ansetzen von Feuchtigkeit) weniger gut hält. Die Hauptsache ist eine möglichst gleiche Temperatur, und daher sind Keller oder Gewölbe vorzuziehen. Je kühler diese Räume sind, desto besser, wenn es nur nicht friert. Die Luft wird nur gewechselt, wenn sie zu feucht und modrig erscheint. Licht ist unnöthig, vielleicht sogar nachtheilig für die Haltbarkeit. Hat man viel Obst unterzubringen, so muß dieser Raum so zweckmäßig wie möglich benützt werden. Man bringt nicht nur an den Seiten, sondern auch in der Mitte von unten bis oben ein Gerüste mit Brettern an, wenn nur soviel Raum bleibt, um bequem dazwischen gehen und Körbe hineinbringen zu können. Das unterste Brett kommt 2—3 Fuß über den Boden und es kann der Raum darunter für gewöhnliche harte Aepfel benutzt werden. Das zweite Brett wird 1½ Fuß über dem ersten angebracht, damit man gut dazu kommen kann; und so fort bis zur Decke. Die Gestelle an den Wänden dürfen höchstens 3 Fuß breit sein, damit man jedes Obststück bequem erreichen kann: die freistehenden Bretter können dagegen 4—5 Fuß breit sein, weil man von beiden Seiten dazu kommen kann. Es versteht sich, daß die Bretter mit einer Randleiste versehen sein müssen, damit das Obst nicht herabfallen kann. Diese Bretter werden mit trockenem, frischen Schüttenstroh, am besten Roggenstroh, worin kein Gras sein darf, belegt. Das feinste, dünnhalmige ist hierzu das beste.

Die Früchte werden einzeln darauf gelegt, und zwar Aefel auf den Stiel, Birnen auf die Blüthe. Im Nothfall kann man sie auch hin und wieder doppelt legen, jedoch nicht durchgängig, sondern so, daß überall Lücken bleiben. Früchte, die bald verbraucht werden, können doppelt liegen. Später, wenn es Platz giebt, legt man die auf einander liegenden einzeln. Hat man ganz ausgezeichnete Früchte, so legt man sie so einzeln, daß sie sich nicht berühren. Es ist zweckmäßig, die Früchte beiläufig nach der Reifezeit zu sortiren, damit auch solche Personen, die nicht ganz genau Bescheid wissen, die rechten Sorten bringen können, wenn der Besitzer, die Hausfrau oder wer sonst die Aufsicht führt, abgehalten wird. Hat man die gleiche Sorte vom Spalier und von Hochstämmen, oder andern freistehenden Bäumen, oder von verschiedenen Bäumen in sehr verschiedener Lage, so lege man sie auch allein, denn es wird dieselbe Frucht von der sonnigen Mauer auch im Keller früher reif als von Hochstämmen oder von Nordmauern. Auch ist die Güte der Frucht bei verschiedenen Bäumen mitunter höchst verschieden, und es ist doch gut, wenn man weiß, welche Früchte besser sind, um sich bei dem Gebrauch darnach zu richten. — Wo viele Sorten geführt werden, muß für eine sichere Bezeichnung derselben gesorgt werden, was am zweckmäßigsten durch angeklebte Zettel geschieht. Nachdem die Früchte untergebracht sind, kann man den Fruchtraum einige Tage lüften, damit er recht trocken wird, und alle am Obst haftende Feuchtigkeit entweichen kann. Hierauf werden Thüren und Luftlöcher oder Fenster möglichst luftdicht verschlossen. Manche Obstzüchter bringen die Früchte sofort nach der Ernte in den Ueberwinterungsraum, weil sie behaupten, dieselben blieben frischer und saftiger. Andere (die Mehrzahl) lassen sie erst auf luftigen Räumen kurze Zeit schwitzen und bringen sie dann erst in den Keller. Wo die Keller trocken genug sind, bringt man am besten das Obst sogleich dahin, damit es nicht unnöthigerweise hin- und hergeworfen wird. Die Chemie hat uns ein Mittel an die Hand gegeben, die Feuchtigkeit aus dem Obstkeller zu entfernen. Der Chlorkalk hat nämlich die Eigenschaft, fast das Doppelte seines eigenen Gewichtes aufzunehmen, so daß 1 Pfund Chlorkalk 2 Pfund Wasser aus der Luft zieht, und diese so trocknet. Man streut den Chlorkalk auf eine schräg gestellte Tafel, so daß das Wasser in einer Rinne in ein Gefäß laufen kann.

Ehe man aber die Früchte einwintert, muß man eine sorgfältige Auswahl treffen, denn es wäre nutzlose Mühe, mit schlechten Früchten soviel Umstände zu machen. Man sucht nur die großen, schön geformten und völlig unverletzten für den Obstkeller aus, und verwendet die andern auf beliebige Weise. Auch ist es natürlich unnöthig, Herbstfrüchte, die vor Eintritt der Kälte verbraucht werden, mit einzuwintern. Dies kann jedoch in der Absicht geschehen, diese Früchte, z. B. Birnen länger zu halten.

Die Früchte müssen im Winter mindestens wöchentlich einmal genau durchgesehen werden, um fleckige sogleich zu entfernen, ehe sie verderben und weiteren Schaden anrichten. Macht sich wegen zu feuchter Moderluft eine Lüftung nöthig, so soll es bei trocknem, aber nicht warmen Wetter geschehen.

102. Will man im Sommer Früchte ungewöhnlich lange frisch erhalten und überhaupt zurückhalten, so breite man sie in dem kühlen Fruchtkeller, im Eiskeller oder sonst einem kühlen Ort dünn auseinander bis zum Gebrauch. Frühe Birnen, Aepfel und Aprikosen, welche man am Baume nicht vollständig reif werden läßt, kann man so leicht 8—12 Tage länger erhalten. Hierdurch wird der Genuß sehr verlängert, was besonders bei reichlichen Ernten gewisser Sorten viel werth ist.

103. Unter den übrigen Früchten, welche man gern im Winter aufbewahrt, nehmen Weintrauben den ersten Platz ein. Bei Anwendung der gehörigen Sorgfalt kann man sie bis zum Frühling frisch erhalten, sich einen köstlichen Genuß im Winter verschaffen und viel Geld damit verdienen. Es giebt Gärtnereien, wo man aufbewahrte Weintrauben liefert, bis es im März und später in den Treibhäusern frische giebt. Man hat sehr verschiedene Arten der Aufbewahrung, die Hauptsache dabei ist eine richtige Wahl der Sorten. Man kann nur solche mit einzeln hängenden Beeren und harter Schale gebrauchen. Diese Eigenschaft besitzen unter den überall in guter Lage reifenden Sorten vorzüglich die Gutedel- oder Chasselas-Arten, besonders der Pariser Gutedel oder Chasselas de Fontainebleau, der weiße Gutedel und der Krachgutedel, denn sie haben sehr lockere Trauben und hartes Fleisch. Wo jedoch die Spanischen und Griechischen Sorten gut reifen, was bei uns nur an Talutmauern unter Fenstern, in den besten Lagen Süddeutschlands aber an südlichen Mauern der Fall ist, da giebt es noch verschiedene andere ausgezeichnete Sorten, mit größeren Trauben und Beeren, die auch, worauf bei der Aufbewahrung viel ankommt, später

als der Gutedel reifen und sich länger halten. Sehr beliebt ist hierzu der graue Malvasier und die sogenannte Gaisdutte, die man besonders in Ungarn für den Wiener Bedarf hierzu verwendet. Ferner sind hierzu alle Cibeben vorzüglich geeignet, besonders die Syrische Eiertraube und die blaue Damascener. Es giebt sehr viele Verfahren, die Weintrauben aufzubewahren, und man kann nicht sagen, welches das bessere ist. Jedenfalls ist das einfachste vorzuziehen, wenn sonst der Erfolg gut ist. Der Obstkeller eignet sich nicht gut für Weintrauben, weil er meist zu feucht ist und die von den Trauben ausgehende Feuchtigkeit dem übrigen Obst schadet. Auch ist es hier zu dunkel, um die Trauben gehörig zu beobachten. Man bringt sie daher am besten in eine andere frostfreie aber kühle Kammer. Die Trauben bleiben so lange als möglich am Stocke hängen und es schadet ihnen, wenn sie einmal reif sind, ein starker Reif nicht. Es ist jedoch besser, dieselben durch vorgehängte Tücher und Decken, oder Papiersäcke zu schützen. An Talutmauern unter Fenstern, kann man die Trauben, wenn nicht große Kälte eintritt, zuweilen den halben Winter am Stocke hängen lassen, wo sie sich am besten halten.

Die einfachste Weise, Trauben aufzubewahren, ist folgende. Man verklebt den Stiel der Traube mit Baumwachs, oder steckt eine Weinbeere darauf, damit sie nicht so leicht austrocknet. Hierauf hängt man

Fig. 39.

sie an Fäden auf und zwar mit dem Stiel nach unten, so daß sich die Traube auseinander legt und locker bleibt, oder man legt kleine Zweige oder Büschelchen von Stroh oder Werg zwischen die einzelnen Traubentheile, um sie von einander zu halten. Wer viele Trauben aufbewahrt, mag sich ein Gestelle dazu einrichten, wie Fig. 39 darstellt. Dasselbe bedarf keiner weiteren Beschreibung. Soviel Längslatten, soviel Traubenreihen kann man über einander anbringen. Zweckmäßiger erscheint es, wenn man die Querstäbe, woran die Trauben aufbewahrt werden, so einrichtet, daß sie bei dem häufig vorkommenden Ausputzen der Trauben bequem herausgenommen werden können und doch dabei festliegen. Die Querstäbe sind mit Drahthäkchen versehen, und die Trauben selbst werden mit Draht angehakt. Bedient man sich wie ein S gekrümmter Drahthäkchen, so brauchen keine am Gestell zu sein.

Fig. 40.

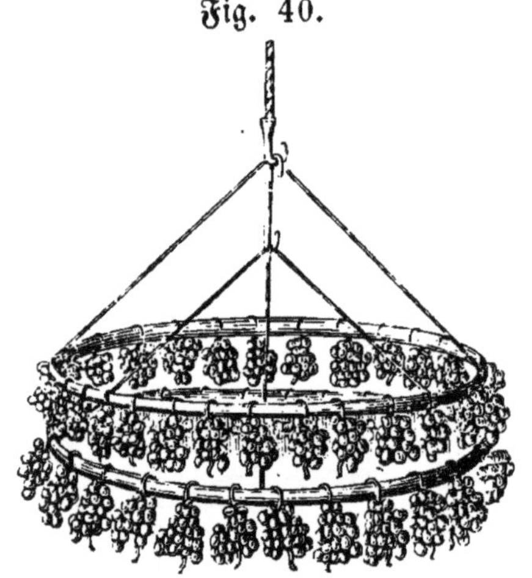

Auch Fig. 40 stellt ein zweckmäßiges Traubengestell von Reifen vor, das mit Leichtigkeit an jedem geeigneten Orte aufgehängt werden kann. Die Reifen können noch mit einem Kreuz versehen sein, wodurch sie haltbarer werden und noch mehr Platz für Trauben gewonnen wird.

Kann man einige Reben mit Trauben abschneiden, so halten sich die Trauben noch besser. Man stellt diese Reben in ein Medicinglas mit Wasser oder steckt sie in eine saftige Runkel oder Kartoffel. Auf diese Art kann man allerdings nur wenige Trauben aufbewahren. Ein ähnliches in Preßburg allgemein befolgtes Verfahren ist folgendes: Man bindet die schönsten Trauben, wenn die Beeren erst halb ausgewachsen sind, in Säcke von starkem Papier (Noten- oder Medianpapier). Im Herbst werden die Trauben herausgenommen, geputzt, ausgelüftet und wieder in den Sack gethan, der dann fest zugebunden und an Schnüre gehängt wird. Man braucht solche Trauben nur etwa alle 14 Tage nachzusehen und auszuputzen, während die frei aufgehängten mindestens jede Woche nachgesehen werden müssen.

An andern Orten ist es gebräuchlich, die Trauben in Steintöpfe mit trockner, roher, ungestampfter Hirse zu verpacken und zu verschicken. Auf diese Weise sind alle Trauben, welche nach St. Petersburg kommen, in Astrachan verpackt, und sie sollen stets frisch und saftig sein. — Andere Ausfüllungsstoffe sind Häcksel, grober Sand, Asche, Kalk, Buchweizenhülsen, Weizenkleie, grobe Sägespähne ohne Geruch u. s. w. Die so aufbewahrten Trauben bleiben saftiger und machen einmal verpackt keine Arbeit durch das Ausputzen. Der Füllstoff muß so zwischen die Beeren kommen, daß sie sich nicht berühren können. Leider hält es schwer, die Trauben vor dem Genuß von manchen der genannten Stoffe zu reinigen. Ich rathe allen Traubenliebhabern, es auf alle Arten zu versuchen, und diejenige beizubehalten, welche, bei wenigster Mühe, die besten Erfolge hat.

Alle aufzubewahrenden Trauben müssen vorher zubereitet werden, indem man mit der Scheere die zu dicht stehenden und die kleinen Beeren ausschneidet. Bei den Gutedelarten entfernt man nur die daran häufigen kleinen, weichen Beeren. Im Winter muß man die Trauben wöchentlich nachsehen und die schadhaften Beeren mit der Scheere ausschneiden. Werden die Beeren welk, so gibt man sich weiter keine Mühe damit.

Unter den Pflaumenarten eignet sich nur die gemeine Zwetsche, die Fellenberger oder italiänische Zwetsche und die härtesten späteren Pflaumen zur Aufbewahrung auf längere Zeit. Man empfiehlt, ganze Zweige abzuschneiden, zu entblättern und an einem kühlen, von der Luft abgeschlossenen Orte aufzubewahren, allein dies gelingt nur, wenn die Früchte am Stiel noch nicht welk sind Um eine größere Menge einige Wochen lang aufzubewahren, (denn länger als bis Ende November oder höchstens bis Weihnachten hält sich keine Pflaume,) legt man sie schichtenweise zwischen sehr trockenes Buchen- oder Birnlaub in Steintöpfe, bindet diese zu und vergräbt sie im trockenen Keller oder im Freien. Dies ist die einfachste Art, welche wenigstens nicht viel Arbeit macht, und eben so gut ist, als umständlichere Aufbewahrungsweisen.

Wallnüsse läßt man auf luftigen Kammern oder Böden liegen, bis die grüne Schaale trocken abspringt. Nachdem die Nüsse gereinigt, sind, füllt man sie vollständig trocken in Säcke, am in besten Netzsäcke. Hat man Platz, so ist es besser, sie auf Haufen liegen zu lassen, und zuweilen umzuwenden. Doch dürfen sie nicht frieren. Die sogenannten Pferdenüsse und andere sehr großfrüchtige Sorten, eignen sich nicht zum Aufbewahren, indem in unserm Klima die Fachwände zwischen den Kerntheilen nicht trocken werden und daher verschimmeln. Um die Kerne längere Zeit schälbar zu erhalten, legt man die Nüsse in feuchten Sand, und stellt sie in den Keller. Zur Haltbarkeit und Güte der Wallnüsse trägt besonders die vollkommene Reife bei, und man darf sie daher nur nach und nach abschütteln, so daß sie fast aus der Schale fallen. — Auch Kastanien müssen aus der Schale fallen und werden auf gleiche Weise geerntet und aufbewahrt. Ebenso Mandeln, wo sie in Menge gebaut werden können, Kastanien, Haselnüsse u. s. w. Alles Obst muß bei ganz trockenem Wetter abgenommen und eingebracht werden. Dies ist doppelt nothwendig, wenn die Früchte lange aufbewahrt werden müssen.

III. Verpackung des Obstes zur Versendung.

104. Obst muß sehr häufig weit verschickt werden, sei es zum Verkauf, sei es an den entfernt wohnenden Gartenbesitzer. Bei Aepfeln und härteren Birnen hat die Verpackung keine Schwierigkeit, denn man verschickt in Körben und Säcken, Fässern und Kisten. Fässer sind den Körben vorzuziehen, weil hier die Früchte ganz ungestört und unbeschädigt bleiben, Säcke hingegen nur für den gewöhnlichen Marktverkauf bei schon eßbaren Früchten zulässig. Will man die Früchte weit versenden, wie es z. B. aus den deutschen Häfen häufig nach Rußland, Schweden und Norwegen geschieht, besonders Borsdorfer Aepfel, oder vom südlichen Tyrol nach München u. s. w., so werden die einzelnen Früchte in weiches Papier gewickelt und so mit Papierschnitzeln, Torfmoos oder anderen Packstoffen vermischt in Kisten und Fässer verpackt. Bei weichen, saftigen Birnen muß dies schon auf kürzeren Versendungen geschehen, und bei weiteren Entfernungen ist es nöthig, die Zwischenräume noch mit weichen Packstoffen auszufüllen. Hierzu eignet sich ganz besonders trockenes Farrnkraut.

105. Aprikosen und Pfirsiche werden einige Tage vor der vollen Reife gepflückt, nämlich, wenn sie um den Stiel weich werden. Sollten sie 4—5 Tage unterwegs bleiben, so müssen sie auf der Stielseite noch etwas hart anzufühlen sein. Man pflückt und verpackt sie am besten Vormittag, wenn sie von der Sonne noch nicht heiß, aber ganz trocken sind. Ausgezeichnet große Früchte verpackt man einzeln, in flache Kistchen. z. B. ¼ Cigarrenkistchen und setzt mehrere zusammen in eine größere. Will man aber viel versenden, so kann man sich besondere Kisten mit mehreren einzulegenden leichten Zwischendeckeln, (die auch aus Pappe bestehen können) anfertigen. Jede Frucht wird einzeln in weiches Seidenpapier gewickelt und mit weichem Packstoff, am besten Baumwolle und feine Papierschnitzeln umgeben. Da der obere Theil dieser Früchte sehr leicht vom Druck leidet, so muß man alle Früchte auf den Stiel legen, und auf die Hauptkiste die Bezeichnung "oben" anbringen, damit sie wo möglich nicht verkehrt gestellt werden. Es ist überhaupt zweckmäßig, bei derartigen Früchten auf den Kisten die bei zerbrechlichen Waaren gebräuchlichen Bezeichnungen anzubringen. Gewöhnliche Marktfrüchte können zwischen weiches Farrnkraut oder weiches Grummet und Torfmoos verpackt werden, so daß viele Schichten auf einander kommen. Für kurze Versendungen, zumal, wenn sie getragen werden, genügt es auch, wenn man frische Blätter dazwischen legt. Wendet man zur Verpackung Moos oder Werg an, so müssen die Pfirsiche in Papier gewickelt werden, weil sonst das Abputzen zu lange aufhält. Da Pfirsiche und Aprikosen zum sofortigen Verkauf auf dem Markt reif sein müssen, so darf man bei schönen Früchten eine sorgfältige Verpackung nicht scheuen, weil beschädigte Früchte kaum verkäuflich sind. Man wird wohl thun, die Versendung stets einige Tage vor dem Verkauf (wenn dies auf dem Markte unmittelbar an die Verzehrer geschieht,) zu bewerkstelligen, und die Früchte im Verkaufsorte irgendwo einzustellen, damit sie nachreifen können.

106. Kirschen, Pflaumen, Stachelbeeren und Feigen, welche versendet werden, verpackt man am besten in starke aber locker geflochtene Körbe; Boden und Wände werden mit steifem Baumlaub belegt. Wenn die Früchte einige Zoll hoch geschichtet sind, so steckt man Ruthen von Weiden, Haselnüssen, oder andere Zweige in das Korbgeflecht, und spannt einige Stäbe über's Kreuz, so daß eine Zwi-

schenwand entsteht, durch welche der Druck vermindert wird. Zuletzt steckt man die Baumzweige dicht um den Korb biegt sie nieder und schnürt den Korb mit Bindfaden. Am besten eignen sich zum Verpacken die Zweige der ächten Kastanie, welche in Ländern, wo sie wächst, allgemein dazu verwendet werden. Bei uns muß man Buchen, Hainbuchen und ähnlich wachsende Zweige nehmen. Sollen wenige Kirschen oder Stachelbeeren von ausgezeichneter Beschaffenheit verpackt werden, so legt man sie einzeln auf Schichten von Watte zwischen weiches Seidenpapier und verpackt sie in Schachteln oder Kistchen. Es ist durchaus nöthig, die Verpackung so einzurichten, daß keine Frucht sich bewegen kann. Auf gleiche Weise werden Feigen verpackt, man thut jedoch wohl, jede einzeln in Seidenpapier zu wickeln, und nie viel auf einander zu legen, weil sie sehr schwer sind. Wendet man, was sehr anzurathen ist, wie bei den Pfirsichen, flache Kistchen oder höhere mit Zwischenboden an, so stellt man die Früchte auf den Kopf. Man kann die Feigen abnehmen, bevor sie vollkommen reif sind, weil solche, welche schon bis zum Stiel weich sind, sich nicht versenden lassen. In Italien pflückt man sie, wenn sich der obere Theil zunächst der Blüthe leicht eindrücken läßt, in den frühsten Morgenstunden. Außer an dieser Stile darf man Feigen nicht drücken, weil sie sonst sofort schlecht werden.

Mit den härteren Pflaumen macht man nicht so viel Umstände, sondern thut sie einfach in Körbe. Kommt es aber darauf an, den feineren Pflaumen das schöne, duftige, baumfrische Ansehen zu erhalten, so muß man sie mit derselben Vorsicht wie Pfirsiche verpacken. Man muß vorzüglich darauf sehen, daß durch sorgfältiges Umwickeln mit Papier der eigenthümliche Duft, besonders bei den blauen und rothen Sorten, nicht verwischt wird, denn eine glänzende Pflaume hat ihr Ansehen verloren. Da aber die Pflaumen ziemlich hart sind, so kann man auch von den größten Sorten viele Schichten übereinander legen. Besondere Sorgfalt erfordert die Reineclaude, da sie, um ganz vorzüglich zu sein, am Baum ganz reif werden muß und dann sehr weich ist. Man kann sie jedoch zum Marktverkauf einige Tage vor der vollkommenen Reife pflücken, ebenso die Aprikosenpflaumen und die rothe und violette Diapree. Andere Pflaumen müssen baumreif werden.

107. Weintrauben machen ziemliche Schwierigkeiten. Wesentlich nothwendig ist es, daß nie zu viele aufeinander drücken können,

daß man also für Zwischenwände und gute Ausfüllung sorgt. Für den Markt legt man blos Wein-, Kirschen- oder Kastanienblätter dazwischen und steckt zur Vorsorge in die Körbe alle 6—8 Zoll hoch Querstäbe, damit die oberen nicht drücken können, oder man nimmt ganz niedrige breite Körbe, oder packt auf Aepfel,- Birnen- und Pflaumenkörbe nur eine schwache Schicht Trauben. Die Weingärtner bei Paris (besonders aus der Gegend von Fontainebleau und Thomery) umwickeln die besseren Trauben mit weichem Papier, und legen sie zwischen weiches trockenes Farrnkraut, die für den gewöhnlichen Verkauf bestimmten, nur zwischen Farrnkraut. Auch Papierschnitzel sind gut zum Verpacken. Das sicherste Mittel, Weintrauben weit zu verschicken, besteht jedenfalls darin, die Trauben in Kisten mit trockenen Stoffen so auszufüllen, daß keine einen Druck auf die andere üben und sie berühren kann. Hierzu gibt es Stoffe genug, als roher ungeschälter Hirse, Buchweizen, Weizenkleie, Häcksel, Hülsen von Buchweizen, Sägespäne von Laubholz, alte leichte Sämereien u. s. w. Unter diesen ist nach der Erfahrung des Herrn Hofgärtners C. Fintelmann, (mitgetheilt in den Verhandlungen des Gartenbauvereins XI. Band) Hirse der beste Stoff, weil er sich in keiner Weise in die Trauben hängt, und sie beschmutzt. Auf diese Weise werden auch, wie oben angegeben, die Trauben aus Südrußland nach Petersburg in Steintöpfen verpackt. Buchwaizen müßte wohl dieselben Dienste thun, und wird so viel ich weiß, auch in Spanien, wo man große Massen von Weintrauben in unglasirten, steinernen Töpfen versendet, hierzu benutzt. Die Hirse oder der Buchwaizen, muß vorher gesiebt und gefegt werden, so daß sie ganz staubfrei sind. Herr Fintelmann giebt an, daß sie gewaschen und darauf gut getrocknet werden müssen, damit aller Staub herauskommt. Die Kisten, worin man Weintrauben so verpackt, dürfen nicht zu groß und hoch sein, weil sie sonst zu schwer werden, und die Verpackung unbequem ist. Nimmt man, wie in Spanien und Rußland Töpfe, so müssen diese sorgfältig in größere Kisten verpackt werden. Für Deutschland wird der überseeische Traubentransport wohl selten vorkommen, weßhalb Töpfe unnöthig und Kisten hinreichend sind, die Trauben werden vollkommen (auch zwischen den Beeren) trocken verpackt und sie müssen bei nassem Wetter vorher an luftigen Orten und, wenn nöthig, am Ofen getrocknet werden. Alle schadhaften Beeren werden sorgfältig beseitigt

Man schneidet am besten die Trauben gegen Abend und läßt sie bis zum andern Morgen gegen Thau geschützt an einem kühlen Orte liegen. Bei dem Einpacken verfährt man wie bei dem Trocknen der Blumen in Sand. Man streut nämlich erst etwas Hirse u. s. w. auf den Boden, legt dann eine Schicht Trauben ein, wobei die Zwischenräume mit kleinen Trauben ausgefüllt werden. Hierauf läßt man die Hirse in die Zwischenräume laufen und so fort bis die Kiste voll ist. Man kann auch die Kiste erst halb, flache Kisten ganz voll Trauben legen und dann Hirse einfüllen. Zuletzt muß man an den Seitenwänden tüchtig klopfen, damit alle Zwischenräume ausgefüllt werden, aber nicht stark aufstoßen. Es versteht sich, daß man nicht mehr einfüllt, als durchaus nöthig ist, damit die Verpackung nicht unnöthig theuer und schwer gemacht wird. Wenn man die Wahl hat, so nehme man zum Versenden hartbeerige Sorten, was natürlich nicht immer angeht. Die zu den besten Tafeltrauben gehörenden Gutedelsorten haben diese Eigenschaft, und sollten, wenn man die Trauben weit verschicken muß, vorzugsweise angepflanzt werden. Johannisbeeren werden ähnlich wie Weintrauben verpackt, so daß sie locker liegen, jedoch giebt man sich nicht die Mühe des Ausfüllens mit den oben genannten Stoffen. — Am schwierigsten sind Himbeeren und Maulbeeren. Man pflückt Früchte, die zur Tafel bestimmt sind, mit den Stielen, wobei man sich häufig einer Scherre bedienen muß. Manche Sorten, z. B. die gelbe Antwerpner und die Fastolf-Himbeeren, sowie die Maulbeeren halten sehr fest am Stiel, und diese sind darum zum Versenden vorzuziehen. Man legt auf den Boden der Kiste oder Schachtel die ganz flach sein muß, eine Schicht Watte, darauf Seidenpapier, dann die Früchte, dann wieder Papier und Watte. Will man viel in eine Kiste packen, so muß man Pappe oder leichte Brettchen dazwischen bringen, damit nie viele Früchte aufeinander drükken. Himbeeren zum Einkochen, verpackt man in Töpfe oder Kästchen von Blech, weil stets Saft davon läuft. —

Ich wiederhole noch einmal im Allgemeinen, daß alle zu versendenden Früchte völlig unbeschädigt sein müssen. Man untersuche sie darum genau, denn einige verletzte Früchte, besonders die saftigen, können viele andere verderben, und geben Veranlassung zu Beschwerden von Seiten der Empfänger. — Versendet man bei Kälte Obst, so muß überdies noch Sorge getragen werden, daß kein Frost eindringen kann. Die bei Kälte angekommenen Früchte, auch wenn sie nicht gefroren sind, bringe man nicht sogleich in einen warmen Raum, sondern lasse sie erst nach und nach eine wärmere Temperatur annehmen, weil sie sich sonst wewiger gut halten und leicht an Ansehen verlieren. Die zum Verpacken verwendeten Kisten dürfen nicht von Kiefernholz sein, weil dieses zu stark riecht, was sich den Früchten mittheilen kann.

IV. Benutzung des Obstes.

108. Die Benutzung des Obstes kann hier des beschränkten Raumes wegen nur angedeutet werden, und ich kann um so schneller darüber hinweggehen, da die meisten Obstbücher eine Menge von brauchbaren und unbrauchbaren Recepten enthalten. Es giebt auch Bücher, welche ausschließlich von der Obstbenutzung handeln. *) Wie mannichfaltig dieselbe ist, und wie wichtig für ganze Ortschaften und Gegenden eine zweckmäßige Obstbenutzung werden kann, wurde schon in der Einleitung gezeigt und durch Beispiele belegt. Ich hebe noch einmal hervor, wie vortheilhaft es wäre, wenn spekulative Kaufleute sich mehr auf den Handel mit Obst und der aus Obst bereiteten trockenen Waaren und Confituren legten. **) Besonders sollten sich auch die Apotheker auf dem Lande mit der Zubereitung von einigemachtem Obst, candirten Früchten, Confituren u. s. w. abgeben. Das Trinken von Aepfelwein nimmt auch immer mehr zu, besonders seit Herr Dr. Gall in Trier uns mit der Entsäuerung bekannt gemacht hat, und guter Aepfelwein ist ein stets gesuchter Handelsartikel.

Die Obstbenutzung zerfällt 1. In Verwendung von frischem Obst sowohl zum rohen Genuß, als auch für die Küche; 2. als Trocken- oder Welkobst, 3. als Most oder Wein (Cyder) und Essig, 4. als

*) Das vollkommenste und brauchbarste Buch dieser Art ist „die Obstbenutzung" von E. Lucas, (Stuttgart 1856), worin auch Anleitung zur Auswahl, zum Abnehmen und Aufbewahren u. s. w. gegeben wird.

**) Als Beispiel führe ich unter vielen andern Orten die kleine Stadt Wernigerode am Harz an, wo es mehrere Fabriken von Confituren, namentlich aus Himbeeren giebt.

Branntweinzusatz (Liqueure), 5. zu Muß, Latwerg u. s. w. Hierunter ist das trockne Schalen- und Kapselobst noch nicht mit begriffen, 6. zum Einmachen oder sogenannten Confituren.

Die Hauptsache ist, daß man die zu den verschiedenen Zwecken tauglichsten Sorten kennt, anbaut und benutzt. Es giebt gutes Obst, das gleich gut roh zu essen, zum Kochen, Trocknen und zu Wein ist, z. B. der Winterborsdorfer. Ich habe im II. Abschnitt von 20—26 bereits viele zu Most, zum Trocknen, zu Muß tauglichsten Sorten aufgezählt und bemerke, daß Sorten, die zum Trocknen vorzüglich sind, auch frisch zum Kochen und als Muß vortrefflich sind. Dem Gartenbesitzer oder Hausfrau bleibt es überlassen, besondere Lieblingssorten zu diesem oder jenem Gebrauch auszuwählen.

Elfter Abschnitt.

Kultureigenthümlichkeiten der einzelnen Obstarten.

In diesem Abschnitte werde ich die hauptsächlichsten Kulturregeln für die einzelnen Obstarten übersichtlich zusammenstellen und zugleich das bisher noch nicht erwähnte nachholen.

A. Kernobst.

1. Der Apfelbaum.

109. Dies ist der wichtigste aller Obstbäume und bildet auch gewöhnlich in den meisten Pflanzungen ²/₃ aller Bäume. Ueber die Sorten, sowie über Pflanzung in den verschiedensten Verhältnissen war schon ausführlich die Rede. Der Apfelbaum eignet sich außer zu Hochstämmen, auf Splittapfel (Johannisstamm) und schwachwüchsige Wildlinge veredelt zu

Halbhochstämmen oder Kessel- (Becher-, Kugel-) Bäumen und auf Paradiesstamm veredelt zu eigentlichen Zwergstämmen. Auf Paradiesstamm werden alle Sorten schöner und schmackhafter; doch kultivirt man nur die feineren auf diese Art.

Am Spalier zieht man nur seltene Apfelbäume, und zwar in den meisten Gegenden Deutschlands an halbnördlichen oder östlichen und westlichen Mauern. Für rauhe Gegenden ist dagegen die Kultur an südlichen Mauern sehr zu empfehlen. An hohen Mauern tragen so die Apfelbäume meist sehr reich. Zu Pyramiden eignen sich die Apfelbäume wegen ihres breiten Wuchses nicht gut, weil sie, um die Form zu erhalten, zu viel geschnitten werden müssen, und in Folge stark in das Holz wachsen. Wenn man noch andere Obstarten zu pflanzen hat, so bringe man die hochstämmigen Apfelbäume in die höheren Lagen. Der Paradies-Zwergstamm verlangt guten lockeren Boden. Von der Erziehung und Behandlung des Zwergapfel-, des Kessel-, oder Becherbaumes und der Pyramide ist schon im dritten Bändchen dieses Werkes Seite 88—90 und 80—83 ausführlich die Rede gewesen. Am Spalier ist die Herzstammform zu empfehlen, wozu im dritten Bändchen Seite 84—88 für den Birnbaum genaue Anweisung gegeben wurde, die fast ganz auf den Apfelbaum anwendbar ist. Man schneidet bei ausgebildeten Bäumen so wenig als möglich, nämlich blos den Leitzweig jedes Astes, damit die unteren Augen austreiben und keine kahlen Stellen entstehen. Ferner schneidet man alle schlechtstehenden Triebe und die Wasserreiser weg, schont jedoch die letzteren, wenn damit eine kahle Stelle bekleidet werden kann. Das Spalier immer dicht belaubt und überall mit Fruchtholz bekleidet zu erhalten, ist die Hauptsorge. Das Fruchtholz trägt viele Jahre nacheinander, aber zuletzt erschöpft es sich, und dann müssen neue Aeste herangezogen werden. Man nimmt zu Spalieren nur die schwachwüchsigen, frühtragbar werdenden Sorten, als: die französische Goldreinette, die Muscatreinette, die große englische Reinette; den weißen Wintercalvill, den Veilchenapfel, den großen Api, (Apile gros) Kaiser Alexander, Annanasreinette, große Kasseler Reinette (Reinette de Newyork) Kurzstiel, (Court-pendu), Carmelitter-Reinette, Reinette von Canada (Lothringer), Dietzer Mandelreinette (Amande rouge), engl. Wintergoldparmäne, Fenchelapfel (Fenouilett gris), Hausmütterchen (Mènagére), Zikatapfel (Eisapfel, Pomme d'Astrachan).

Pariser Rambourreinette (Reinette Rambour), Van Monsreinette (Reinette Van Mons), Taubenapfel, (Pigeon). Goldpepping, Reinette von Breda, Winterrosenapfel ꝛc.

Ich bemerke noch, daß der auf Paradies veredelte Apfelbaum sich ausgezeichnet für die Erziehung im Topfe eignet, wozu ich im ersten Bändchen Seite 114—116 hinreichende Anleitung gegeben. Die Behandlung ist im Allgemeinen die der Zwergäpfel im Freien, wovon das dritte Bändchen eine genaue Anleitung enthält. Man muß die verschiedenen Sorten länger und kürzer schneiden, nämlich die mit starken Trieben lang, die mit schwachen, welche gewöhnlich auch die früh und häufig tragenden Sorten sind, kurz. Die Bäumchen werden alle 5 Jahre verpflanzt, wobei sie, wie nöthig, größere Töpfe bekommen, und werden jedes Jahr mit sehr düngerreicher, etwas schwerer Erde aufgefüllt, indem man die obere Erde einige Zoll hoch beseitigt. So lange die Bäume im Wachsthum begriffen sind, erhalten sie alle 14 Tage einen kräftigen Düngerguß. Man läßt nur 10—12 größere oder 15—20 kleinere Früchte an ausgebildeten Topfbäumen. *)

2. Der Birnbaum.

110. Auch über den Birnbaum ist wenig mehr zu sagen, da über die Hochstämme bereits in diesem, über die Pyramiden- und Spalierbäume in dem dritten Bändchen ausführlich die Rede war. Der Birnbaum liebt tiefen Boden, und die feineren Sorten kommen nicht so gut unter ungünstigen Verhältnissen und in rauhen Lagen fort, als die Apfelbäume,aber gleichwohl vertragen einige harte Sorten mehr, als irgend ein Apfel, und der Birnbaum kommt auch auf felsigem, schlechtem Boden fort, wenn die Wurzeln nur in die Tiefe kommen. Im Topf zieht man die Bäumchen mehr pyramidenförmig, weil diese Form der Natur des Birnbaumes am angemessensten ist. Man darf bei den Formbirnbäumen das Entspitzen der jungen Triebe im Sommer nicht unterlassen. Der Birnbaum eignet sich vortrefflich für das Spalier. Manche Sorten werden nur an Mauern wirklich vollkommen, die meisten bringen dann bessere Früchte. Sehr zweckmäßig sind auch sogenannte Hochspaliere, wo

*) Was hier über die Topfbäume gesagt wird und schon im ersten Bändchen gesagt worden ist, gilt mit geringen Ausnahmen auch für alle übrigen Obsttopfbäume.

der Baum einen Stamm von 5—6 Fuß Höhe hat. Zu Hochspalieren wählt man auf Wildling veredelte, an niedrige Mauern auf Quitten veredelte Bäume. Bei Spalierbäumen ist die Form, welche man Herzstamm nennt, als die geeignetste für den Birnbaum erkannt worden. Gewöhnliche Fächerspaliere werden nach Art der Pfirsichbäume gezogen, jedoch viel weniger umständlich und in viel kürzerer Zeit. Ich verweise auf die im dritten Bändchen gegebene Anweisung zum Schnitt der Pyramidenbäume, die, nur mit dem Unterschied, daß die Aeste am Spalier gezogen werden, in der Hauptsache auch hier anwendbar ist. Es eignen sich die meisten für Pyramiden geeignete Sorten auch für das Spalier, manche jedoch vorzugsweise für Spaliere. Die hierzu am besten geeigneten Sorten sind alle feineren, jedoch werden auch viele an Hochstämmen gut gedeihende Sorten am Spalier noch viel besser, und Frühbirnen viel früher. Vorzugsweise pflanze man die besten Winterbirnen und einige Frühbirnen an das Spalier. Folgende Sorten können hierzu allgemein empfohlen werden: die weiße und graue Herbstbutterbirne, (Beurre blanc und B. gris), B. gris d'automne, B. gris d'hiver nouveau. Bon chrétien d'hiver (Wintergutechristenbirne), Bon chrétien d'Auch, Bezy de Chaumontel, Colmar d'hiver, Epargne (Sparbirne) Ferdinand de Mestre, Messire Jean (Junkerhannsbirne), kleine deutsche Muscateller, (Muscat á long), Orpheline d'Enghien, Arbre courbré, Saint Germain, (Herrmannsbirne) Saint Germain panaché, Fondante de Malines, Bergamote de Soulers, B. de Pâques, punctirter Sommerdorn, Winterdorn, Doyenné d'été Sommer-Dechantsbirne, Forellenbirne, Diels Butterbirne, Napoleon's Butterbirne (Beurré Napoleon), Kronprinz Ferdinand von Oesterreich, Grüne Hoyerswerder, Sommer-Magdalena, Preuls Colmer, Colomas köstliche Winterbirne 2c.

3. Der Quittenstrauch.

111. Es giebt sogenannte Apfelquitten, mit rundlicher, apfelförmiger Frucht und Birnquitten, mit birnförmiger Frucht. Die letzteren werden für besser gehalten und daher vorzugsweise angepflanzt. Die schätzbarste Sorte ist die portugiesische Birnquitte. Der Strauch wächst stärker und kann zu kleinen Bäumen gezogen werden, hat breitere Blätter und große, saftige, wilde Früchte, die gekocht oder gebacken, schön roth aussehen. Sie verlangt indessen einen guten warmen Standort, um

gute Früchte zu bringen. Will man in rauhen Gegenden Früchte von vorzüglicher Güte haben, so muß man die Quitte an eine sonnige Mauer pflanzen und als Spalier behandeln oder wenigstens die Büsche nahe an die Mauer bringen. Man kann auch Quittenhochstämmchen durch Veredeln auf Birnstämme heranziehen. Wenn einmal die Krone gebildet ist, so läßt man den Bäumchen und Sträuchen volle Freiheit zu wachsen und schneidet blos zu dicht stehendes Holz heraus. Die Früchte werden erst im November lagerreif, d. h. sie bekommen dann erst, wenn sie in ein Zimmer kommen, den schöneren Geruch und Geschmack, der sie in der Küche so schätzbar macht. Man läßt sie bis Ende Oktober, überhaupt so lange das Wetter noch warm und trocken ist, am Baume hängen, denn sie fallen auch bei den stärksten Stürmen nicht ab. Gewöhnlich werden die Quitten nicht lange aufbewahrt, sondern bald eingekocht. Um indessen auch später zu Marmeladen zwischen Aepfelbrei u. s. w. Quitten zu haben, hebt man sie in einem trockenen, frostfreien Zimmer auf. Im Obstkeller halten sie sich nicht gut.

4. Der Mispelstrauch

112. wird fast ganz wie die Quitte behandelt und angepflanzt, begnügt sich jedoch mit einem schlechteren Standort, und wird nicht an das Spalier gebracht. Man pflanzt Sträucher an die Ränder und in die Ecken des Gartens, oder Bäumchen in regelmäßiger Vertheilung zwischen andere Obstbäume. Bäumchen, die wie die Quitten 12—15 Fuß hoch werden, erzieht man, indem man sie auf Weißdorn oder noch besser auf Birnbaum veredelt. Man zieht außer der kleinfrüchtigen wilden Mispel, die große Gartenmispel, sowie eine kleine Mispel mit rothem Fleisch und die gemeine Mispel mit gelbbunten Blättern. Man läßt die Mispel ebenfalls lange am Strauche und nimmt sie nach und nach ab, damit nicht alle auf einmal weich werden. Will man sie schnell weich (moll oder teich), so legt man sie in Waizenkleie, andere in Stroh, wo die ersteren schon nach 8—14 Tagen weich werden.

5. Die Hanebuttenbirne.

113. So nennt man einen in Elsaß zufällig gefundenen, Pyrus Polveria genannten Fruchtbaum von 30—40 Fuß Höhe, mit wolligen, dem Apfelbaum ähnlichen Blättern und kleinen birnförmigen in Büschel

beisammen sitzenden, süß, aber etwas fad schmeckenden Früchten. Die Früchte sind mehr ein Naschwerk für Kinder und dienen zum Ausputz von Fruchttellern, die sie sehr zieren, denn sie sehen goldgelb und auf der Sonnenseite roth aus. Man behandelt den Baum ganz wie einen Apfel- oder Birnbaum und pflanzt ihn durch Veredelung auf Birnen fort.

6. Die Azerole oder welsche Mispel.

114. Die Azeroläpfelchen oder welschen Mispeln sind im südlichen Europa beliebt und werden auch hie und da in den deutschen Weingegenden gefunden. Dieser Baum (Crataegus Azarolus) wird nur 15 Fuß hoch, und die Früchte sind wie die des Weißdorns geformt und werden früh gegessen. Diese Frucht ist nur dem Sammler und Liebhaber der verschiedensten Fruchtarten zu empfehlen. Der Baum verlangt eine gute warme Lage. Ganz ähnlich verhält es sich mit den beiden folgenden.

7. Der Speierling- oder Escheritzenbaum
und
8. Der Schneebirnbaum.

115. Der Speierling (Sorbus domestica) gleicht der gemeinen Vogelbeere oder Eberesche, hat jedoch größere Früchte von angenehm säuerlichem Geschmack. Diese Früchte sind entweder birnförmig und heißen dann Spierbirnen, oder apfelförmig, wo sie dann Spieräpfel heißen. Man ißt die Früchte nur teig. Die Frucht ist eine Zierde des Gartens und des Fruchttellers; die Schneebirne (Pyrus nivalis) scheint nur in Oestreich bekannt zu sein, wo man sie in Weinbergen durch Veredlung auf Birnen fortpflanzt. Die Frucht wird ebenfalls teig gegessen, und reift erst wenn Schnee fällt, woher wohl der Name. Beide Obstbäume werden gegen 30 Fuß hoch und verlangen keine besondere Pflege, indem man sie, wie andere Hochstämme behandelt.

9. Der Elzbeer- oder Darmbeerbaum.

116. Den Liebhabern teiger Früchte ist noch der Elzbeerbaum (Crataegus v. Pyrus torminalis), auch Adelsbeerbaum genannt, besonders zu empfehlen, da die Elzbeeren den Mispeln an Geschmack fast

gleichkommen. Der Baum wird 50—60 Fuß hoch, trägt aber schon jung und gedeiht auf dem schlechtesten Boden, besonders auch auf Felsen. Die braunen Früchte sitzen büschelweise beisammen, werden im November eßbar, wo sie in Gegenden, wo sie häufig wild wachsen, oder angepflanzt sind, mit den Zweigen oder auf Reischen gebunden, zu Markte gebracht. In den kleinen Obstgarten eignet sich dieser Baum seiner Größe wegen nicht. Für den Park und Ziergarten ist er dagegen sehr zu empfehlen, um so mehr, da dieser schöne Baum im Herbst prächtig rothe Blätter bekommt. Er bedarf keiner Pflege und wächst auch im Schatten zwischen anderen Bäumen, trägt aber da allerdings nicht so reichlich. Sein schön schwarz geflammtes Holz ist sehr gesucht.

B. Steinobst.

10. Pflaumen.

117. Der Pflaumenbaum ist nicht minder wichtig, als Kernobstbäume, weil die Frucht getrocknet unter allen Obstarten am meisten gesucht wird, und in den Handel kommt. Die Bäume werden früh tragbar, und sind in geeigneten Gegenden und Lagen meistens sehr fruchtbar, eine Eigenschaft, die besonders manche Sorten besitzen, zu denen allerdings die gemeine Hauspflaume oder Zwetsche nicht gehört, da sie selten jedes Jahr, aber dann gewöhnlich auch sehr reichlich trägt. Es kommt bei den Pflaumen noch mehr, als bei Kernobst, auf eine richtige Wahl der Sorten an, denn viele sind südlichen Ursprungs und gedeihen nur in der ersten Region (Weingegenden s. §. 15) als Hochstämme gut, viele andere verlangen in der II. Region schon, eine geschützte Lage zwischen Gebäuden und Bergen, und nur wenige gedeihen in der III. Region gut, wie bereits im zweiten Abschnitte ausführlich erwähnt wurde. Die Mehrzahl der Pflaumenbäume bilden die Zwetschen, eine wahre deutsche Nationalfrucht, die schon in den wärmsten Lagen nicht mehr so vorzüglich ist, als in Waizengegenden. Es giebt jedoch noch viele andere Pflaumenarten, die mehr Berücksichtigung verdienen, weil sie regelmäßiger tragen und zum Trocknen eben so gut als Zwetschen, manche noch besser sind, wie §. 15 bereits erwähnt wurde. Die

Pflaumen, besonders Zwetschen, gedeihen noch auf feuchten Plätzen, wo sonst andere Obstbäume nicht fortkommen. Es sind, mit Ausnahme der spät reifenden Zwetschen, Hausgartenbäume, weil sie nicht groß werden und die meisten früh reifen. Es eignen sich indessen auch andere Sorten in das freie Feld, wenn solche von gleicher Reifezeit zusammen gepflanzt werden. Am Spalier werden alle Pflaumensorten noch vorzüglicher, als an freistehenden Stämmen, und in den Gegenden der zweiten Region erreichen schon manche Sorten, in der dritten viele andere Sorten, nur an Mauern ihre ganze Vollkommenheit und Güte, während in der vierten Region selbst die Zwetschen nur an südlichen Mauern wohlschmeckend werden. Der Schnitt ist von dem des Aprikosenbaumes kaum verschieden. Die Hauptsache ist, daß man im Sommer fleißig entspitzt, damit man stets kurze Zweige bekommt, und im Frühjahr nur die überflüssigen Zweige ausschneiden und kahle Zweige zurück zu schneiden braucht, damit das Spalier ganz voll ist. Die schon oft erwähnte Spalierform, auf Herzstamm genannt, ist auch für den Pflaumenbaum vorzüglich geeignet. Hochspaliere mit einem 5—6 Fuß hohen Stamm, sind besser und tragbarer als Bäume, die sich sogleich von unten aus verästen. Unter den Sorten, welche in den meisten Gegenden Deutschlands nur an südlichen Mauern ihre volle Güte erreichen, nenne ich folgende:

Coë's Goldentrop, Drap d'or, (doppelte Mirabelle) die gelbe und rothe Eierpflaume (besonders die gelbe, welche schwer reift), Jefferson, Imperatrice de Milan violettte, Jerusalempflaume, Waterloopflaume, Saint-Martin (die späteste aller Pflaumen), Oktoberpflaume. Die Reineclaude verdient überall einen Platz am Spalier. Auch die freistehenden Bäume im Hausgarten werden häufig beschnitten, um ihnen eine schöne Form zu geben und sie stets jung zu erhalten; doch tragen sie in diesem Falle weniger, allerdings aber größere Früchte. An jungem Holze, welches Früchte trägt, schneidet man nur das zu dicht stehende aus. Werden die Pflaumenbäume älter, und bringen seltenere und kleinere Früchte, so müssen sie verjüngt werden, wie §. 67 angegeben wurde, und aus den zahlreichen jungen Trieben muß man die am besten stehenden zur Bildung einer neuen Krone oder eines neuen Spaliers auswählen und beibehalten, die übrigen aber vernichten. Die Pflaumen machen viele Ausläufer, die man immer rechtzeitig entfernen muß. Dieselben dienen als wilde Stämme um andere darauf zu veredeln. Mehrere Sorten,

z. B. die gemeine und mehrere andere Sorten Zwetschen, die Agener Pflaume (Prune d'Agen oder Rob de Sergeant), pflanzen sich ächt durch Ausläufer, manche, z. B. alle Damascenerpflaumen und Zwetschen, aus Saamen ziemlich rein fort.

11. Der Kirschbaum.

118. Man theilt die Kirschen in Süßkirschen und Sauerkirschen oder Weichseln. Eine dazwischen stehende Gruppe, die Süßweichseln und Amarellen ziehen die Einen zu den Süßkirschen, Andere zu den Weichseln, und sie stehen bald den einen oder den andern näher. Da über Kirschbäume im allgemeinen Theile schon öfter die Rede war, so will ich nur noch Abweichungen anführen. Diese betreffen zunächst die Ostheimer Weichsel oder Zwergkirsche. Dies ist die niedrigste aller Kirscharten, trägt schon an Bäumen von 2 Fuß Höhe und wird, sich selbst überlassen, selten über 4—5 hoch. Die Frucht ist bekanntlich eine der besten unter den Sauerkirschen, sehr groß und von angenehmer, schwacher Säure. Diese Kirsche kann nicht genug empfohlen werden, sowohl für Obstgärten, als für geeignete Plätze im freien Felde an sonnigen, warmen Abhängen, vorzüglich in sandigem Lehmboden und in Kalkboden, mag er auch sonst steinig und schlecht sein wie es z. B. bei Ostheim in Franken, wovon diese Kirsche den Namen hat, der Fall ist.*) Ich will hier erst die wilde Kultur, dann die Gartenkultur mit Schnitt erwähnen.

119. Man rigolt wo möglich das ganze Land 2 Fuß tief und bepflanzt es mit auf 6—8 Augen zurückgeschnittenen Wurzelausläufern, durch die sich bekanntlich diese Sorte ächt fortpflanzt. Wenn der Boden dazwischen anbauungsfähig ist, so ist es gut, ihn in den ersten Jahren zu düngen und mit Hackfrüchten zu bebauen. Ist der Boden hierzu untauglich, so ist Esparsette am besten, die auch in kalkhaltigem Boden, gleich dieser Kirsche, sehr gut gedeiht. Auch Apothekerkräuter verschiedener Art sah ich schon zwischen Ostheimer Kirschpflanzungen kultiviren.

---

*) Die Ostheimer Kirsche wurde durch den Arzt Klinghammer 1714 aus dem Sierra-Morena-Gebirge in Spanien nach dem Weimarischen Städtchen Ostheim verpflanzt, und von dort weiter verbreitet. Noch sind ansehnliche Pflanzungen davon vorhanden, jedoch so verwildert, daß sie nicht halb so viel eintragen, als der Fall sein könnte.

Um jedes Stämmchen muß jedoch eine Baumscheibe von 3 Fuß Durchmesser locker und von Unkraut rein erhalten werden. Die schon nach einigen Jahren erscheinenden Wurzelausläufer werden beseitigt und weiter verwendet. Nach drei Jahren tragen die Bäumchen schon, und nach zehn Jahren sind sie bereits so erschöpft, daß sie seltener tragen und kleinere bittere Früchte bringen. Nach achtjährigem Bestehen läßt man die Wurzelausläufer wachsen, und beseitigt nur die zu dicht stehenden. Es sind also um die Zeit der Erschöpfung meistens schon zahlreiche junge Stämmchen vorhanden. Man haut nun die alten Stämme dicht am Boden ab und wählt von den jungen die schönsten, in ziemlich richtiger Entfernung stehenden, zur Anzucht aus und entfernt die übrigen. Die jungen, ungestört bleibenden Bäumchen tragen schon im folgenden Jahre wieder. Sind keine oder wenige Ausläufer vorhanden, so schneidet man die Bäumchen blos auf altes Holz zurück, wie ich es weiter unten bei der Gartenkultur angeben werde. Man hat indessen nicht zu fürchten, daß die Anlage durch das Abhauen der Stämme eingeht, denn nachdem dies geschehen, erzeugen sich gewiß Ausläufer. Man darf aber nicht die ganze Pflanzung auf einmal abtreiben und richtet förmliche Schläge ein, von denen alljährlich einer vorgenommen wird, so daß die Pflanzung immer jung und tragbar bleibt. Wenn die Verjüngung auf diese Art öfter wiederholt wird, so wird die Anlage natürlich völlig wild, weil die Ausläufer unregelmäßig stehen. In diesem Falle muß man zu einer neuen Anlage schreiten, und es ist am besten, den Platz zu wechseln, oder einige Jahre brach liegen zu lassen oder für andere Pflanzen zu benutzen. Da Haselnüsse unter denselben Verhältnissen gedeihen, so läßt sich ein Wechsel mit diesen Sträuchen sehr gut einrichten. Auch Beerenfrüchte, namentlich Stachel- und Johannisbeeren eigenen sich gut zum Wechsel mit Ostheimer Kirschen, wenn der Boden gut genug dazu ist. — Da die Ostheimer Kirschen auch in Rasenboden ziemlich gut fort kommen, so eigenen sie sich auch vorzüglich in solche Ziergärten, wo man zugleich etwas Nutzen haben will, und in dem verzierten Obstgarten bilden sie schöne Gebüsche, die durch ihre frühe Blüthe und schöne Früchte erfreuen. Auf Rasenhängen, welche sehr von Sonnenbrand leiden, verbessern sie sogar den Graswuchs. Ich bepflanzte einen kahlen Abhang, an dem sonst das Gras so verbrannte, daß es nicht zu mähen war, ziemlich dicht mit Zwergweichseln und baue seitdem schönes Gras. Kirschen habe ich allerdings noch nicht viel geerntet, aber nur deßhalb, weil es eine dem Frost sehr ausgesetzte Lage ist.

Will man Ostheimer Zwergweichseln im Hausgarten in Pyramiden- oder Kugelform oder am Spalier ziehen, so pflanzt man Bäumchen, die schon zwei Jahre in der Baumschule gestanden und die passende Form haben, auf Rabatten und Beete allein, oder mit andern Obstarten abwechselnd, (am besten mit hochstämmigen Pflaumen- oder Aprikosenbäumen), jedoch nicht unter 10 Fuß Entfernung, wenn nur Kirschen gepflanzt werden. Bei dem Beschneiden sieht man blos auf die Form, wozu sich am besten die Kugelform eignet, und schneidet das zu dicht stehende Holz heraus. Da aber der Frühjahrsschnitt stets stärkeren Holztrieb zur Folge hat, so ist es besser, im Sommer zu beschneiden und die langen Triebe einzuspitzen. Diese Bäume werden sehr dicht, und müssen, wenn die Frucht darunter nicht leiden soll, ausgeschnitten werden. Da der Gartenboden besser ist, als der Feld- und Bergboden und gedüngt wird, so erschöpfen sich die Kirschbäume, die so schön werden, daß sie eine große Gartenzierde bilden, nicht so frühzeitig, als in den wilden Anlagen. Ist dies aber der Fall, so schneidet man alte Aeste so nahe am Stamm ab, daß die Form am besten gewahrt bleibt. Dies schadet den Ostheimer- und andern Weichseln meistens nicht, während es bei Süßkirschen den Harzfluß und Tod zur Folge hat. Noch in demselben Jahre bildet der abgeworfene Baum zahllose lange gerade Triebe, so daß er vollkommen verjüngt ist. Da deren viel mehr erscheinen, als bleiben können, so thut man wohl, die zu dicht stehenden schon in der Jugend abzudrücken, wodurch die andern stärker werden. Nach Johanni kneipt man an den längeren Trieben die Spitzen ab. Im folgenden Jahre tragen die Bäume schon wieder einzelne Kirschen, im zweiten Jahre aber in größter Fülle. Man richtet es so ein, daß alljährlich einige Bäume verjüngt werden. Ich empfehle diese Kirschen-Kultur allen Besitzern kleiner Gärten auf das Dringendste.

Am Spalier behandelt man die Ostheimer Kirschen ganz ähnlich und hält es auch so mit dem Verjüngen. Niedrige Mauern und Plätze unter Fenstern kann man nicht besser benutzen, als zu Kirschspalieren, der Ostheimer Art. An schattige höhere Mauern pflanzt man mehrere Sorten Amarellen, die deßhalb auch den Namen Schattenamarellen führen, und ihre Früchte sehr spät reifen, was bei Kirschen sehr schätzbar ist. Zu Hochspalieren an Gebäuden nimmt man Süßweichseln und Glaskirschen. Diese dürfen jedoch nur mit größter Vorsicht geschnitten werden, um die Mauer zu bedecken, wenn kahle Stellen entstehen sollten. Das Beste muß der Sommerschnitt nach Johanni thun, wobei man die Triebe um ein Drittel oder die Hälfte verkürzt. Solche Hochspaliere, wozu man gerne sehr frühe Sorten nimmt, z. B, die sogenannten Maikirschen, Herzogskirschen u. s. w., tragen meistens ungewöhnlich reichlich und erfreuen um 8—14 Tage früher, als die Kirschen aus dem Freien. Als Alleebäume sind die Kirchheimer Weichsel, eine aus Wurzelausläufern sich fortpflanzende gewöhnliche, aber gute, für das Haus, zum Verkauf und Trocknen sehr geeignete Sorte, besonders zu empfehlen, weil sie einen sehr großen Baum bildet, fast immer gesund ist und ziemlich spät blüht, in rauhen Lagen also auch selten dem Erfrieren der Blüthen ausgesetzt ist. — In das Feld darf man keine Kirschen pflanzen, höchstens spät reifende Sauerkirschen, weil sonst bei dem Pflücken die Erndte beschädigt wird.

12. Der Aprikosenbaum.

120. Dieser eignet sich als Hochstamm, wie schon mehrmals erwähnt wurde, nur für die besten Weingegenden, in dem gewöhnlichen Obstgarten, in der zweiten und dritten Region nur für sehr warme geschützte Lagen zwischen Gebäuden und Bergen, außerdem aber nur an hohe Mauern. Bekanntlich sind die Aprikosen von Hochstämmen schmackhafter, obschon kleiner als von Spalierbäumen, aber man muß auch Bäume am Spalier haben, weil die Blüthen von Hochstämmen leider zu oft erfrieren. Zu Hochstämmen eignen sich alle Sorten, doch sind, namentlich für die zweite und dritte Region hauptsächlich Kernstämme, d. h. aus Steinen von guten Aprikosen erzogene Bäume, zu empfehlen, da diese mehr aushalten, als die veredelten. Einige gute Sorten, z. B. die Aprikose von Nancy (Apricot de Nancy oder A. Pêche), die holländische oder Ananasaprikose (A. de Hollande), pflanzen sich aus Saamen ächt fort. Zu Spalieren eignen sich nicht alle Sorten, am besten die Aprikose von Nancy, die Frühaprikose (A. précoce), die gemeine weiße Aprikose, die Muskatelleraprikose (A. musqué hâtive) die neue Elsäßer und die Zwergaprikose (A. naine).

Man kann die Aprikosenhochstämme im Schnitt erhalten, oder wie andere Obstbäume unbeschnitten lassen und blos ausputzen. Im ersteren Falle sind die Früchte größer und schöner, als an unbeschnittenen Bäumen, von welchen man meist nur kleine unansehnliche Früchte erntet. auch werden die unbeschnittenen Aprikosenbäume leicht von unten auf kahl. Man beschränkt sich bei dem Beschneiden jedoch auf das Zurückschneiden der längeren Triebe um $^1/_3$ ihrer Länge und Beseitigen des schwachen Holzes. Der Schnitt der Aprikosen am Spalier wurde schon im III. Bändchen (Seite 137—138) erwähnt, und ich wiederhole noch einmal, daß der Sommerschnitt hierbei dringend nothwendig ist, damit größere Wunden erspart werden, und weil nach dem Frühjahrschnitt der Baum zu sehr in's Holz wächst. — Die Aprikosen hängen sich oft so voll, daß es zweckmäßig ist, einen Theil davon klein auszubrechen, besonders an unbeschnittenen Bäumen. — Der Aprikosenbaum kann wie der Pflaumenbaum durch Abwerfen der Aeste verjüngt werden, doch geht er oft dabei zu Grunde.

13. Der Pfirsichbaum.

121. Der Pfirsichbaum gehört vorzugsweise an das Spalier und ist in dieser Form bereits im dritten Bändchen ausführlich besprochen worden. Als Hochstamm gedeiht er nur in den ausgezeichnetsten Lagen der ersten Region. In Deutschland werden nur in Südtyrol ausgezeichnete Pfirsiche als Hochstämme gezogen, und ich will daher die dort gebräuchliche einfache Kultur nach der Mittheilung des Herrn von Zallinger in Botzen in der Zeitschrift für Pomologie (Seite 181—184) im Auszuge mittheilen. Auf dieselbe Weise werden die Pfirsichbäume auch in Nordamerika und im südlichen Europa u. s. w. kultivirt.

Man zieht fast ohne Ausnahme die Bäume aus Steinen, die oft in Weingärten zufällig aufwachsen, wo ein Stein hinfällt. Manche Sorten pflanzen sich so ächt fort, die meisten arten aus, sind aber dennoch meist gut. Wo man mehr Sorgfalt darauf verwendet, werden sie reihenweise zwischen Weinreben gezogen. Man pflanzt die Bäumchen, wenn sie nicht an Ort und Stelle gesäet werden, oft noch mit dem daran hängenden Steine, spätestens aber ein Jahr nach der Aussaat. Sie werden in guten Boden in einem Jahre 5 Fuß hoch. Im dritten Jahre sind die Bäume meist tragbar und 10—12 Fuß hoch. Beschnitten werden sie fast nie; doch könnte der Erfolg nur ausgezeichnet sein, wenn man die Hauptregeln des Spalierbaumschnittes auch bei den Hochstämmen anwendete. Nach 10—12 Jahren ist der Baum schon erschöpft und man zieht einen jungen an. — In Deutschland möchte es wenige Gegenden geben, wo sich diese Kultur nachahmen ließe. Gleichwohl verdient die Anzucht aus Steinen Nachahmung, da die so gezogenen Bäume gewiß viel dauerhaufter sind, als die veredelten. Daß in gutem Boden und warmen Lagen Pfirsichbäume auch in Mitteldeutschlnnd schon im dritten und vierten Jahre getragen haben, ist von verschiedenen Seiten berichtet worden. — Der Pfirsichbaum verträgt ein völliges Abwerfen der Krone meist ohne Nachtheil und kann dadurch verjüngt werden, wenn der Baum erschöpft ist, und kleine Früchte bringt. — In Italien ist es Gebrauch, die Pfirsiche, wenn sie gut angesetzt haben und so groß wie eine Wallnuß sind, so mit einer langen Nadel zu durchstechen, daß der Stein vernichtet wird. Man behauptet, daß so die Früchte größer und früher werden. Wenn dies der Fall ist, so wäre ein Versuch bei Aprikosen und großen Pflaumen zu empfehlen.

14. Der Mandelbaum.

122. Dieser Fruchtbaum ist in Deutschland im Allgemeinen selten, und selbst in Gegenden, wo der Pfirsichbaum ohne Pflege wächst, nicht allgemein angepflanzt, während er dort sicher mit großem Vortheil, vielleicht noch mit mehr Nutzen kultivirt werden könnte, indem die Früchte nicht dem Verderben ausgesetzt sind, und mit Sicherheit Käufer finden. Wir finden selbst in Norddeutschland überall einzelne Mandelbäume in Hausgärten, die meistens alljährlich reife Früchte bringen; an seinem Gedeihen ist daher kein Zweifel. Als Handelsfrucht im Großen wird die Mandel allerdings nur in den besten Gegenden Süddeutschlands, wo der Pfirsichbaum gut gedeiht, gezogen werden können, aber als Naschobst kann man fast überall Mandeln ziehen, wo Aprikosen wachsen. Die Behandlung ist ganz wie bei den Pfirsichen und man kann sie auch am Spalier ziehen und im Schnitt erhalten. Es ist zweckmäßig, veredelte Bäume anzupflanzen, da man aus Saamen meist schlechte bittere Sorten bekommt. Die auf Pflaumen veredelten Bäume kommen besser auf kaltem, feuchtem Boden fort und wachsen weniger stark in das Holz.

15. Die Korneliuskirsche oder Herlitze

123. kommt von Natur nur strauchartig vor, läßt sich aber sehr leicht als Baum ziehen und wird so bis 30 Fuß hoch. Die Früchte, in Form länglicher Kirschen, reifen spät im Herbst und schmecken angenehm säuerlich süß. Sie müssen am Baum ganz reif und schwarzroth werden, und leicht abfallen. Sie lassen sich kaum zwei Tage aufheben und sehr schlecht verschicken. Dies ist die Ursache, warum diese sonst angenehme Frucht selten auf den Markt kommt. Die Korneliuskirschen gerathen alle Jahre und tragen meist sehr voll. Der Baum oder Strauch hat sowohl blühend und mit Früchten bedeckt, als auch im Sommer ein schönes Ansehen, weßhalb er auch in Ziergärten sehr schön ist. Die gelbe Blüthe ist die erste unter allen Fruchtbäumen und erscheint oft schon im Februar. Es lassen sich aus den Sträuchen sehr schöne Pyramiden- und Kugelbäume ziehen, die man mit der Heckenscheere behandeln kann. Haben sie aber einmal die Form, so muß man mit dem Schneiden aufhören, weil sie sonst wenig tragen. In kalten Gegenden kann der Korneliuskirschbaum eine Zierde des Hausgartens werden.

C. Schalen- oder Kapselobst.

16. Der Wallnußbaum.

124. Für geeignete Gegenden ist der Wallnußbaum einer der wichtigsten Obstbäume, und seine Früchte finden immer einen guten Markt, während das Holz alter gesunder Bäume mehr als anderes Nutzholz gesucht ist. Der Wallnußbaum liebt die sonnige, etwas gegen Norden geschützte Höhe, gedeiht aber auch in ganz ausgesetzten Lagen und in der Ebene, wenn nur der Standort frei und nicht feucht ist. Zu großen Anpflanzungen sind jedoch nur Anhöhen zu empfehlen. Die Lagen der Wein- und Waizengegenden sind vor allen zu großen Nußpflanzungen geeignet, doch habe ich auch auf ziemlich rauhen Bergen und Hochebenen schon vielfach schöne, reich tragende Wallnußbäume gesehen.

Kein Baum macht in der Kultur weniger Arbeit; denn wenn einmal die Krone gebildet ist, so schneidet man nichts mehr daran und entfernt blos das alte Holz.

Als Alleebaum ist er sehr schön, wegen seiner großen, schattenreichen Krone, aber an öffentlichen Wegen unzweckmäßig, weil die einzelnen ausfallenden Nüsse meist verloren gehen, indem sie von den Wanderern aufgelesen werden. In die Felder darf man gar keine Nußbäume pflanzen, weil keine Frucht darunter aufkommt. Die herrliche Belaubung und die mächtige, malerische Krone befähigt diesen Baum, ganz vorzüglich zur Anpflanzung in Parks und andern größeren Ziergärten. Da es sehr viele kleine, schlechte Nüsse giebt, so sehe man hauptsächlich auf die Abstammung von einer guten, großfrüchtigen Sorte. Die sogenannten Riesen- oder Pferdenüsse eigenen sich jedoch nicht zur Anpflanzung im Großen, da die Nüsse sich nicht lange halten, sondern schimmeln. Für rauhe, von Spätfrösten heimgesuchte Gegenden, also auch besonders für Thäler, ist die erst Ende Juni blühende späte Johannisnuß (Noyer de Saint Jean oder Juglans regia serotina) nicht genug zu empfehlen. Sie ist, obschon nicht zu den Besten gehörend, vortrefflich zu Oel und frisch zu essen. *) Für kleine Hausgärten eignet sich der neue Zwergnußbaum, ((Juglans praepaturiens) der schon im dritten Jahre zu tragen anfängt.

17. Der Kastanienbaum.

125. Die eßbare Kastanie oder Marone, (wie man die großfrüchtigen südeuropäischen Sorten nennt,) gehört vorzugsweise in die erste Region, wo dieser Baum an Bergen in südlich oder halbsüdlich liegenden Thaleinschnitten am besten gedeiht und wald- oder hainartig gezogen wird. Wir haben aber in Mitteldeutschland mehrere Gegenden, wo die Kastanien fast alljährlich reifen und noch einträglich sind; z. B. noch am nördlichen Abhange des Harzes bei Werningerode, fast am Fuße des Brockens. **) Als Alleebaum ist die Kastanie herrlich, wegen der großen, schön belaubten Krone. Diese Schönheit macht ihn fast noch mehr als den Wallnußbaum zur Aufnahme in Landschaftsgärten geeignet, und man kann

*) Ich vermisse diese Sorte in allen mir vorliegenden deutschen Verzeichnissen, während sie in den Belgischen und Französischen überall zu finden ist.

**) Im Jahre 1855, obwohl es einen sehr späten, kühlen Sommer hatte, wurden im Park des Grafen Stollberg bei Wernigerode gleichwohl 30 Centner gute Kastanien geerntet. und mit 17¼ Thaler pro Centner verkauft.

diesen Baum nicht leicht zu viel anpflanzen, wo er gedeiht. Pflege verlangt er fast nicht. Der Kastanienbaum liebt kieselhaltigen, leichten Boden, und gedeiht nicht gut in schwerem Lehmboden, fettem Humusboden und in Kalkboden. Dies ist das wesentlichste Hinderniß seiner allgemeinen Verbreitung. Man pflanzt entweder unveredelte, aus den besten, großfrüchtigen Sorten gezogen, oder veredelte Bäume (Maronen). Wenn die Bäumchen eine Krone gebildet haben, so schneidet man nur noch das trockene Holz heraus. Es ist nothwendig, daß stets mehrere Bäume beisammen stehen, weil die männlichen und weiblichen Blüthen getrennt sind, und manche Bäume nur wenig, manche sogar keine weiblichen Blüthen haben, folglich auch wenige oder keine Früchte tragen. Es ist daher immer unsicher, ob die aus Saamen gezogenen Bäume sehr fruchtbar werden, und die veredelten, durch die Kultur vorzugsweise zum Fruchttragen geneigt gemachten Bäume sind besser. Ein Baum, mit zahlreichen männlichen Blüthen (Kätzchen,) die denen der Eichen ähnlich sehen, kann eine ganze Pflanzung von Fruchtbäumen befruchten. Von den jungen Bäumen entfernt man das Tragholz, um sie nicht durch frühe Fruchtbarkeit im Wachsthum aufzuhalten, was auch durch Zurückschneiden der Leitzweige erreicht wird. Die Bäume müssen weit von etnander stehen, weil sie sonst schlecht Frucht ansetzen, und leicht taube Früchte (Hülsen oder Schalen) bringen. Wenn der Baum an Fruchtbarkeit und Güte der Früchte nachläßt, so verjüngt man ihn durch Abhauen der Aeste. Man kann diesen Baum fast wie eine Pappel köpfen und nicht zu starke Bäume leicht zu Stockausschlag zwingen. Die besseren Sorten mit breiter glatter Frucht, wovon stets nur eine in jeder Kapsel ist, heißen Maronen, und es sind die von Lyon, (welche aber nicht dort, sondern in dem Cevennengebirge und dem Departemente Var wachsen) die berühmtesten. Als ganz vorzüglich wird in Frankreich die Exalade genannnte Sorte geschätzt, und sie ist so fruchtbar, daß die Bäume sich bald erschöpfen und mehrmals verjüngt werden müssen. Die grüne Marone von Limousin (vert Limousin) ist eine schöne, lange haltbare Frucht. Sehr früh ist die Frühkastanie (Printanière), die frühe schwarze (hâtive noire), die frühe fuchsige (hâtive rousse) und die Maimarone (hâtive de Mai).

18. Der Haselnußstrauch.

126. Die großfrüchtigen Sorten der Haselnuß sind an Geschmack den Mandeln fast vorzuziehen und werden von Vielen zum Nachtische

mehr geschätzt. Gleichwohl ist die Kultur in Deutschland im Allgemeinen noch sehr vernachlässigt, denn der Anbau der sogenannten Zellernüsse in Franken und der Lambertsnüsse in den Rheingegenden, deckt nicht den hundertsten Theil des Verbrauchs, so daß große Summen dafür in das Ausland gehen. Es ist aber Jedermann bekannt, daß die großfrüchtigen Haselnüsse in Deutschland fast in allen Lagen und Gegenden vollkommen reifen und ergiebig sind. Ich kann daher die vermehrte Anpflanzung nicht dringend genug empfehlen. Der Haselstrauch kommt bekanntlich überall fort, und eignet sich vorzüglich zur Bepflanzung kahler Anhöhen und Abhänge, an schattigen Stellen hinter Gebäuden und als Gebüsch in große Ziergärten, wohin sich besonders die schönen Spielarten mit geschäckten, bluthrothen, geschlitzten und ausgebogenen Blättern, wovon schon früher die Rede war, empfehlen. Für den Hausgarten kann man hübsche Bäume ziehen, die sehr alt und stark werden, oder man pflanzt sie an eine nördliche Mauer, so daß die Wände damit gedeckt werden, ohne sie förmlich wie andere Spalierbäume zu behandeln. Um Bäume davon zu ziehen, schneidet man den Strauch ein Jahr nach der Pflanzung dicht am Boden ab, und bildet aus den schönsten, der nun sich entwickelnden Triebe den Stamm. Man kann auch wilde Haselstauden zu Stämmen erziehen und sie hochstämmig veredeln. Gewöhnlich läßt man aber die Sträucher ohne Künstelei aufwachsen. Wenn sie alt und unfruchtbar werden, haut man an Hochstämmen die Aeste und an Sträuchern die ganzen Stämme einige Fuß über der Erde ab und zieht aus den jungen Trieben eine neue Krone. Dies darf aber nicht mit allen Büschen auf einmal geschehen. Wenn man Bergabhänge damit bepflanzt, die sonst zum Feld- und Obstbau nicht taugen, so wird man, selbst im Falle, daß die Nußernten nicht ergiebig sind, schon aus dem Holze die Mühe der Anpflanzung bezahlt erhalten. Dem Diebstahl sind die Nußwäldchen nicht sehr ausgesetzt, weil sie in der Reifezeit bei Tage leicht überwacht, in der Nacht aber nicht wohl gestohlen werden können. Wenn man blos eine Reihe Sträucher pflanzt, so kann man sie 10—12 Fuß von einander pflanzen, bringt man aber mehrere Reihen an, so muß die Entfernung mehr betragen.

In England giebt man sich mit der Nußkultur mehr Mühe, hält sie im Schnitt und düngt sie, wodurch man außerordentlich reiche und sichere Ernten gewinnt. Man gewinnt so auf einer Fläche von 300

Quadratruthen durchschnittlich 8—10 Centner Nüsse, zuweilen aber auch bis 30 Centner. Das Verfahren eines besonders geschickten Züchters in England ist folgendes: Man läßt nur 4—6 Hauptäste, und bindet diese, wenn sie noch jung sind, an einen Reif, so daß die Mitte hohl bleibt. Die Leitzweige, (lange Jahrestriebe in den Zweigspitzen) werden zeitig im Frühjahr um $^1/_3$ ihrer Länge eingekürzt, damit sich die unteren Augen entwickeln und kurze Seitenzweige treiben. Im vierten Jahre beginnt der eigentliche Schnitt. Man schneidet die Leittriebe auf die Hälfte, die schwachen Seitenzweige nahe an ihrer Basis ab. Dadurch entwickeln sich aus ben verborgenen Augen kurze dünne Zweige. die mit weiblichen Blüthen bedeckt sind und also das Fruchtholz bilden. Ist ein Strauch immer mit solchem Holze versehen, so läßt man es nur einige Mal tragen und schneidet es dann aus. Außerdem stirbt es, wie bei Steinobstbäumen, nach und nach von selbst ab. Bei älteren, nicht mehr so üppig wachsenden Stöcken, kürzt man die Triebe um $^2/_3$ ihrer Länge. Zu stark in das Holz wachsende Büsche werden im Sommer beschnitten, oder man bricht ihnen die Sommertriebe, worauf sie schwache Seitenzweige und Fruchtholz treiben. Auch das Abhauen von Wurzeln wird in diesem Falle zu Hülfe genommen. Man düngt solche Pflanzungen alle 2—3 Jahre stark. Sie vertragen sehr viel Dünger, können daher auch dicht neben Miststellen, Jauchengruben und in dem fettsten Boden stehen. Man gewöhne sich daran, zur Düngung alle todten Thiere, sowie Haare, Federn, altes Schuhwerk u. s. w. unter die Haselbüsche einzugraben. Hat man Jauche zur Verfügung, so gieße man die Büsche zuweilen damit.

D. Beerenobst.

19. Der Maulbeerbaum. *)

127. Die köstlich süße Frucht dieses Baumes ist nur bei wenigen Personen beliebt und wird daher nicht häufig gezogen. Die Bäume

*) Die Maulbeere, Himbeere, Brombeere, Feige und der Rosenapfel sind botanisch betrachtet keine Beeren, aber diese Bezeichnung ist pomologisch und sprachlich angenommen.

erfrieren im kalten Winter leicht und müssen einen geschützten Standort und eine sonnige Lage haben. Als Frucht genießt man vorzugsweise die großfrüchtige, schwarze und die rothe Amerikanische, selten die zum Seidenbau gezogenen weißen Maulbeeren, welche widerlich süß und klein sind: Es giebt jedoch in England eine weißfrüchtige Sorte unter dem Namen Withe Currant, welche sehr wohlschmeckend ist, außerdem eine sehr beliebte, schwarzrothe Art. Man pflanzt die Maulbeerbäume in den rauhen Gegenden Deutschlands vorzugsweise an südliche oder halbsüdliche Mauern, wo sie jedoch viel Raum haben müssen. In Frankreich ist es fast allgemeine Sitte, den Maulbeerbaum in den Hühnerhof zu pflanzen, wo er sehr gut gedeiht, und wo die abfallenden Früchte von dem Geflügel mit großer Begierde gefressen werden. Man schneidet die Bäume nur, wenn sie erfroren sind, oder, um sie zu verjüngen, stark zurück. Am Spalier vertheilt man die Zweige möglichst gleichmäßig und schneidet nur, um kahle Stellen zu verhindern. Man kann die Spalierbäume fast wie Aprikosen behandeln. Die Früchte reifen nach und nach vom Juli bis September und müssen stets frisch vom Baum weggegessen werden. Transport vertragen sie sehr schwer.

20. Der Feigenbaum.

128. Der Feigenbaum ist bei uns nur ein niedriger Strauch. Seine Kultur ist im dritten Bändchen (Seite 168—175) ausführlich abgehandelt worden. Ich erinnere noch daran, daß der Feigenstrauch sich besonders an südliche Mauern in Spalierform eignet. Im südlichem Tyrol wird der Feigenbaum hochstämmig wie der Pfirsichbaum gezogen, und sich selbst überlassen, kommt sogar häufig verwildert vor. Um früher reife Früchte zu haben, verfährt man folgender Art: Man bringt zur Zeit, wenn die Früchte vollkommen ausgewachsen sind, die weißfrüchtigen Sorten gelblich, die braunen braun oder violett zu werden beginnen, mit einem Hölzchen oder einer Feder einen Tropfen Olivenöl in das sogenannte Auge, d. h. die Oeffnung am dicken Theile der Frucht. Nach 8 Tagen sind die Früchte reif, während die an Bäumen 14 Tage länger brauchen. Dieses Mittel ist so untrüglich, daß man die Reifezeit genau bestimmen kann. Auf diese Weise wird der Genuß frischer Feigen sehr verlängert. Die Feige hat nicht viele Freunde, und bekommt bei uns

auch selten den rechten Wohlgeschmack, wird aber doch von manchen Personen sehr gern gegessen.

21. Der Weinstock.

129. Ueber die Kultur des Weinstocks im Garten enthält das dritte Bändchen bereits eine ausführliche Anweisung. Da aber dort nur von dem allerdings allen andern Verfahren vorzuziehenden Winkelzug die Rede ist, so will ich hier noch einiger anderer Kulturweisen Erwähnung thun.

130. Von der Pflanzung war bereis §. 61. die Rede. Ich will daher vom zweiten Jahre beginnen. Will man am Spalier einen gewöhnlich in Fächerform gezogenen Weinstock ziehen, so schneide man die Reben auf 2—3 Augen. Treiben sie alle, so unterdrückt man einen oder zwei Triebe, ehe sie groß werden, und bindet den bleibenden sorgfältig an. Hat die Rebe schon das Spalier erreicht, und kann sogleich ausgebreitet werden, so können schon in diesem Jahre zwei Reben treiben, steht er aber noch etwas entfernt, oder soll ein Stamm gebildet werden, der sich erst oben über den Fenstern des Hauses oder über den Pfirsichbäumen verzweigt, so läßt man nur eine Rebe. Sind 2 Reben am Stocke, die auch Seitenreben oder Ruthen bilden, so werden sie über die zwei stärksten Seitenruthen geschnitten und diese selbst schneidet man auf 2 Augen. Im dritten Jahre läßt man von den vorhandenen 8 Augen nur 4 Ruthen treiben. Von diesen schneidet man die stärkere Ruthe jeder Stammrebe auf einem sogenannten Schenkel von 6 Augen, die andern auf 2 — 3 Augen oder einen sogenannten Zapfen, so daß der Stock 2 Schenkel und 2 Zapfen hat. Im vierten Jahre hat man von dem aus 1 Fruchtrebe mit 8—10 Augen, 1 Schenkel von 6 Augen und 2 Zapfen von je 2 — 3 Augen bestehenden Stocke schon Trauben zu erwarten. Im folgenden Jahre schneidet man so, daß er 3 Fruchtreben von 5 — 10 Augen oder bei 8 Fuß 3 Schenkel von 5 — 6 Augen und 3 Zapfen von 2 — 3 Augen hat. Bei starken Stöcken schadet es nichts, wenn ein Zapfen und ein Schenkel mehr vorhanden ist. Sollte man eine Lücke am Spalier befürchten, so kann man auch anstatt eines Schenkels einen kurzen Zapfen schneiden. So wird jedes Jahr fortgefahren und je mehr der Stock Reben oder Aeste hat, desto mehr Fruchtreben, Schenkel und Zapfen muß er be-

kommen. Jede starke Rebe ist gleichsam als selbstständiger Stock zu betrachten, der seine gehörige Anzahl von Fruchtreben, Schenkeln und Zapfen hat. So hat der ganze Weinstock überall Reben jeder Art und bleibt stets jung und tragfähig.

Es ist wesentlich nothwendig, daß das Beziehen eines Spaliers langsam in der angegebenen Weise vor sich geht, denn ein schnell bekleidetes Spalier würde nie gute Erfolge geben. Nur wenn man einen Stamm bilden, oder eine hohe Laube beziehen will, wird eine Ausnahme gemacht. Durch das fortwährende Einschneiden und langsame Ausbreiten werden am ganzen Stocke Augen hervorgerufen und erhalten, was bei einem zu schnell aufgezogenen (zu lang geschnittenen) Stocke nur durch Zurückschneiden auf altes Holz wieder erreicht werden kann. Fruchtreben, d. h. solche, welche lang geschnitten wurden und getragen haben, werden das nächste Jahr auf Zapfen, oder, wenn sie dicht stehen, ganz weggeschnitten. Uebrigens ist der Schnitt der Reben bei den verschiedenen Sorten sehr verschieden, jedoch nur in Bezug auf die Länge des Schnittes, denn das Verhältniß zwischen Tragrebe, Schenkel und Zapfen muß überall dasselbe bleiben. Es giebt Sorten, die man sehr lange schneiden muß, indem sie erst an dem aus dem 7.—8. Auge entstandenen Reben viele und schöne Trauben bringen; z. B. der frühe Leipziger oder frühe Malvasier, überhaupt die meisten Malvasierarten, manche Muscateller; während andere z. B. die meisten Gutedel- oder Chasselas-Arten, besonders der geschlitzt-blätterige (Petersilienwein) ganz kurz geschnitten werden können, und auch aus den unteren Augen fruchtbare Reben treiben.

Das Beschneiden geschieht im Herbst oder sehr zeitig im Frühjahr, jedoch nicht so früh, daß Nachwinter im März schaden können, und nicht zu spät, wegen des zu fürchtenden Saftverlustes. Das Beschneiden im Herbst ist vorzuziehen und auch der Bedeckung der Reben wegen nöthig. Da aber indessen im Winter leicht Augen abgebrochen werden, oder sonst leiden, so ist es zweckmäßig, im Herbst die Reben länger zu schneiden, und im Frühjahr nach zu schneiden. Der neuerdings von verschiedenen Seiten empfohlene s p ä t e Frühjahrsschnitt, hat in sofern gute Erfolge, als er die Tragbarkeit ungemein befördert, scheint aber den Nachtheil zu haben, daß sich die Stöcke durch zu reichliches Tragen erschöpfen, bald in Unordnung gerathen und kahle Stellen entstehen, weil der Schnitt fast dem Zufall überlassen bleibt. Ich will indessen dies Verfahren nicht verschweigen, zumal, da es von dem bekannten Pomologen T. H. C. Burchardt in Landsberg ganz neuerdings erst noch gerühmt worden ist. Man schneidet im Herbste nur die unreifen Spitzen und die überflüssigen Reben ab. Im Frühjahr werden die Reben erst nur vorläufig in gehöriger Richtung angebunden. Man schneidet den Stock nicht eher, als bis die jungen Reben Blüthen (Scheine) zeigen, welche auf diese Weise alle beibehalten werden können. Zu Zapfen verwendet man Reben ohne oder mit wenigen Blüthen. Auf diese Art verliert der Weinstock keinen Saft. Erst nach dieser Zeit werden die Reben beschnitten und fest angebunden, wobei allerdings größere Vorsicht als sonst nöthig ist. — Muß ein Weinstock zur Zeit des stärksten Saftflusses beschnitten werden, so wende man stets Collodeum an, welches nach mehrmaliger Ueberpinselung die Wunde ganz dicht schließt und den Ausfluß des Saftes verhindert.

Die Reben werden so angebunden, daß sie das ganze Spalier bedecken. Es ist eine bekannte Sache, daß alle, mehr in horizontaler Richtung gezogenen Reben reichlicher tragen, als die der senkrechten Lage näher kommenden, indem bei Ersteren der Holztrieb schwächer bleibt und die ganze Kraft den Früchten zu gute kommt, wie es bei dem Winkelzug der Fall ist. Dies kann man so recht deutlich an Häusern sehen, wo die Reben an einer niedrigen Mauer zwischen den oberen und unteren Fenstern gezogen werden müssen. Man suche daher, den Reben, so weit es angeht, eine Richtung nach den Seiten zu geben. Lang geschnittene Reben bindet man in Bogen abwärts.

Die jungen Reben oder Ruthen werden so an das Spalier angebunden, wie es für ihre Richtung natürlich ist, wenn sie stark wachsen sollen jedoch mehr in senkrechter Lage. Giebt es leere Stellen auszufüllen, so muß das Biegen der Ruthen später geschehen, wenn sie schon härter sind und sich ohne Gefahr biegen lassen. Man wache sorgfältig darüber, daß keine Reben hinter das Spalier wachsen, ist es aber geschehen und nicht mehr abzuändern, so läßt man sie bis zum nächsten Schnitt. Die Vertheilung der Ruthen muß so sein, daß jede Platz hat, keine auf der andern liegt und das Spalier vollständig gedeckt ist. Die zu stark wachsenden Seitenruthen (Geiz genannt) werden im Sommer entspitzt oder auf 1 Fuß Länge eingekürzt, aber nicht ausgebrochen, wie es häufig geschieht, weil diese die Augen der Haupttriebe ernähren, die Rebe stark machen und, wenn sie ganz entfernt werden, das Austreiben der Augen, welche für das folgende Jahr bestimmt sind, veranlassen. Die eingeschnittenen Seitenruthen treiben oft von Neuem aus, und werden dann wieder entspitzt. Das völlige Wegnehmen geschieht erst im Spätsommer, wenn der Trieb nachläßt, und das Austreiben von nächstjährigen Augen nicht mehr zu befürchten ist. Es kommen auch Fälle vor, wo diese Seitenruthen bleiben können und müssen, nämlich, wenn Spaliere und vorzüglich Lauben schnell mit stark wachsenden Sorten bezogen werden sollen. Man schneidet sie dann im Herbst auf Zapfen und Schenkel. Schwache Reben, überhaupt überflüssige Reben, die an einer Stelle zur Bekleidung des Spaliers nicht nöthig sind, schneidet man ab, wenn sie noch klein sind. Glaubt man aber, später an dieser Stelle Augen nöthig zu haben, weil vielleicht eine andere schlechtstehende im nächsten Jahre weg soll, so hält man solche Ersatzreben durch Entspitzen im Wuchs zurück, damit sie wenig Raum und Nahrung wegnehmen.

Das Ausschneiden oder Ausbrechen im Sommer, wozu auch besonders das sogenannte Anhalten gehört, ist so wichtig, wie der Schnitt des kahlen Holzes, wird aber leider häufig ganz versäumt. Man schneidet den Stock im Frühling oder Herbst, bindet ihn an, bricht den Geiz aus, bindet die Ruthen an und bricht die Reben ab, wenn sie zu lang werden. So werden die meisten Stöcke behandelt, aber so sollten sie nicht behandelt werden. Ich will daher die Sommerbehandlung ausführlich beschreiben und hierbei die Anleitung von Recht nach der neuesten (siebenten) Auflage seines allbekannten Buches über den Weinbau zu Grunde legen und im Auszuge mittheilen, da dieselbe nichts zu wünschen übrig läßt.

„Ausbrechen oder Kappen heißt: den im Frühlinge neuhervorgewachsenen Fruchtruthen das Herz oder den jungen Trieb an einem bestimmten Ort so abbrechen, daß drei Blätter über der an dieser Ruthe befindlichen obersten Traube stehen bleiben; ab- oder wegbrechen heißt: die ganze junge Ruthe an dem Orte, wo sie aus dem Auge der Rebe hervorgewachsen, ganz wegbrechen. Aus jedem Augè an der Rebe und am Schenkel oder Zapfen wächst eine Ruthe, an dieser zeigt sich, wenn sie ein Tragauge gewesen, am dritten, oder nach Verschiedenheit der Weinsorten, am fünften Blatt die erste Traube, und gewöhnlich am folgenden noch eine, dann ist, mit wenigen Ausnahmen, z. B. bei ausgewachsenen Stöcken, wo sich oft 3—4 Trauben zeigen, keine mehr zu erwarten. Ueber der letzten, nach der Spitze der Ruthe zu befindlichen Traube, folgt nun an dem Ende eines jeden Gliedes der Ruthe ein Blatt. Drei dieser Blätter sind zur Nahrung der unter ihr wachsenden Trauben nothwendig, der übrige Theil der Ruthe wird ausgebrochen, so klein derselbe auch sein sollte. Mit dem ersten Ausbrechen wird vor der Blüthe angefangen, wenn die Augen so weit ausgeschlagen sind, daß man die künftigen Trauben und drei Blätter über denselben deutlich erkennen kann. Bei dieser Vorrichtung werden die künftig zu schonenden Reben sowohl der Anzahl als dem Orte nach, bestimmt. Daher ist mit aller Aufmerksamkeit darauf zu sehen, daß an jeder Rebe, an jedem Schenkel und an jedem Zapfen eine Ruthe, wo möglich die unterste, oder doch die längste der drei untersten nicht ausgebrochen werde, sondern ungestört bis Ende September in ihrem Wachsthum verbleibe. Wenn sich 2 Augen nebeneinander statt Eines entwickeln, so wird das 2. Auge vor der Blüthe ganz weggebrochen.

Nach diesem Ausbruch oder Kappen der jungen Ruthen, wachsen die ungekappten, welche nun die ganze Kraft des Weinstockes aufnehmen, freudig fort, sind der Ersatz aller abgeschnittenen Rèben und werden im Herbst durch ihre Reife selbst zu Reben.

Der bequemste Handgriff bei diesem Geschäft ist, daß man die auszubrechende Ruthe da, wo ihre oberste Traube sitzt, mit der linken Hand ergreift, dann sind nur die Blätter über der Hand sichtbar, und an der Stelle wo ausgebrochen werden soll, steht weder dem Auge noch der Hand ein Hinderniß entgegen, um die Ruthe unverzüglich mit der rechten Hand über den drei Blättern abbrechen zu können. Die unausgebrochenen oder ungekappten Ruthen an den Reben, Schenkeln und Zapfen wachsen in kurzer Zeit sehr merklich; die ausgebrochenen aber bleiben mehrentheils stehen und theilen ihre Kraft der Frucht mit. Es ist daher eine natürliche Folge, daß die nicht gebrochenen Ruthen stark und lang werden.

Dies ist aber nur von einem schon in Ordnung gebrachten tragbaren Weinstock zu verstehen, an welchem sich wenig oft gar keine Ruthen finden, die ohne Früchte sind. Ganz anders hat man mit einem jungen oder einem solchen Stocke zu verfahren, dessen Reben im vorigen Jahre nicht ihre gehörige Reife erlangt haben. Derselbe Fall findet bei einem durch den Schnitt einer ungeschickten Hand verstümmelten und auch bei einem stark in's Holz treibenden Stocke statt. Würde man von einem in den bezeichneten Fällen befindlichen Stocke alle Ruthen, die nicht Früchte tragen, wegbrechen, so würde man eben hierdurch den Holztrieb auf's Neue befördern und im künftigen Jahre vergebens Trauben erwarten.

Der Ausbruch bei den stark in's Holz treibenden Stöcken geschieht auf folgende Art: Man läßt ebenfalls an einer jeden Rebe, an jedem Schenkel und Zapfen die unterste Ruthe unausgebrochen, die folgenden, wenn sie auch keine Früchte zeigen, werden hier nicht weg-, sondern zwei Blätter über der untersten Gabel (Ranke) ausgebrochen und den Sommer hindurch so behandelt, als hätten sie Trauben. Dadurch wird der zu starke Holztrieb befriedigt und die Stöcke erhalten Frucht- statt Holzaugen. Deswegen ist es auch ganz besonders nothwendig daß ein jeder Stock einen solchen Raum erhält, welcher hinreichend ist, Alle, besonders die Zugruthen in 6 zölliger Entfernung von einander und auch ihre Ableiter, gehörig ausgebreitet, anheften zu können, damit keine Ruthe mit ihren Blättern die andere bedecke. Ein Schönedel- oder Gutedelweinstock fordert in gutem Boden an einem 8 Fuß hohen Spaliere einen Raum von wenigstens 12—16 Fuß, und wenn er all wird, wohl 20 und mehrere Fuß in die Länge. Ein Trüher-Leipziger aber bedarf eines Raumes von 20—30 Fuß. — So der Muscateller, der Zibeben, Malvasier, und andere stark in das Holz treibende Sorten.

Der Ausbruch wird am schicklichsten und vortheilhaftesten so früh als möglich vorgenommen. Man kann, sobald nur die Trauben und die Blätter darüber sichtbar sind, damit anfangen. Je kleiner das Herz ist, welches ausgebrochen wird, je weniger verliert die zur zukünftigen

Rebe bestimmte Ruthe (Zugruthe) von ihrer Kraft. Beim zu späten Ausbruch bleibt sie dagegen wohl ganz zurück, da der Trieb nach dem oberen am stärksten ist. In jedem Fall aber muß das Ausbrechen vor der Blüthezeit geschehen, denn während derselben darf am Weinstock nichts unternommen werden, da durch dessen Erschütterung der Blüthenstaub abgestreift werden könnte. Wollte man den ersten Ausbruch bis nach der Blüthezeit hinaussetzen, so würden die oberen Ruthen bereits eine solche Länge erreicht haben, und so verwachsen sein, daß diese Arbeit sehr beschwerlich werden müßte. Hierzu kommt noch, daß alsdann die untersten Augen, die doch zu künftigen Reben bestimmt sind, ganz zurück bleiben würden, weil die obersten alle Nahrung an sich gezogen hätten, und man genöthigt wäre, statt einen der untersten Triebe einen oberen zur künftigen Ruthe zu wählen.

Das zweite Ausbrechen wird nach der Blüthe unternommen. Da ungekappt gebliebene Ruthen die ganze Kraft des Stockes zur Nahrung haben, so wachsen sie sehr schnell und stark, treiben auch viele Seitenruthen oder Ableiter oder Gabeln.

Die Gabeln werden so weggeschnitten, daß ein kleiner Stummel an der Ruthe bleibt. Die jungen Reben haben gewöhnlich kleine Seitenzweige, Ableiter (Geiz), welche dem Weinstocke ein Bedürfniß sind und bei diesen ungekappten nicht schonungslos weggebrochen werden dürfen, wie dies nach dem herrschenden Vorurtheile, welches sie als Krafträuber betrachtet, geschieht. Sie sind aber eigentlich Circulationswege, welche die Kraft des Weinstockes dahin ziehen und leiten, wo sie im künftigen Sommer vorzüglich wirksam sein soll. Ihre Wegnahme schwächt diese Stelle und das dort stehende schlafende Auge, welches ihr Begleiter ist und künftig einen kräftigen Traubenzweig treiben soll. Im Herbst werden diese Ableiter, welche nun ihre Dienste gethan haben, weggeschnitten. Die andern Ruthen, welche beim ersten Ausbruch gekappt sind, treiben auch Seitenruthen, welche ohne Schaden weggebrochen werden können. Mit dieser Arbeit ist das Anheften der ungekappten Ruthen verbunden. Diese Arbeit ist einigemal während des Sommers zu wiederholen, weil, indem sich die Ruthen verlängern, sie auch immer neue Seitenruthen und Gabeln erhalten und deßhalb das Anheften derselben nothwendig machen. Ende

September können die Spitzen der Ruthen abgebrochen oder geköpft werden, da zu der Zeit die Fruchtaugen in ihrer Anlage vollendet sind, und die Ruthen ihre Stärke und Länge erreicht haben; wenn sie inzwischen Platz genug haben, so kann man diese Arbeit auch unterlassen.

Starke und lange Reben können folglich nur dadurch erzogen werden, wenn durch gehöriges Ausbrechen die ganze Kraft des Weinstockes in diejenigen Ruthen geleitet wird, welche zum künftigen Fruchttragen bestimmt sind, dabei durch Geizen oder Wegbrechen ihrer Spitzen in ihrem Wachsthum nicht gestört und so gebunden werden, daß sie hinlänglich Luft und Sonne haben. Die auf solche Weise behandelten Reben können hiernach früher mit ihren Früchten zur Reife gelangen, als solche, welche nach dem gewöhnlichen Gebrauche geköpft, und von welchen drei bis vier an einer Latte aufgebunden sind."

Will man einen Stamm oder sehr hohen Stock ziehen, so bricht man nichts aus, so daß die ganze Kraft des Wachsthums in die oberste Ruthe geleitet wird, und diese in einem Jahre sehr lang werden kann. Die darunter sitzenden Ruthen werden dagegen ausgebrochen.

Wenn die Traubenreife naht, so werden nach und nach bei trüber Witterung einige der die Trauben beschattenden Blätter weggenommen, damit die Trauben sich besser färben. Dieses Lichten muß aber sehr behutsam geschehen, wenn die Trauben schon ausgewachsen sind und weich werden. Geschieht es zu früh, so bleiben die Trauben hart und klein, oder schrumpfen gar zusammen. Es ist daher besser, gar keine Blätter auszubrechen, als zu viele und zu früh. Die Trauben bekommen dann zwar kein so schönes Ansehen, werden aber eben so gut an Geschmack und sogar im Schatten der Blätter oft früher weich. Ganz der Sonne ausgesetzt darf die Traube erst in den letzten Tagen der Reife werden.

Diese Art, den Weinstock am Spalier zu ziehen, liefert unter den Händen des geschickten, erfahrenen Weingärtners gewiß gute Erfolge. Aber sie befördert zu sehr den Holzwuchs und es bedarf großer Aufmerksamkeit und Geschicklichkeit, diesen Trieb zu mäßigen und die Kraft zu Gunsten der Trauben zu verwenden. Aus dieser Ursache ist jedes Verfahren, wobei der Holztrieb mehr in Schranken gehalten wird, vorzuziehen. Ein solches ist das im folgenden § erläuterte Verfahren von J. H. Kolbe *).

131. Bei diesem Verfahren ist nur die erste Ausbildung des Stockes schwieriger, weil hiervon die ganze Form abhängt, und später nichts mehr daran zu bessern ist, wenn die erste Anlage verdorben ist. Das Wesentlichste dieses Verfahrens besteht darin, daß man die zwei ersten gleichmäßig starken Reben übers Kreuz legt und wagerecht anbindet, so daß die aus den Augen entstehenden Triebe (Ruthen) senkrecht aufwachsen. Später werden die wagerechten Hauptreben senkrecht in die Höhe gebunden, so daß die erst senkrecht stehenden Reben nun wagrecht stehen, und das ganze das Ansehen eines Birnbaumes oder dergleichen, „auf Herstamm" gezogen, hat. Man könnte daher füglich die Erziehung „Doppelherzstamm" (weil zwei Stämme vorhanden sind) nennen. Ich lasse nun den in der Anmerkung erwähnten Artikel im Auszuge sprechen:

Im ersten Jahre nach der Anpflanzung hat man weiter nichts zu thun, als das Unkraut auszujäten, bei großer Dürre den Stock zuweilen des Abends zu begießen und den Boden im Laufe des Sommers einigemal aufzulockern. An der jungen Ruthe wird nichts geschnitten oder ausgebrochen, damit sie in ihrem Wachsthume nicht gestört werde. Den Sommer hindurch muß man sie, in Ermangelung des Spaliers, an einen Stock anbinden. Im Herbst schneidet man sie auf drei Augen, häufelt die Erde um den Stock herum etwas an und bedeckt sie mit Laub, Erde u. dgl.

Im zweiten Jahre treiben die ersten zwei Augen gewöhnlich starke Ruthen, die man den Sommer hindurch fleißig anheftet und ungehindert fortwachsen läßt. Sollte sich das unterste Auge entwickeln,

---

*) Zuerst bekannt gemacht in der Schrift: „Anweisung, dem Weinstock den höchsten Nutzen abzugewinnen". Ich halte mich aber an die Mittheilung des Herrn Rubens in No. 46 des I. Bandes der „Agronomischen Zeitung" und an andern Orten. Da ich nach dem Wunsche der Verlagshandlung, früher Eigenthümerin jener Zeitschrift, die hierzu gehörigen Abbildungen unverändert benutze, so will ich, um keine Irrungen zu veranlassen, den erklärenden Text von Herrn Rubens im Auszuge geben. In der Hauptsache stimmt derselbe mit der Anweisung des Erfinders in der genannten Schrift überein.

so wird der Trieb zeitig ausgebrochen. Den Boden um den Stock herum reinigt man von Unkraut, lockert ihn zuweilen auf, ohne jedoch die Wurzeln zu beschädigen und begießt bei trockenem Wetter zuweilen des Abends den Stock. Im Herbst werden die zwei Reben jede auf drei Augen eingekürzt und dann die Erde um den Stock herum angehäufelt und mit Erde oder Laub bedeckt. Belegt man nach dem Anhäufeln die Erde mit Dünger, so werden den Winter hindurch die besten Bestandtheile desselben durch Regen und Schneewasser den Wurzeln zugeführt und diese zu einem kräftigen Triebe geschickt gemacht. Sehr vortheilhaft ist es auch, wenn der Dünger zuweilen mit Kalk überstreut wird.

Im Frühlinge des dritten Jahres verkürzt man jede Rebe auf 10—12 Augen, reinigt sie von Neben- oder Seitentrieben, legt sie kreuzweise über einander, und bindet sie in wagrechter Richtung vorsichtig an, wie es auf Fig. 41 zu sehen ist. Von den sich entwickelnden Trieben läßt man in ziemlich gleicher Entfernung, etwa 10—12 Zoll von einander, auf beiden Seiten 6—8 Ruthen empor, und heftet sie, ohne ihnen die Seitenruthen u. dgl. zu nehmen, fleißig an. Die zwischen diesen Ruthen befindlichen Triebe werden zwei Blätter über der obersten Traube ausgebrochen und später auf Zapfen geschnitten, um Lücken damit ausfüllen, und das ganze Spalier gehörig bekleiden zu können. Die zwei Blätter über der obersten Traube sind zum Wachsen und Gedeihen der Trauben durchaus nöthig, indem sie Feuchtigkeit und Nahrung aus der Luft aufnehmen und diese den Trauben zuführen, man muß sie deßhalb nie abbrechen. Sollten die Seitenruthen in diesen ausgebrochenen Ruthen zu stark

Fig. 41.

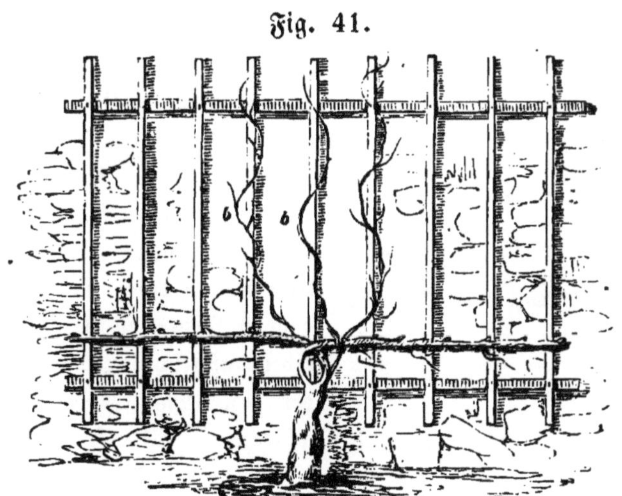

werden wollen, so muß man sie nach der Blüthe einkürzen. Den Boden hält man locker und feucht. Da der Stock jetzt seine Kinderjahre zurückgelegt hat und meist schon recht kräftig und stark ist, kann man ihn von nun an im Frühjahr beschneiden. Es bleibt im Herbst nur übrig, den Stock etwas anzuhäufeln, die Reben, wenn sie gegen den Frost geschützt werden sollen, etwas einzukürzen und dann zusammen zu binden, um sie einzuwickeln und einzulegen.

Im vierten Jahre werden die zwei Reben, die im vorigen Jahre über einander gelegt waren, nachdem die schwächeren Triebe zu Zapfen und die Fruchtreben auf 10—12 Augen, je nach ihrer Reife und Stärke, eingekürzt worden sind, senkrecht angebunden, so daß die jungen Fruchtreben, die früher rechts standen, auf die linke Seite, und die links standen, auf die rechte Seite kommen, wie bei Fig. 42. Sind die beiden aufrecht stehenden Schenkel (a) mit starken, guten Weiden gehörig befestigt, so werden die Fruchtreben (b) in Bogen gebunden, damit sie nicht nur mehr und bessere Trauben bringen, sondern auch dicht am Schenkel die kräftigsten Ruthen treiben, die dann im folgenden Jahre zu Fruchtreben angeschnitten werden (c). Man bindet sie schon vor der Blüthe an, damit sie nicht abbrechen. Alle übrigen Triebe (d) kürzt man wieder zwei Blätter über der obersten Traube ein. Fangen die Trauben an weich zu werden, so schneidet man die Seitenruthen auf 4—5 Augen zurück, um die Trauben dem Sonnenlichte mehr blos zu stellen. An den Hauptruthen geschicht dieses Einkürzen erst im September.

Fig. 42.

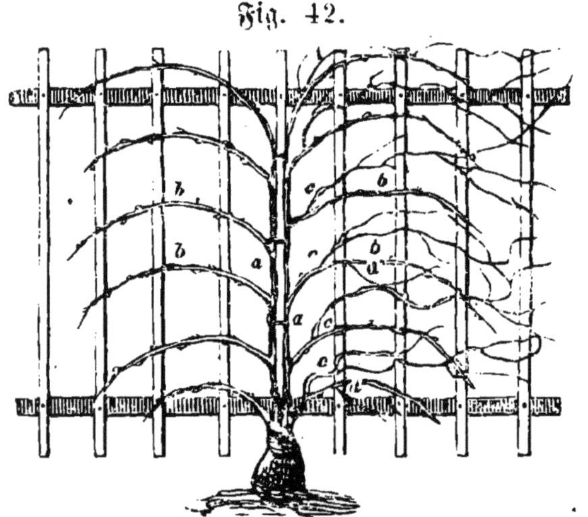

Von Jahr zu Jahr fährt man nun fort, durch die Erziehung kräftiger, starker Fruchtreben die Tragbarkeit des Stockes zu erhalten.

und sorgt durch gehörige Düngung dafür, daß der Weinstock in seinem Triebe nicht nachlasse, und stets im Stande sei, den Anforderungen zu entsprechen. Die im Sommer tragbar gewesenen Reben werden jedesmal dicht an der neuen Fruchtrebe abgeschnitten, und diese von allen Seitenruthen und Ranken befreit, auf 12—16 Augen eingekürzt, an ihre Stelle gebunden. Sollte die erzielte Fruchtrebe noch zu schwach und kurz sein, oder durch den Wind u. dgl. Schaden gelitten haben, schneidet man sie zu Zapfen auf zwei Augen, um für's künftige Jahr die fehlende Fruchtrebe aus denselben zu erziehen. Von den beiden Trieben, welche sich entwickeln, wird der schlechteste ausgebrochen. — Die alte Fruchtrebe behält man in diesem Falle noch ein Jahr bei und schneidet alle daran befindlichen eingekürzten Reben auf 4—6 Augen zurück (Fig. 43 aa). Sie liefern gewöhnlich noch eine sehr reichliche Ernte. Im folgenden Jahre wird alsdann die alte Rebe dicht an der erzogenen Fruchtrebe abgeschnitten, und diese an ihre Stelle gebunden. Die übrige Behandlung in Betreff des Einkürzens, Aufbindens u. dgl. geschieht, wie früher angegeben wurde.

Fig. 43.

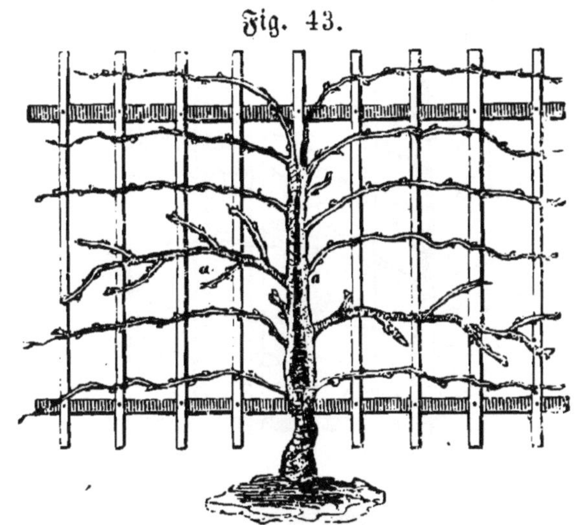

Soll der Weinstock einen größeren Raum, als eine Fläche von 50—60 Quadratfuß bekleiden, welche bei der angegebenen Behandlung immer lückenlos erhalten werden kann, so legt man die obersten Reben wieder kreuzweise über einander, wie bei Fig. 44, läßt nach den Seiten hin 6—8 Fruchtreben stehen und behandelt diese auf die früher angegebene Weise. Im folgenden Frühjahr bilden dann die kreuzweise über einander gelegten Reben (aa) in Verlängerung des Stammes und die mit Fleiß gezogenen Fruchtreben die Seitenruthen. — Hiermit wird so lange fortgefahren, bis der ganze Raum des Spaliers bekleidet ist.

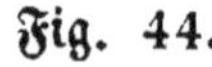

Fig. 44.

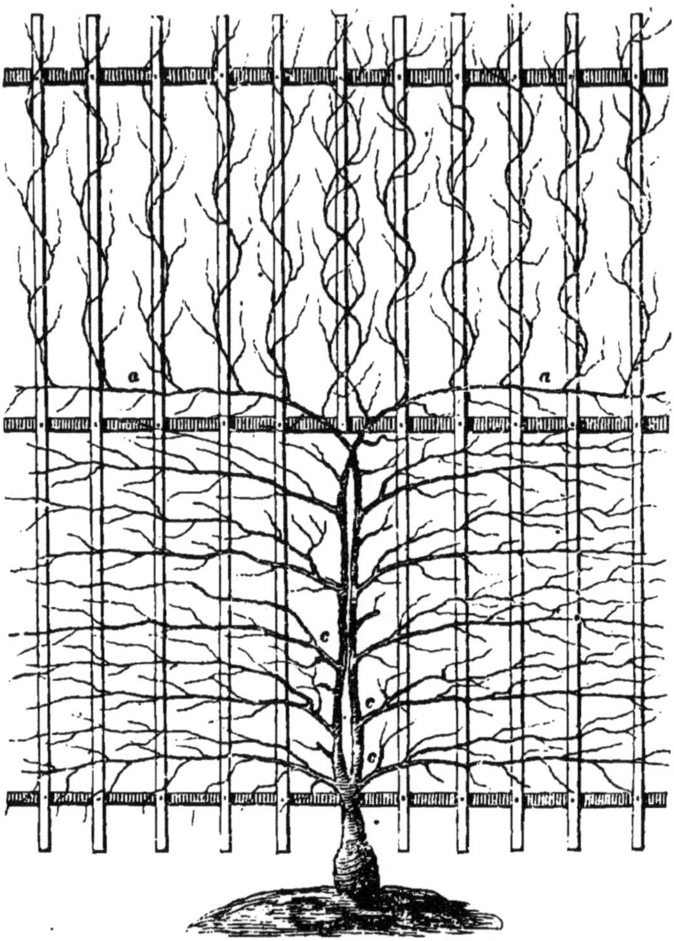

Durch das Bogenmachen zwingt man den Stock, nahe am Stamm junge Triebe (c) zu entwickeln. Diese erlangen zwar keine große Stärke, können aber im Herbst auf Zapfen geschnitten werden, und liefern dann im folgenden Jahre oft so starke und kräftige Ruthen, daß man sie zu Fruchtreben benutzen kann. Damit der Stock bei Kräften bleibe und stets starke, tüchtige Fruchtruthen hervorbringe, muß er alle 2—3 Jahre tüchtig gedüngt werden. Geschieht es zum Herbst, beim Anhäufeln der Erde, so ist es noch besser.

Bei solchen Weinstöcken, die ihre Reben erst über den untern Fenstern der Häuser, oder an hohen Gebäuden und Mauern über daneben stehenden Spalierbäumen, in die Höhe ausbreiten sollen, wird in den ersten Jahren die Bildung eines kräftigen, starken Stammes erstrebt, weshalb mehrmals die Rebe auf ein oder zwei Augen zurückgeschnitten wird. Hat der Stock nach einigen Jahren eine starke, kräftige Rebe getrieben, so wird diese in der beabsichtigten Höhe eingekürzt und alle Augen, außer den obersten zwei, die einander gegenüber stehen und die Fruchtruthen für das künftige Jahr bilden sollen, ausgebrochen. Den Sommer hindurch nimmt man alle am Stamm hervorkommenden Triebe bald nach ihrem Erscheinen weg, damit sie das Wachsthum der erzielten zwei Fruchtreben, welche fleißig angeheftet werden, nicht beeinträchtigen. Im folgenden Jahre legt man sie, von allen Nebentrieben gereinigt und bis auf's reife Holz eingekürzt, kreuzweise über einander und behandelt sie dann auf dieselbe Weise, wie die Reben bei den niederen Spalierweinstöcken. — Ein zeitmäßiges Anbinden und Einkürzen der Triebe ist bei so gezogenen Stöcken, da sie wegen der Höhe mehr dem Winde ausgesetzt sind, durchaus unerläßlich, wenn nicht die Bildung des Stockes unterbrochen werden soll.

Das Wichtigste in Betreff des Schnittes, des Ausbrechens u. dgl. soll nun, da hierauf das meiste ankommt, wenn man sich eines guten Erfolges erfreuen will, nochmals kurz zusammengestellt werden.

Im Frühlinge, so zeitig, als es das Wetter nur erlaubt, und schöne, sonnige Tage sich einstellen, werden alle Reben, die Früchte getragen haben, an den im Sommer mit Fleiß erzogenen Fruchtreben abgeschnitten, vorausgesetzt, daß diese die gehörige Stärke erlangt haben, sonst behält man die alten Fruchtreben, wie bei Fig. 42 aa und schneidet die Tragreben auf 4—6 Augen. Alle schwachen Triebe schneidet man auf 2—3 Augen zurück, um von ihnen neue kräftige Fruchtreben, welche stets die besten Trauben bringen, zu erhalten. Die Fruchtreben läßt man so lang, als es das Spalier zuläßt und die Reben reif sind. Dadurch erhält man oft 25—30 Trauben an einer Rebe.

Nach dem Schneiden wird der Stock recht schön und sauber angebunden, und das Fruchtholz vorsichtig gebogen, damit das zweite Auge sich recht stark entwickele und eine kräftige Fruchtruthe für's künftige Jahr treibe. Das erste Auge treibt gewöhnlich nur wenig. Schneidet man deren Trieb indeß im nächsten Jahre auf zwei Augen, und bricht dann später die schwächste Ruthe aus, so liefern sie meist noch starke, gesunde Fruchtreben, die man anstatt der alten Reben, da diese sich oft zu weit vom Stamme entfernen, benutzt, um die Fruchtreben diesem wieder näher zu bringen.

Vor der Blüthe bricht man 2—3 Blätter über dem obersten Scheine (dem Ansatze zur Traube) an den Ruthen, welche nicht zu Fruchtreben für's künftige Jahr bestimmt sind, die jungen Triebe ab, damit der Saft den Früchten und der jungen Fruchtrebe zu Gute komme. An den Zapfen bricht man die schwächste Ruthe aus und läßt nur eine, die kräftigste und beste, stehen. Diese, sowie die jungen Fruchtruthen, läßt man ungestört wachsen, und heftet sie späterhin fleißig an. Alle übrigen Ruthen, die keine Früchte haben, sowie alle Ruthen, welche Gabeln (ein Zeichen der Unfruchtbarkeit) bilden, schneidet man dicht am alten Holze ab. — Im Sommer, gegen Ende Juni, werden den ausgebrochenen (gekappten) Ruthen die Seitentriebe abgekürzt, die unausgebrochenen, für's künftige Jahr zu Fruchtreben bestimmten Ruthen indeß mit ihren Nebenzweigen fleißig angebunden, um sie vor dem Abbrechen zu sichern.

Der Spalierweinbau läßt sich in guten Lagen an passenden Häusern ungemein ausdehnen, indem man kleine etwas nach oben stehende Lattendächer anbringt, welche ebenfalls mit Reben bezogen werden. Diese liegenden Spaliere dürfen nicht über drei Fuß und wenn sie nicht sehr weit von einander angebracht sind, nicht über zwei Fuß vorstehen, weil sie sonst beschatten. Man kann daran Nägel oder Haken anbringen, um, wenn späte Fröste eintreten, Tücher u. s. w. daran hängen zu können, welche so das ganze Spalier schützen. Auch auf das Dach, an Dachrinnen, an vorstehenden Gallerien und Gebälken können die Reben gezogen werden.

132. Man kann in guten Lagen die früheren Weinsorten auch an freistehenden Spalieren ziehen. Will man mehrere in demselben Garten, so dürfen sie nicht so nahe zusammen liegen, daß ein Stock den andern beschatten könnte. Die Entfernung richtet sich nach der Höhe des Spaliers. Für Spaliere von acht Fuß Höhe würden zwar schon 8—12 Fuß Zwischenraum genügen, man würde aber dann den Zwischenraum nicht gut anders benutzen können, und es ist daher ge-

rathen, die einzelnen Spaliere 15—20 Fuß von einander anzulegen. Wo schon große Weinstöcke an einer Mauer vorhanden sind, ist es sehr leicht, solche freie Spaliere in der Entfernung von 8—10 Fuß von einander anzulegen, indem man die längsten geeigneten Reben der alten Stöcke niederbiegt und so in die Erde legt, daß sie das neue freie Spalier (Gegenspalier) erreichen. Dies ist der Entfernung und Ungleichheit der Reben wegen nicht immer mit einem Male und mit allen Reben gleich weit möglich. Man gräbt daher die Reben so ein, daß noch Tragholz aus der Erde steht, schlägt einen Pfahl dabei und bindet die jungen Reben (Ruthen) daran. So hat man gar keinen Verlust an Trauben. Im folgenden Herbst biegt man die Rebe wieder weiter. So neu gebildete Spaliere tragen sofort nach der Anlage ebenso reichlich, wie die alten. Später, wenn sich an den eingelegten Reben auf der andern Seite des Gegenspaliers Wurzeln genug gebildet haben, kann man die alten eingelegten Reben entfernen, was jedoch nur nöthig ist, wenn sie bei der Bearbeitung des Bodens stören.

133. Die Erziehung des Weinstockes an Lauben, deren Schönheit und Nützlichkeit ich schon gebührend hervorgehoben habe, ist den Hauptregeln nach dieselbe wie am Spalier, aber es gehört ein geschickter Weingärtner dazu, diese Regeln so anzuwenden und abzuändern, wie es für die Weinlaube nöthig ist. Die vollständigste Bekleidung ist hierbei die Hauptsache. Das Gestell der Lauben kann einfach aus rohem Holze, oder auf das Zierlichste vom Tischler, ganz aus Eisen oder aus Holz und Draht gemacht sein. Die Schönheit der Laube läßt später das Holzgerüst ganz übersehen, und es kommt nur auf den Ort an, wo die Laube steht. Gewöhnlich bildet man nicht eine bloße Laube, sondern einen förmlichen Laubengang von unbestimmter Länge. Dieser kann eine Pergola nach italienischem Muster sein, indem sie zu beiden Seiten offen und nur oben mit Reben bekleidet ist, oder nach einer oder beiden Seiten geschlossen, wie bei den Tyroler Rebenlauben, oder endlich an den Seiten nur bis zur Hälfte bewachsen, so daß sich eine Art Brüstung bildet. Lauben mit ganz geschlossenen Seiten eignen sich jedenfalls nur für heiße Lagen, und sind überdies als Schattengang nicht so angenehm als ganz, oder zum Theil offene Lauben. In Gegenden, wo die Trauben an Lauben nicht besonders gut reifen, nützt die Bekleidung mit Reben auf der Nord- oder Halbnordseite nichts,

weil hier die Trauben nicht reifen, und es ist besser, dieselbe, wenn man sie aus irgend einem Grunde geschlossen wünscht, mit andern Pflanzen zu beziehen. Es würde in solchen Lagen ferner der Güte und Ausbildung der von der Decke hängenden Trauben schaden, wenn die Seiten nicht von Brusthöhe an offen sind, damit die tiefer stehende Morgen- und Abendsonne hineinscheinen und die heiße Mittagsluft ungehindert durchstreichen kann. Die Höhe der Lauben ist willkührlich, sie darf aber in Gegenden, wo die Trauben nicht sicher reifen, nicht viel über Mannshöhe betragen, weil es, je näher dem Boden, um so wärmer ist. Hat man aber die Ueberzeugung, daß die Trauben an der Stelle gut reifen, so mache man die Lauben höher, denn der Aufenthalt darunter ist dann angenehmer, und die von der Decke hängenden Trauben sind sicherer. Die Breite muß natürlich verhältnißmäßig sein, doch sind die Weinlauben verhältnißmäßig um so einträglicher, je breiter sie sind, weil die Decke die meisten und schönsten Trauben trägt. Man kann daher auch ganze Plätze vor dem Hause, kleine Höfe, Hühnerhöfe, (hier sind sie des Schattens wegen ganz besonders nützlich), Eingänge u. s. w. ganz mit einem Laubdach überziehen. Was die Richtung nach der Himmelsgegend anbelangt, so muß sie sich meistens nach der Einrichtung des Gartens richten. Wo man es aber haben kann, da ist eine Richtung der Laube von Nord nach Süd oder in nahe kommender Richtung am vortheilhaftesten, indem so auch die Seiten von der Sonne gleichmäßig beschienen werden, und die Trauben zugleich reif und von gleicher Güte sind.

Die Bauart der Lauben kann nicht allein in der Hauptform, sondern auch nach der Kulturweise verschieden sein. Die Pfosten können 4—5 Fuß von einander angebracht werden, um an jedem derselben eine Rebe hinauf ziehen zu können. An der ächten Pergola, welche als Gartenzierde dienen soll, müssen die Säulen oder Pfosten 10—15 Fuß von einander stehen, und es ist dann die ganze Kultur auf wenige große Stöcke eingerichtet. Die Pfosten werden der Haltbarkeit wegen am besten auf Steinwürfel gestellt. Die Querlatten dürfen nicht über einen Fuß weit von einander stehen. Will man sie nicht so weit von einander, weil es, z. B. bei der ächten italienischen Pergola, im Ziergarten unpassend sein würde, so muß Draht dazwischen angebracht werden, um die Reben daran zu binden. Die Weinlauben sind so verschiedener Art, daß ich mich nur mit der Abbildung der gebräuchlichsten Formen deutlich machen könnte und dies würde uns über die diesem Buche gesteckten Grenzen hinausführen. Ich erwähne nur noch, daß wenn man die Lauben auch an der Decke nach Art der im dritten Bändchen von Hardy und mir ausführlich beschriebenen Winkelzugs ziehen will, ein doppeltes Dach von Latten vorhanden sein muß, so daß 1½ Fuß über der unteren Querlatte, woran die Arme der Rebe wagerecht angebunden werden, noch eine schwächere Latte angebracht wird, an welche man die Tragreben senkrecht anbindet. Die Querlatten müssen in diesem Falle weiter als sonst, mindestens 2 Fuß von einander stehen, weil sonst die senkrecht stehenden Fruchtreben weder Sonne noch Luft haben. Die Laube ist, so behandelt, allerdings nicht so schön, als wenn alle Reben und Ruthen liegend gezogen werden, aber der Ertrag ist so von ausgebildeten Stöcken ungeheuer. Wenn man stets eine in guter Ordnung gehaltene Rebenlaube haben will, so ist es, auch wenn man die Reben wagerecht anbindet, zweckmäßig, über der eigentlichen Decke noch ein lockeres Gitterwerk oder Draht zu ziehen, um die jungen Reben (Ruthen) im Sommer daran zu binden, denn dieselben lassen sich oft nicht sofort niederbiegen, ohne im Wachsthum gestört zu werden oder gar abzubrechen. Können sie aber in aufwärts steigender Richtung angebunden werden, so wachsen sie kräftig und dienen dazu, im folgenden Jahre die erschöpften Reben der untern (eigentlichen) Decke zu ersetzen.

Bei der Erziehung der Rebstöcke verfährt man wie am Spalier. An den Pfosten oder Säulen muß man alle Fuß von einander Zapfen schneiden und Augen zu erhalten suchen, um damit die Säulen grün zu erhalten. Soll an der Seite nur eine Brüstung (die untere Hälfte bis zur Brusthöhe oder niedriger) von Reben gezogen werden, so wendet man den im dritten Bändchen beschriebenen einfachen Winkelzug an, so daß 2—3 wagrechte Armreben über einander gezogen werden. Um an einer Zierlaube eine nur 2—3 Fuß breite Fläche gleichmäßig mit Reben zu beziehen, und zugleich reichlich Trauben zu ernten, wendet man den einfachen Herzstamm (Treille en palmette) an, wie er im dritten Bändchen Seite 154—155 beschrieben und Fig. 75 abgebildet ist. Es ist dies ein ausgezeichnet gutes Kulturverfahren, besonders auch an Häusern zwischen den Fenstern, überhaupt auf hohen, schmalen Räumen. Man darf jedoch nur schwachtreibende und kurzen Schnitt vertragende Sorten wählen, besonders die Gutedelarten, vorzugsweise den geschlitztblätterigen oder die Petersilientraube, deren schöne Belaubung sie für Zierlauben besonders geeignet macht. — Wenn man Lauben auf die gewöhnliche Weise bezieht und stark wachsende Sorten anwendet, so muß man auch die Seitenruthen (Geiz, Ableiter) benutzen, schneidet sie daher im Herbst nicht aus, sondern kurz auf Zapfen und Schenkel.

Von größter Wichtigkeit ist die rechte Wahl der Sorten. In Deutschland muß man in den meisten Gegenden zu Lauben die frühesten Sorten wählen, weil sie sonst nicht reif werden. In Nord- und Mitteldeutschland muß man sich daher auf den frühen Leipziger (Seidentraube, weißer Malvasier) beschränken, eine Sorte, die zugleich sehr stark wächst und lang geschnitten werden muß, was sie ganz für Lauben geeignet macht; ferner auch die noch frühere Berliner Seidentraube, die frühesten blauen Sorten (Clävner, Jakobstraube, Burgunder). An die Seiten und kleinere Lauben sind die frühen Gutedelsorten in warmen Lagen noch zu empfehlen. In den Weingegenden Süddeutschlands kommen andere vortreffliche, noch besser zu Lauben geeignete Sorten fort, so der Gänsefüßer oder Gänsefüßler (in der Badischen Pfalz), wovon es in Faßloch bei Handschuhsheim, in der Nähe von Heidelberg, Weinstöcke giebt, die einen 6—9 Zoll starken Stamm haben und eine Laube von 100 Fuß Länge bedecken, und wovon man (nach der Mittheilung des Herrn Bronner in Wisloch), schon von einem Stocke 4—5 Ohm Wein erhalten hat. Der blaue Trollinger (Schwarzwälsch oder Frankenthaler), der blaue Burgunder, der Sylvaner, der rothe Gutedel, Krachgutedel u. a. m. werden ebenfalls oft an Lauben gesehen. Im südlichen Tyrol endlich werden die schönen südeuropäischen Sorten mit 7 Pfund schweren Trauben, und Beeren von der Größe kleiner Zwetschen mit Vortheil gezogen. Ich empfehle hier noch die Nordamerikanische Isabellentraube (Vitis Isabella), eine besondere wirkliche Art des Weinstocks, mit über einem Fuß großen Blättern, von sehr raschem Wuchs und gegen Frost unempfindlich, allerdings aber mit Trauben von sehr untergeordnetem Werthe.

134. Die Erziehung des Weinstocks als freistehender Busch im Garten wurde schon im dritten Bändchen abgehandelt. Dieser Kultur

ist aber die Pyramidenform vorzuziehen, weßhalb ich eine kurze Anleitung dazu geben will. Solche Pyramiden sind in gut gelegenen, sonnigen Hausgärten, welche wenig Mauern für Weinspaliere haben, höchst zweckmäßig, und können einzeln zwischen andern Zwergobstbäumen auf den Rabatten stehen, müssen jedoch stets die sonnigste Lage haben. Pflanzt man zwei und zwei einander gegenüber, so läßt sich über den Weg ein Bogen anbringen, an welchem die Reben von beiden Seiten gezogen werden, wodurch der Ertrag noch stärker wird, und der Garten eine Zierde mehr erhält. Es eignen sich zur Pyramiden- und Buschform nur Sorten, welche kurz geschnitten werden können, vorzüglich die Gutedelarten, welches auch zugleich die besten Tafeltrauben sind. Bei einer andern Art von Pyramide, der Bogenpyramide, muß man stark treibende Sorten, die lieber bei langem Schnitt an Bogreben, als kurz geschnitten tragen, anpflanzen.

Die gewöhnliche Pyramide wird auf folgende Art gezogen und behandelt. Man schneidet im zweiten Jahre nach der Pflanzung die Rebe dicht am Boden, etwa auf 3 oder 4 Augen. Diese werden im dritten Jahre wieder kurz geschnitten. Von den sich entwickelnden Trieben werden 3 oder 4 der schönsten beibehalten, die übrigen beseitigt. Diese Ruthen werden im Sommer einzeln an dabei gesteckte Pfähle gebunden, und gut abgewartet. Im folgenden Jahre schlägt man 3 oder 4 Pfähle von 8—10 Fuß Länge einen halben bis einen Fuß vom Stamme fest, wie es Fig. 45 und 46 zu sehen ist.

Fig. 45.

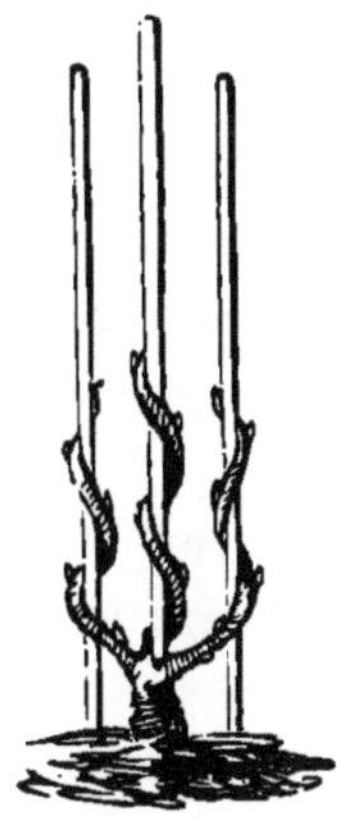

Nimmt man schwächere Stangen, so kann man dieselben an der Spitze fest zusammen binden, wie es bei Fig. 46 der Fall ist. Man schneidet nun die Reben auf 6 Augen und bindet sie um den Pfahl gebogen an, wie es Fig. 45 und 46 zu sehen ist. Treiben mehrere Augen an einer jeden Rebe, so werden sie, falls keine Trauben daran sind, zeitig ausgebrochen. Es handelt sich nun darum, den Stock stets jung zu erhalten, so daß die Reben, welche getragen haben, jedes

Fig. 46.

Jahr weggeschnitten werden. Als Fruchtrebe des nächsten Jahres dient jedesmal der Trieb aus dem untersten Auge jeder der drei oder vier Reben. Die Fruchtruthen, d. h. die Ruthen mit Trauben werden wie gewöhnlich im Sommer eingekürzt und gegeizt. Jedes Jahr werden die Reben, welche getragen haben, über der erzogenen Fruchtrebe abgeschnitten. Diese Rebe muß so tief wie möglich sitzen; wäre sie aber zu schwach, so kann man auch eine höhere dazu bestimmen. Hat ein stark treibender Stock zu viele Reben, so daß sie am Stocke keinen Platz finden, und Verwirrung anrichten, so kann man zwei bis drei der schönsten, anstatt sie auszubrechen, nach der Seite ziehen, wie es im dritten Bändchen Seite 152 beschrieben und Fig. 74 abgebildet ist. Oder man zieht sie in Bogen über den Weg und von einem Stock zum andern.

Fig. 47.

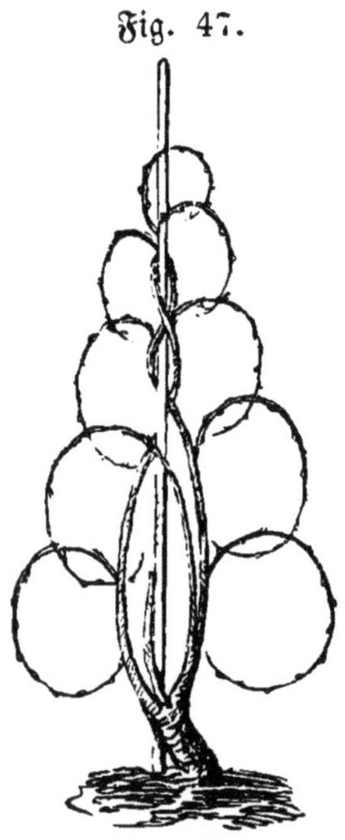

Die Bogenpyramide, deren Gerippe Fig. 47 zur Anschauung bringt, eignet sich für solche Sorten, die gern als Bogreben und lang geschnitten gedeihen; z. B. die Trollinger, rother Gutedel, Burgunder, Elbling u. s. w. Sie bedarf nur eines starken Pfahls; doch würde sich das Bogenbinden (wenn man sonst nicht nöthig hat, einige Pfähle zu sparen) mit Hilfe einiger ringsum eingesteckten kurzen Bohnenstangen noch besser machen. Die Reben werden lang geschnitten, und, wie Fig. 47 zeigt, im Bogen nach unten am Pfahl festgebunden. Der aus dem obersten, d. h. eigentlich aus dem untersten Auge der Bogrebe sich bildende Trieb wird aufwärts angebunden, bildet die Fruchtrebe des folgenden Jahres und wird darnach behandelt, bleibt diese Ruthe zu schwach, so wird die nächste starke genommen.

135. Man kann den Weinstock auch als Einfassung von Gartenabtheilungen und an andern Orten ziehen. Kecht giebt hierzu folgende Anweisung:

„Es werden Stäbe in gerader Linie 5 Fuß aus einander so in die Erde geschlagen, daß sie $1\frac{1}{2}$ Fuß hervorstehen, und auf diese der Länge nach eine Spalierlatte genagelt. Die Weinstöcke stehen 12 Fuß aus einander, jeder hat zwei Reben, welche so auf die Latte zu binden sind, daß sie zusammen stoßen. Die Ruthen werden auf beiden Seiten über den Reben angeheftet. Auf solche Weise können mehrere Stöcke eine lange Linie bekleiden, wobei dieselbe Behandlung, wie bei den Pyramiden anzuwenden ist. Diese Einfassungen haben vorzüglich im Herbst ein schönes Ansehen. Im Fall die unterste, zur künftigen Rebe bestimmte Ruthe durch Unvorsichtigkeit abgebrochen würde, wählt man die folgende, schon geköpfte, und läßt an derselben einen Ableiter wachsen, wodurch jene ersetzt wird, und behandelt sie wie eine ungeköpfte. Es ist von letzterer zuverlässig eine tragbare Rebe zu erwarten. Selbst, wenn auch diese beschädigt werden sollte, wird die alte Rebe mit ihren Schenkeln jenen Platz bekleiden, ohne daß man besorgen darf, daß die Weineinfassung Lücken oder fehlerhafte Oeffnungen behalten werde. Auch können auf jeder Seite zwei Reben auf der Latte angebunden werden. Auf ähnliche Weise lassen sich übrigens alle beliebigen Figuren bekleiden."

136. Es ließe sich über den Weinbau zur Erziehung von Tafeltrauben im Garten noch sehr viel sagen, aber wir müssen uns mit dem Nothwendigsten begnügen. Ich will nur noch von der Winterbedeckung das Nöthigste erwähnen. Die Winterbedeckung ist in den rauheren Gegenden Deutschlands das größte Hinderniß eines allgemeinen Weinbaues, macht viele Arbeit, ist aber nicht zu umgehen, denn selbst die Weingegenden sind nicht immer sicher vor dem Erfrieren. In Städten und Höfen an warmen Gebäuden und Ställen findet man allerdings auch in Norddeutschland alte Weinstöcke, die schon länger als ein halbes Jahrhundert stehen und unbedeckt die heftigste Kälte ausgehalten haben, allein solche Fälle sind doch selten. Man muß daher an eine Bedeckung denken. Bei dem gewöhnlichen Weinbau in Fächerform, bei Pyramiden und andern Buschformen lassen sich nicht zu alte Rebstöcke unschwer in die Erde legen, wenn man auf einer Seite etwas Erde abgräbt. Die Bedeckung mit Erde ist stets die beste. Leider ist sie nicht immer anwendbar, entweder, weil daß Pflaster das Eingraben unmöglich macht, oder weil die Stöcke sich gar nicht niederlegen lassen. Im ersteren Falle muß man trocknes Laub oder alte trockene Gerberlohe zur Bedeckung nehmen und dasselbe mit Bretter oder Steinplatten belegen, damit der Deckstoff trocken bleibt. Reben, welche nicht umgelegt werden

können, müssen mit Stroh, Schilf, Binsen, Nadelholzreißig 2c. zugebunden werden. Stroh mit Aehren zieht Mäuse an, welche auch oft im Sommer in den Mauern sitzen bleiben und die Trauben benaschen; aber auch im Winter in Ermangelung von Futter die Augen und die Rinde benagen.

22. Der Stachelbeerstrauch.

137. Die Stachelbeere ist so recht eine Frucht für rauhe, sonnenarme Gegenden. Damit soll nicht gesagt sein, daß sie in einer solchen besonders gut gedeihe, denn die Früchte werden in guten Wein- und Waizengegenden schmackhafter, sondern nur, daß sie in den kälteren Regionen unseres Landes noch gut fortkommt und die beste Frucht für rauhe Gegenden ist. Stachelbeeren finden immer einen guten Markt, sind das willkommenste Naschobst und geben, gehörig zubereitet, mit oder ohne Johannisbeeren, einen Wein, der abgelagert dem besten Spanischen und Griechischen Traubenwein kaum nachsteht. Die Stachelbeere trägt jedes Jahr, und Mißernten entstehen nur durch Raupen, die jedoch leicht vertilgt werden können. Was aus der Stachelbeere gemacht und wie sie zu benutzen ist, kann man nur in England sehen, wo in keinem Gärtchen musterhafte Anpflanzungen fehlen. Mit größter Vorliebe und in größter Vollkommenheit aber werden sie in Lancashire allgemein kultivirt, und die dortigen Stachelbeeren sind so ausgezeichnet und von solcher Vollkommenheit, daß Fremde diese Frucht kaum als Stachelbeeren erkennen. Auch in Holland werden sie mit Glück kultivirt, und es scheint, als ob sie in feuchten Niederungen vorzugsweise gut gedeihen. Man hielt es früher für eine Unmöglichkeit, in Deutschland so große und schöne Beeren zu erziehen, wie in England, weil die von dort bezogenen großfrüchtigen Sorten bei uns ausarteten, und nicht größer als unsere alten Sorten wurden, was lange Zeit gegen neue Einführungen aus England einnahm. Allein die neuere Zeit hat bewiesen, daß die Ausartung blos eine Folge schlechter Kultur war, weil wir früher alle Stachelbeeren schlecht kultivirten. Gegenwärtig ist es eine bekannte Thatsache, daß wir in Deutschland ebenso große und gute Stachelbeeren ziehen können, wie in England, wenn wir sie darnach behandeln.

Es giebt frühe und späte Stachelbeeren, Sorten, die sich halbreif für die Küche besser eignen, als andere; endlich ist der Geschmack, obschon im Allgemeinen nicht vorstechend, doch sehr verschiedener Art. Gewöhnlich hat jedes Familienglied seine Lieblingssorte. Man suche bei der Wahl der Sorten allen Bedürfnissen Rechnung zu tragen. Mag man auch in England besonders auf Größe der Frucht sehen, um auf Ausstellungen damit zu prunken und Preise zu gewinnen, so ist es doch erwiesen, daß sehr große Früchte meist hartschalig und selten schmackhaft, dagegen Mittelfrüchte von der Größe einer ziemlichen Wallnuß bis zur Größe eines Taubeneies die besten zu jedem Gebrauche sind. Da fortwährend neue Sorten aus Samen gezogen werden, so ist die Nennung bestimmter Sorten unnütz, da die meisten nicht lange in der Mode bleiben oder mit andern Worten, daß die Verzeichnisse der Gärtner nie lange dieselben Sorten führen. Es giebt indessen auch Sorten, deren Werth so anerkannt ist, daß sie in den Privatgärten in England beständig fortgehalten werden, so z. B. rothe: Wilmot's early red, Red Champaign, Warrington (Manchester red), Old Iroumonger, Red Wallnut, Captain, Admirable, Smooth red; grüne: Green Gascogne, Green Wallnut, Withe Smith, Green globe; gelbe: Golden drop, Great amber, Globe amber, Great Mogul, Haery globe, Sulplur, Concoror, Golden-Knap; weiße: Royale Georg, Crystal, Withe Walluut, Withe reined, Withe Dutsch. Von diesen genannten Sorten, die ich auf Loudon's Empfehlung hin genannt habe, findet man wahrscheinlich in einigen Jahren in den Verkaufskatalogen kaum eine mehr, weil die Handelsgärtner nur Neuheiten führen. Man thut am besten, sich aus einer bekannten Sammlung ein Sortiment zu verschreiben, und davon die besten zu behalten. Allerdings muß man darauf gefaßt sein, daß manche davon werthlos sind *). Zum Einmachen ist die grüne Wallnuß-Stachelbeere (Green Wallnut) in Lancashire als die beste erkannt.

*) Eine Beschreibung der bekannten Sorten enthält das Werk: „Monographie der Stachelbeeren" vom Staatsrath von Pansner, herausgegeben von H. Maurer, Handelsgärtner in Jena. Der Herausgeber besitzt auch die von Pansner'sche Sammlung und vielleicht das größte Sortiment in Deutschland. Stachelbeeren, von deren ausgezeichneter Güte ich mich selbst überzeugen konnte, führen die Gärtnereien von James Booth und Söhne in Flottbeck bei Hamburg, und Möhring et Comp. in Arnstadt in Thüringen. Die meisten größeren Handelsgärten und Baumschulen haben große Sortimente der neuesten englischen Stachelbeeren.

Man kann die Stachelbeeren als einzelne Büsche, in Hecken, und als Bäumchen kultiviren. In Hecken kann man nie schöne Früchte ziehen, doch kann es Fälle geben, wo diese Anpflanzung zu empfehlen ist, indem man im Innern des Gartens eine niedrige Hecke nöthig hat, wozu sich der Stachelbeerstrauch sehr gut eignet. Solche Hecken liefern Beeren zum Verkauf, zur Weinbereitung und in die Küche. An Büschen, wo aber die Zweige nicht bis auf den Boden hängen dürfen, und an Bäumchen zieht man die besten Beeren. Am besten sind kleine Bäumchen, wenigstens Sträucher, mit nur einem Stamm. Die Bäumchen haben außerdem noch den Vortheil, daß kleine Kinder, die bekanntlich den unreifen Stachelbeeren nicht widerstehen können, nicht gut dazu können, wodurch sie vor mancher Krankheit bewahrt bleiben. Man pflanzt die Sträucher entweder auf Rabatten, mit andern Obstbäumen und Sträuchern regelmäßig vertheilt, oder man macht davon größere Anpflanzungen, ganz auf die Weise, wie von Zwergobstbäumen (vergl. §. 36), so daß die einzelnen Sträucher in den Reihen mindestens vier Fuß und die Reihen 6—8 Fuß von einander stehen. An Mauern pflanzt man selten Stachelbeeren, gleichwohl ist dem Liebhaber dieser Frucht sehr zu empfehlen, einige Stöcke von Frühsorten an südliche Mauern zu pflanzen, um frühere und schönere Früchte zu bekommen, andere späte Sorten an Nordmauern, um noch spät im Sommer davon ernten zu können. Unter den Fenstern den Hauses kann meist doch weder ein Weinstock, noch ein Obstbaum stehen. Der Boden muß von bester Beschaffenheit, mehr leicht als schwer, sehr düngerreich sein, und einen trockenen Untergrund haben. Der beste Gartenboden ist der geeignetste. Ist das Land feucht, so kann man nur gute Früchte ziehen, wenn es entwässert wird. Zur Anpflanzung nimmt man meist bewurzelte Ableger, Stecklinge oder Ausläufer von ungefähr einem Fuß Höhe. Dieselben tragen schon im zweiten Jahre nach der Pflanzung. Auch kleinere Pflanzen sind gut, wenn sie nur gut bewurzelt sind. Sträucher, welche schon braunes Holz haben und zeigen, daß sie schon mehrere Jahre in der Baumschule gestanden und getragen haben, sind am wenigsten werth. Man schneidet die überflüssigen Zweige, welche die Krone zu dicht machen, ganz aus, die übrigen auf den dritten Theil ihrer Länge zurück. Ist nur ein Zweig vorhanden, wie es bei guten jungen Pflanzen oft der Fall ist, so schneidet man diesen auf die Hälfte zurück. Die untersten Augen werden ausgebrochen, wenn sie zu treiben beginnen, und oben 3—5 Triebe, welche die Hauptäste des Busches bilden, gesichert sind. Will man Stämmchen ziehen, so schneidet man ein Jahr nach der Pflanzung den ganzen Strauch dicht an dem Boden ab, worauf dieser in gutem Boden starke Triebe macht, von denen man den schönsten beibehält und durch Anbinden gerade zieht. Die beste Pflanzungszeit ist der Herbst und Winter. Will man erst im Frühlinge pflanzen, so müssen die Sträucher schon im Herbst oder Winter ausgegraben sein, weil sie sonst im ersten Frühjahr treiben.

Die Stachelbeeren erscheinen sowohl an jungem, als älterem Holze, sogar an kurzen Fruchtspießen, die an mehr als fünfjährigem Holze sitzen. Die schönsten Früchte trägt das junge vorjährige Holz, wornach sich auch das Beschneiden richtet. Um die Büsche gut in Ordnung, lange jung und tragbar und vorzügliche Früchte zu erhalten, müssen sie zweimal, nämlich im Winter bis März, und im Sommer Ende Mai bis Ende Juni beschnitten werden. Das Sommerbeschneiden hat keinen andern Zweck, als die zu dicht oder schlecht stehenden jungen Triebe und Wassertriebe am Stamm und Ausläufer, (wenn man diese nicht zur Fortpflanzung braucht) zu entfernen, ehe sie zu groß werden, ehe sie den Strauch in Unordnung bringen und den Früchten schaden. Dabei schneidet man auch die fruchtlosen kleinen Zweige im Innern des Strauches und selbst einzelne mit kleinen Beeren besetzte Zweige aus, wodurch die bleibenden sehr gewinnen. Die Hauptarbeit ist das Winterbeschneiden. Die beste Zeit dazu ist in den letzten schönen Wintertagen und Anfang März. Hat man indessen viel zu schneiden, so kann man auch schon im Herbst beginnen, nur verschiebe man das Einkürzen der Tragzweige bis zum Frühjahr. Man entfernt, wie bei den Obstbäumen, alle zu dicht stehenden, sich reibenden, über einander liegenden Zweige, ferner die zu alt gewordenen, mit schlechtem Tragholz versehenen Zweige und Aeste, um dafür aus Wasserreisern (starken Sommertrieben aus altem Holz) junge zu ziehen. Die Leitzweige, (Endtriebe der Hauptzweige) schneidet man 10—12 Zoll lang, wenn sie krumm gewachsen sind, jedoch an der Biegungsstelle über einem nach oben stehenden Auge ab. Die Seitenzweige kann man ein wenig einspitzen. Zu dicht stehende kleine Zweige schneidet man auf 2—3 Augen, sie treiben dann kurzes Tragholz. Ein starkes Beschneiden aller Zweige würde nur starken Holztrieb hervorbringen. Man muß sich daher auch hüten, die Krone der Form wegen stark zu beschneiden, wenn man Früchte haben will, und schneide deßhalb lieber im Sommer, weil dann der Holztrieb schwach bleibt. Läßt ein Strauch an Fruchtbarkeit nach, oder werden die Früchte klein, so schneidet man ihn stark auf altes Holz zurück. Aeltere Stämme schneidet man über der Erde ab, und zieht von den entstehenden Trieben oder Ausläufern einen neuen Stock, der schon nach zwei Jahren wieder groß ist. Gewöhnlich zeigen alte Stöcke schon von selbst viele Ausläufer oder Räuber, die sonst immer entfernt werden müssen. Das Land um die Sträucher muß, wo nicht alljährlich, doch alle zwei bis drei Jahre gut gedüngt werden. Sehr dienlich ist im Winter und Frühjahr ein Guß mit Mistjauche, wodurch zugleich die Raupen für den Sommer abgehalten werden sollen. — Will man Früchte sehr lange aufbewahren, so läßt man sie am Strauche und umbindet sie, sobald sie reif werden, mit Strohmatten, um die Sonne abzuhalten. Nimmt man hierzu späte, hartschalige Sorten, so halten sich die Beeren bis zum Winter.

23. Der Johannisbeerstrauch.

138. Obschon die Johannisbeeren frisch nicht so beliebt sind, als die Stachelbeeren, so sind sie doch in der Küche und Conditorei noch gesuchter, auch ist ihre Verwendung zu Wein allgemeiner. Auch diese Frucht geräth jedes Jahr und die Sträucher haben nicht einmal von Raupen zu leiden. Es giebt nur einige wirklich zu unterscheidende Sorten, obschon neuerdings eine Menge auftauchen, die jedoch von den vorhandenen nicht verschieden sind. Die wichtigsten sind: die gemeine rothe, weiße und fleischfarbige Johannisbeere, wie sie durch Kultur verbessert sind. Eine bessere Spielart bildet die holländische hellrothe, holländische dunkelrothe und weiße oder gelbe. Die rothe holländische ist die späteste von allen Sorten, und deßhalb gut, um sie aufzubewahren. In neuerer Zeit sind durch Kultur noch mehrere durch Größe der Früchte und Frühreife ausgezeichnete Sorten entstanden. Die Kirsch-Johannisbeere hat rothe Beeren von der Größe einer mäßigen Kirsche, an 4—5 Zoll langen Trauben, ist gut von Geschmack und eine wahre Zierde des Fruchttellers. Die hochrothe frühe Johannisbeere ist wegen ihrer früheren Reife schätzbar. Queen Victoria kommt der Kirsch-

Johannisbeere nahe und ist sehr gut. Die gestreifte Johannisbeere von der Größe der gemeinen weißen ist roth und weiß gestreift.

In Bezug auf Boden, Pflanzung und Behandlung ist der Johannisbeerstrauch der Stachelbeere fast gleich. Er gedeiht auch in schwerem Lehmboden noch vortrefflich und scheut die Feuchtigkeit nicht so, bringt jedoch dann schlechtere Früchte. Sie tragen nur an älteren, jedoch zunächst dem jungen Holze. Das Beschneiden ist nicht so nothwendig, wie bei Stachelbeeren, weil der Strauch weniger Zweige bildet; aber dennoch nicht ganz entbehrlich. Erzeugt sich von selbst kein Fruchtholz, so schneidet man die kleineren Zweige auf kurze Sporen oder Zapfen von einem halben Zoll Länge, woraus sich zahlreiche Fruchtzweige entwickeln. Sehr lange Triebe schneidet man an einem gut sitzenden Seitenzweige ab. Dabei wird die Form immer berücksichtigt. Der Busch muß innen stets luftig sein, wie ein Obstbäum, und es ist daher auch Gebrauch, in die Mitte einige Reife zu befestigen und die Zweige ringsum anzuheften. Auch der Sommerschnitt ist zweckmäßig, indem die Beeren, wenn die Zweigspitze 4—5 Zoll über denselben abgeschnitten wird, größer und besser werden, und der nächste Frühjahrstrieb schwächer bleibt, also mehr Fruchtholz bildet.

Es ist zweckmäßig, auch Johannisbeersträucher an das Spalier zu pflanzen, und zwar an südliche Mauern, um sie früher, und an nördliche Mauern, um sie noch spät zu haben. Man erhält die Beeren frisch am Stocke bis spät in den Herbst, wenn man sie mit Strohdecken umgiebt. Das Zurückschneiden auf altes Holz vertragen die Johannisbeeren eben so gut, als die Stachelbeeren und es muß sogar bei den ersteren öfter geschehen, weil sie schneller wachsen und oft lange, kahle Aeste bilden. Bäumchen von 6—8 Fuß Höhe lassen sich sehr leicht bilden, indem man von den starken Trieben einen ausästet und anbindet. Es gehört jedoch fetter Boden dazu, um sie hoch zu bekommen. Die hoch an freistehenden Bäumchen gezogenen Früchte werden etwas später reif, und sollen mehr Säure haben, als die von niedrigen Sträuchern. Die Schönheit der rothen Früchte macht den Johannisbeerstrauch für den Ziergarten sehr geeignet *).

*) Eine besondere Anleitung der Kultur am Spalier und in Becherform enthält das dritte Bändchen, S. 176—177.

24. Die schwarze Johannisbeere oder Muscatellerbeere.

139. Diese Frucht hat wenig Liebhaber, weil ihr eigenthümlich starker Geschmack (wovon sie auch den Namen Wanzenbeeren führen) unbeliebt ist. Dagegen sind sie ausgezeichnet zu Wein, allein oder noch besser als Zusatz zu rothen Johannisbeeren, zu feinem Branntwein, (dem französischen Cassis), ferner mit Honig zu Meth. Man kann die schwarze Johannisbeere zu jedem Obstmost bringen und mit vergähren lassen, wodurch ein feiner Muscatellergeschmack entsteht.

Die Behandlung ist ganz die der gemeinen Johannisbeere, man giebt sich indessen selten die Mühe des Beschneidens. Jedenfalls müssen die sehr stark wachsenden und sich ausbreitenden Büsche so ausgeschnitten werden, daß kein unnützes Holz und der Busch locker bleibt. — Es giebt außer der gewöhnlichen Art eine Sorte mit großer Frucht, Victoria genannt, eine andere mit gelber, süßer Frucht, und eine mit großen Trauben.

25. Der Himbeerstrauch.

140. Himbeeren sind allgemein beliebte Früchte, und zum Einmachen, wegen ihres unvergleichlichen Aroma's nicht zu ersetzen. Es giebt davon mehrere ausgezeichnete Sorten. Außer den gewöhnlichen rothen und gelben Gartenhimbeeren sind folgende in Kultur: Die große gelbe Himbeere von Antwerpen, groß, süß und frühzeitig. Die Fastolff (fälschlich auf Falstaff) sehr süß, volltragend und fest am Stiele sitzend. Die rothe und weiße Monatshimbeere (Wunder der vier Jahreszeiten, franz. Merveille des quatres saisons). Die bekannte rothe Monatshimbeere ist eine vortreffliche Frucht, bildet Sträucher von 8—10 Fuß Höhe und trägt zweimal, oder vielmehr vom Juli bis Herbst unaufhörlich, aber die späteren Früchte reifen nur in sehr warmer Lage *) Belle de

*) Bei mir werden die Früchte vom jungen Holze, welche die Nachernte bilden, nie reif, dagegen bin ich mit der Haupternte sehr zufrieden. Die Lage ist allerdings nicht warm, aber doch sonnig und geschützt genug. Ich empfing diese Sorte unter dem Namen Wunder der Jahreszeiten, glaube aber, daß sie von der Monatshimbeere nicht verschieden ist, daß beide gleich sind.

Fontenay oder die Zwerghimbeere, bleibt ganz niedrig und hat große Früchte. Die Gambon-Himbeere (Gambon) ist sehr lang und volltragend. Die französische, fleischfarbige und die orangefarbige aus Amerika sind beide süß und früh. Unter den neuesten Sorten werden gerühmt: Fine withe, Masson's Traubenhimbeere, die Rothenburger Traubenhimbeere, Magnum bonum, Ratters new Giant, Paragon, Queen Victoria.

Die rothen Sorten eignen sich wegen des stärkeren Aroma's mehr zum Einmachen, zu Saft u. s. w., die gelben, fleischfarbigen und weißen zum Rohgenuß. Letztere sind früher, und man bekommt sie, weil sie nur schwachen Himbeergeschmack haben, nicht so leicht überdrüssig, wie die rothen.

Man weist den Himbeeren in vielen Gärten den schlechtesten, schattigsten Platz an, weil keine andere Frucht an solchen Stellen fortkommt. Dies sollte aber nur im Nothfall geschehen, denn die in der Sonne stehenden Sträucher liefern viel bessere Beeren und in größerer Menge. Die Sträucher müssen so weit von einander stehen, daß zwischen jedem ein freier Raum bleibt. Bei gedrängter Pflanzung pflanzt man meist nur einen bewurzelten Ausläufer, bei einzelnen Stöcken auf Rabatten 3—4 in ein Loch. Der Boden muß $1\frac{1}{2}$—2 Fuß tief rigolt und stark gedüngt werden. Wenn der Ertrag immer gut sein soll, so muß man sie nicht länger als 5—6 Jahre auf demselben Platze stehen lassen. Düngung oder Auffüllung mit guter Erde ist jedes Jahr nöthig. Man hält Schweinemist für die beste Düngung. Ein Guß mit Mistjauche im Winter und Frühjahr bekommt sehr gut, und kann sogar nach dem Verblühen, jedoch dann verdünnt, noch mit großem Vortheil angewendet werden. Alljährlich im Herbst oder Frühjahr schneidet man das abgestorbene vorjährige Holz am Boden ab. Das Tragholz wird je nach seiner Stärke länger oder kürzer geschnitten. Läßt man die Zweige unbeschnitten, so erhält man nur kleine Früchte. Die Zweige werden an Pfähle gebunden, und man muß auch oft die jungen Triebe, welche das nächste Jahr tragen, im Sommer anbinden, damit sie nicht abbrechen. Ich halte es für zweckmäßig, bei den nur einmal tragenden Sorten die getragen habenden Stengel sogleich nach der Fruchternte abzuschneiden, damit das neue Holz sich besser ausbilden kann.

Soviel von der allgemein gebräuchlichen Kultur. Ich will nun zwei abweichende Kulturarten angeben, nämlich die Heckenkultur und die Herrmann'sche Einzelnkultur. Bei der Heckenkultur gräbt man einen Graben aus, und pflanzt die jungen Sträucher einzeln, je 1—$1\frac{1}{2}$ Fuß von einander. Da sie kurz geschnitten werden, so bedürfen sie im ersten Jahre des Anbindens nicht. Dies ist aber unerläßlich für die Sommertriebe, welche das nächstjährige Tragholz bilden. Zu diesem Zwecke schlägt man in entsprechender Entfernung Pfähle ein, schneidet sie drei Fuß über dem Boden ab, und nagelt Bohnenstangen (a) darauf. An diese Stangen werden die jungen Triebe locker angebunden. Im folgenden Frühjahr bindet man die Stämmchen vor dem Schneiden in schräger Richtung nach einer Seite an die Stange b. Hierdurch entsteht ein Bogen und es werden alle Augen zum Austreiben und Fruchttragen gezwungen, während bei dem senkrechten Anbinden die unteren schlafend bleiben, Fig. 48 zeigt dies deutlich. Nach dem Anbinden schneidet man die Spitzen in ziemlich gleicher Höhe ab. Die jungen Triebe werden wieder an die einige Zoll davon angebrachte Querstange a senkrecht angebunden, damit die Früchte frei bleiben. Solche Hecken sind vortrefflich, da sie nicht viel Raum wegnehmen und überaus reichlich tragen. Sie kommen indessen nach einigen Jahren in Unordnung, indem die Sommertriebe oft zu weit von der Querstange austreiben, und mit Mühe daran gebunden werden können; auch entstehen Lücken zwischen den Reihen. Man hat daher stets darauf zu sehen, daß nur die gut stehenden Ausläufer aufwachsen. Dieses Verfahren ist in Deutschland schon lange hie und da gebräuchlich, obschon es neuerdings als Dubreuil's Methode bekannt gemacht worden ist. Diese letztere hat jedoch einige Abweichungen. Die hauptsächlichste besteht darin, daß man zu beiden Seiten des Pflanzgrabens Dämme bildet, die Stöcke tief pflanzt und alljährlich mit Komposterde auffüllt. Dies Verfahren halte ich für außerordentlich nützlich bei jeder Art von Kultur.

Fig. 48.

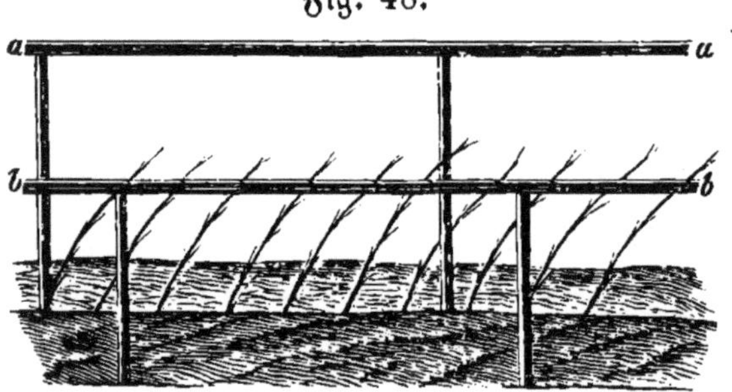

141. Das Verfahren des Herrn Herrmann, Gutsbesitzer in Ottmarsheim bei Besigheim in Württemberg, mitgetheilt in der Monatsschrift für Pomologie u. s. w. von Lucas, welches ich Baumkultur nennen will, weicht von allen bekannten Kulturen ab und scheint das beste und einträglichste, und verdient allgemeine Nachahmung. Ich gebe nachstehend dieses Kulturverfahren vollständig, wie es in der Monatsschrift S. 57—58 von Herrn Lucas beschrieben wird, mit der dazu gehörigen Abbildung Fig. 49.

Fig. 49.

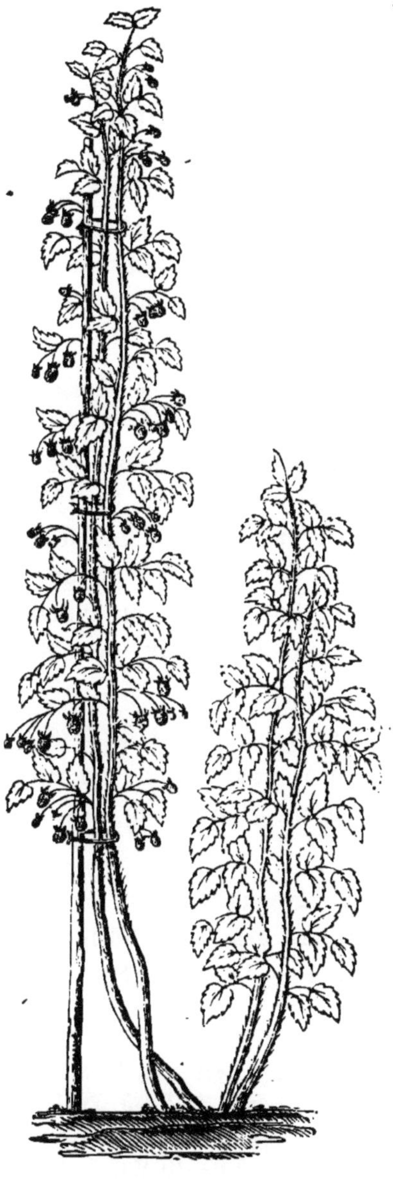

„Pflanzung. Man setzt die Pflanzen im Spätherbst oder ganz zeitig im Frühjahr auf gut umgegrabenes oder nach Bedürfniß rigoltes und gut gedüngtes Land; am zweckmäßigsten in einfache Reihen, je 3½—4 Fuß von einander entfernt. Die Setzlinge werden ½ Fuß über dem Boden eingestutzt, um recht kräftige junge Sommertriebe zu erhalten. Während des Sommers wird der Boden um die Stöcke herum fortwährend locker und rein gehalten, und mehremal mit verdünnter Gülle oder in Wasser gelöstem Kloakendünger begossen, was einen außerordentlich günstigen Einfluß auf die Ergiebigkeit der Stöcke äußert.

Schnitt. Schon im August, also sogleich nach der Ernte, werden alle Fruchthölzer, die abgetragen haben, am Boden weggeschnitten; von den aus den Wurzelstöcken hervorkommenden Schößlingen werden, außer den 2—3 stärksten und schönsten, die Mitte

Mai, wenn die jungen Wurzeltriebe 1 Fuß lang gewachsen sind, ausgewählt werden, alle nachkommenden im Boden weggeschnitten. Die jungen Triebe erreichen in einem Jahre eine Höhe von 10—15 Fuß *). Es wird denselben im Frühjahr nur die oberste Spitze ½—1 Fuß lang weggeschnitten, welche, da sie nicht immer ganz ausreift, mitunter durch Fröste leidet und etwas eintrocknet. Im Mai, wenn die Seitentriebe, welche die Früchte liefern sollen, 2 Zoll lang hervorgetrieben sind, werden dieselben vom Boden an bis 2½ Fuß an den Stöcken hinauf ausgebrochen, damit diese den oberen, welche frühere und bessere Früchte liefern, nicht unnöthig die Nahrung rauben. Bei der Merveille-Himbeere, deren Sommertriebe schon im ersten Jahre Fruchtruthen austreiben, werden im Frühjahr alle diese Nebenzweige auf 3—4 Augen eingestutzt, wonach die bleibenden Augen Ende Juni wieder tragen und die ersten Himbeeren liefern.

Anheften. Dies ist bei dieser Erziehungsart eine Arbeit von großer Wichtigkeit und es werden dazu Pfähle von 15 Fuß Länge (Bohnenstangen) erfordert. Man heftet an diese im Frühjahr die vorjährigen Schosse an und steckt den Pfahl je 1½ Fuß von der Pflanze entfernt ein, damit die jungen Triebe gut und ungestört in die Höhe wachsen können. Anfang August, sowie die Ernte vorüber ist, und die abgeleerten Zweige am Boden weggeschnitten sind, werden die inzwischen 5—6 Fuß hoch gewachsenen 2—3 jungen Triebe an die Pfähle geheftet.

Im ersten Jahre thut man wohl, nur 1, höchstens 2 Triebe zu behalten, und alle andern wegzunehmen; vom zweiten Jahre an werden an den stärkeren Stöcken drei Triebe wachsen gelassen, an den etwas schwächeren nicht mehr als zwei.

Die Stöcke, die nach dieser Methode behandelt, ganz frei stehen und Luft und Sonne in hinreichendem Grade genießen, behängen sich von 2½ Fuß über dem Boden an, bis zu 12—14 Fuß Höhe voll der

---

*) Dies wird Vielen kaum glaubhaft erscheinen. Aber man bedenke, daß alle Kraft, die sich sonst in viele Stengel vertheilt, nur in 2—3 Triebe geht und daß durch Düngung noch geholfen wird. Ich führte auch oben schon an, daß die Monatshimbeere (Wunder der vier Jahreszeiten) 8—10 Fuß hoch wird.

herrlichsten und schönsten Früchte und geben als die reizendsten Pyramiden eine große Zierde für jeden Garten.

Der durchschnittliche Ertrag ist 2 Maaß (4 Pfund) Früchte vom Stock, bei recht guter Behandlung und reicher Sommerdüngung wurden auch schon 3 Maaß geerntet. Dies entspricht einem Geldertrag von 24 bis 30 kr. Nimmt man nun bei $3\frac{1}{2}$—4 Fuß Entfernung 15 Quadratfuß für den Stock an, so kommen auf 100 Quadratfuß 6—7 Stöcke, die, den Ertrag eines Stockes nur durchschnittlich zu 20 kr. angeschlagen, 2 fl. bis 2 fl. 30 kr. jährlich eintragen, was auf $^1/_4$ Morgen schon beinahe 200 fl. ausmacht.

Die Stöcke dürfen nicht länger als sechs Jahre an derselben Stelle stehen, denn nach dieser Zeit vermindert sich ihr Ertrag und die Früchte werden kleiner; man thut also wohl, um stets Himbeeren in vollem Ertrag zu haben, je alle 3 Jahre eine neue Pflanzung anzulegen".

Dies Verfahren hat noch den Vortheil, daß die hoch hängenden Früchte nicht den Näschereien ausgesetzt sind, dagegen den Nachtheil, daß man zum Pflücken eine Doppelleiter haben muß.

26. Der Brombeerstrauch.

142. Die Brombeere ist eine zwar meist verachtete, von vielen Personen aber doch sehr gern gegessene Frucht, und in der That größerer Aufmerksamkeit werth. Im Garten gezogene Brombeeren schmecken vortrefflich, und die Früchte reifen zu einer Zeit (im August und September) wo andere Beeren selten sind. Man hat außer der großen kultivirten schwarzen Brombeere noch eine sehr wohlschmeckende mit grüngelben Beeren und die großfrüchtige Armenische. Die Sträucher sind etwas schwer in Ordnung zu halten und das Anbinden an Latten oder Stäbe ist nicht wohl möglich, weil die Ranken stets nach dem Boden zu wachsen und weit auseinander gehen. Am besten ist folgende Kultur. Man pflanzt die Stöcke 3—4 Fuß von einander in 4—5 Fuß von einander entfernte Reihen. Hierauf schlägt man zwischen je 2 Büsche einen Pfahl so ein, daß er zwei Fuß hoch hervorsteht. Von einem Pfahl zum andern wird übers Kreuz starker Draht gespannt, so daß ein förmliches Netz entsteht, auf welches die Ranken gelegt und ausgebreitet werden. Im Frühjahr wird das trockene Holz, welches getragen

hat, wie bei den Himbeeren ausgeschnitten, das junge eingekürzt. Die meiste Schwierigkeit macht es, den Boden von Unkraut rein zu erhalten. Man muß deßhalb, wie bei den Himbeeren, alljährlich die Erde so gut es geht, umgraben. Man könnte auch ein Verfahren wie bei der Himbeerkultur in Hecken anwenden und die Zweige wie bei Fig. 48 im Bogen anbinden. Die beiden Stangen müßten dann jedoch mindestens 2 Fuß von einander sein. Die Brombeerpflanzung muß sonnig liegen und es eignen sich am besten Abhänge dazu. Hat man überflüssige Mauern, so kann man einige Sträucher am Spalier ziehen, wo sie 10—12 Fuß hoch werden.

27. Der Berberitzen- oder Sauerdornstrauch.

143. Dieser Strauch wird selten im Obstgarten gezogen, obschon seine Früchte mit Zucker eingemacht sehr gut schmecken, den Magen stärken und der sauere Saft in vielen Fällen den Zitronensaft ersetzen kann. Bei dem Conditor ist die Beere zum Färben sehr beliebt und man macht davon besondere angenehm schmeckende Kügelchen. Außer der rothen Berberitze giebt es noch eine rothe ohne Kerne (die aber oft Kerne hat), von angenehmer, nicht starker Säure, eine großfrüchtige rothe, eine mit süßer Frucht von angenehmem Geschmack, eine violette oder blaue süße, und eine weiße Sorte. Sie sind wegen ihrer schönen Früchte auch im Ziergarten sehr willkommen. Die Berberitzen gedeihen nur in trockenem Boden gut, derselbe kann aber auch steinig und schlecht sein. In gutem Gartenboden und sonniger Lage werden jedoch die Früchte größer und besser. Wenn die Sträucher einmal gepflanzt sind, läßt man sie frei wachsen. Es ist jedoch zweckmäßig, die Büsche von zu dicht stehenden Zweigen zu befreien und sie zuweilen auf altes Holz einzuschneiden, weil sonst die Früchte klein werden.

28. Der Hollunderstrauch.

144. Die so nützlichen und in vielen Häusern auch in der Küche angewandten Hollunderbeeren können nicht wohl anders als im Obstgarten oder allenfalls auf dem Hofe gezogen werden. Es giebt davon Abarten mit geschlitzten Blättern, welche eine große Zierde des Landschaftsgartens sind, ferner mit rother und weißer Frucht. Die Kultur beschränkt sich auf das Erziehen eines Stammes von 5—8 Fuß Höhe

und das Bilden einer Krone. Später wird nur das trockne und überflüssige Holz ausgeschnitten. — Man braucht die Beeren, außer in Apotheken, zum Untermischen mit Zwetschen, Aepfel und Birnen, wenn Muß (Latwerge, Kraut) gekocht wird, auch häufig zu frisch gekochten Zwetschen. Ferner macht man davon den Hollunderwein, ein angenehmes, leichtes, gesundes Getränke. Auch die Blüthen werden in einigen Gegenden benutzt, indem man sie in Pfannkuchenteig legt, und wie Pfannkuchen bäckt.

29. Die Hanebuttenrose, oder der große Rosenapfel.

145. Dieser Strauch (Rosa pomifera v. villosa) trägt Früchte von der Größe eines ziemlichen Taubeneies von runder Form und braunrother Farbe. Sie werden wie die gemeinen wilden Hanebutten zu Suppen und Saucen benutzt und eingemacht, sind aber viel fleischiger, ergiebiger und wohlschmeckender. Der Strauch wird 6—8 Fuß hoch und bedarf keiner andern Pflege als des Ausschneidens der zu dicht stehenden und trockenen Aeste, und ein Zurückschneiden auf altes Holz, wenn die Früchte klein werden.

Zwölfter Abschnitt.

Die Pflege der Obstpflanzungen durch Baumwärter.

146. Wer diese Blätter mit Aufmerksamkeit gelesen hat und überhaupt einen Begriff von den vielfachen Arbeiten hat, welche die Obstpflanzungen verursachen, wird zugeben, daß ausgedehnte Anlagen nicht ohne einen sich ausschließlich damit beschäftigenden Mann unterhalten werden können. Mag auch der Besitzer eines kleinen Gartens die vorkommenden Arbeiten zum Theil oder ganz selbst verrichten, in den meisten Fällen wird er doch einen geschickten Gartenarbeiter und Baumgärtner zu Hilfe nehmen müssen. Leider gehören geschickte Baumgärtner,

namentlich solche, die auch die Behandlung der Formbäume, also den Baumschnitt im weitesten Sinne verstehen, in Deutschland zu den Seltenheiten. Am schlimmsten sind die Gemeinden daran, die ihre Pflanzungen meistens dem ersten besten Tagelöhner, der kaum einen Begriff von der Obstbaumzucht hat, übergeben müssen. Besser sind diejenigen Länder daran, wo das Institut der Baumwärter schon längere Zeit besteht. Dies sind Leute aus dem Arbeiterstande, die in einer Staatsanstalt oder in einer vom Staate als Schule anerkannten Gärtnerei sich Kenntniß der Obstbaumzucht erworben haben, und von Gemeinden förmlich als Baumwärter angestellt werden, oder die als Selbstunternehmer verschiedene Gärten und Gemeindepflanzungen übernehmen, und dafür vertragsmäßig oder im Tagelohne bezahlt werden. Bis jetzt fehlen den meisten Baumwärtern, auch den besseren, noch die Kenntnisse der höheren Obstbaumzucht und sie verstehen nur die gewöhnlichen hochstämmigen Obstbäume zu behandeln. Allein sie sind fähig, auch die feinere Obstbaumzucht zu lernen und so die Gärten von Privatleuten zu besorgen.

Der Zweck dieser Schlußzeilen ist hauptsächlich, die Gemeinden zu bestimmen, ihre Obstanlagen solchen Leuten zu übertragen, um die Regierungen der Länder, wo es noch keine vom Staate angestellte und geprüfte Baumwärter giebt, darauf aufmerksam zu machen, wie wichtig ja nothwendig diese Leute für die Landeskultur sind. Die Baumwärter müßten von der Regierung für einen Ort oder gewissen Bezirk förmlich bestätigt werden, wie es z. B. mit den Thierärzten, Chirurgen u. s. w. der Fall ist. Die Gemeinden dürften keinen ungeprüften Baumwärter anstellen. Kleinere Gemeinden können sich zusammenthun, so daß mehrere nahliegende nur einen Baumwärter anstellen. Nur auf diese Weise ist es möglich, daß gute Obstpflanzungen allgemein werden, daß sie die darauf verwendeten Kosten bezahlt machen, und daß dieses Gemeindeeigenthum gut verwaltet wird. Geschickte Baumwärter sind nach dem Urtheile aller Sachverständigen das beste und einzig praktische Mittel, um die Obstbaumzucht eines Landes zu heben.

147. Obschon in dem unter meiner Aufsicht stehenden Bezirk an vielen Orten Baumwärter angestellt sind, darunter mehrere gute, und ich zur Ausbildung junger Leute als Baumwärter beigetragen habe und noch beitrage, so will ich doch meine Erfahrungen und Ansichten denen

des Herrn Garteninspektors Lucas in Hohenheim unterordnen, da derselbe in dem Königlich landwirthschaftlichen Institut als Vorsteher der Gartenbauschule schon viele Baumwärter gebildet und im Auftrag der Königl. landwirthschaftlichen Centralstelle eine Instruktion für die Gemeindebaumwärter in Württemberg entworfen hat, welcher ich das Nachstehende meistens entnehme. In Württemberg ist die Obstbaumzucht bereits auf einer so hohen Stufe der Vollkommenheit, daß wir kein besseres Muster nehmen können. Ich hoffe dadurch Gemeinden, welche noch keinen Baumwärter haben, oder bei welchen in dieser Beziehung noch nicht die nöthige Ordnung herrscht, durch diese Mittheilungen einen Dienst zu leisten, verweise sie aber außerdem noch auf das unten genannte Buch, da dasselbe eine vollständige Belehrung für Baumwärter enthält*).

Die allgemeinen Bestimmungen von Lucas lauten:

„§. 1. Die Gemeinde überträgt die Arbeiten (Pflege) sämmtlicher ihr zugehörigen an Straßen und Allmandplätzen, sowie auch auf den in Pacht gegebenen Gemeindeländereien befindlichen Obstbäume einem Baumwärter.

§. 2. Derselbe hat alle erforderlichen Arbeiten bei der Anpflanzung und Pflege der Obstbäume selbst zu verrichten, oder unter seiner Aufsicht und Verantwortlichkeit ausführen zu lassen, und wird dabei durch die Gemeindebehörde oder einem von dieser beauftragten Sachverständigen beaufsichtigt.

§. 3. Der Baumwärter erhält aus der Gemeindekasse jährlich einen bestimmten allgemeinen Lohnsbeitrag. Sein Hauptverdienst ergiebt sich jedoch aus den für die einzelnen Arbeiten zu berechnenden Akkordlöhne.

§. 4. Unter Beibehaltung dieser Akkordslöhne ist der Baumwärter auch gehalten, die zur Baumpflege gehörigen Arbeiten auf Privatbaumgütern, in Gärten u. s. w. zu übernehmen, vorausgesetzt, daß die Arbeiten bei der Gemeinde hierdurch keinerlei Beeinträchtigung erleiden.

§. 5. Die Privaten, welche die Dienste des Baumwärters in Anspruch nehmen wollen, haben sich deßhalb an den Gemeindevorstand

*) Dieses Buch führt den Titel: „Der Obstbau auf dem Lande, dargestellt als Entwurf einer belehrenden Instruction für Gemeindebaumwärter", von Ed. Lucas. Stuttgart 1848.

zu wenden, welcher, je nach der Dringlichkeit der Arbeiten, sowie nach der Reihenfolge der Anmeldungen, den Baumwärter zur Ausführung dieser Arbeiten überweisen wird.

§. 6. Der Gemeindebaumwärter hat für die zu gewissen größeren Geschäften nöthigen Hülfsarbeiten zur rechten Zeit selbst zu sorgen und dieselben nach Maßgabe ihrer Leistungen zu bezahlen. Die Gemeinde rechnet nur mit dem Baumwärter selbst; sie wünscht, daß zu solchen Arbeiten besonders lernbegierige, jüngere Arbeiter, sowie auch ältere Schulknaben verwendet würden.

§. 7. Der Baumwärter hat das ganze Jahr hindurch alle 2—3 Wochen einmal die sämmtlichen Obstpflanzungen der Gemeinde zu durchsehen, und nöthig gewordene Arbeiten sofort zu erledigen; außerdem ist er besonders verpflichtet, nach Stürmen sich sogleich zu überzeugen, ob die des Pfahles noch bedürftigen Bäume nicht losgerissen, oder ob durch Windbruch andere Schäden vorgekommen sind.

§. 8. In jedem Spätherbst, unmittelbar nach der Obsternte, hat der Baumwärter eine genaue Angabe über die Zahl und den Zustand der Commun-Obstbäume der Behörde vorzulegen. Hiervon sind besonders die abgängigen, alten Bäume, wie auch die fehlenden und zu ergänzenden jüngeren zu bezeichnen. Mit dieser Angabe wird der Baumwärter etwaige Vorschläge zu Veränderungen, resp. Neuanlagen übergeben. Es ist wünschenswerth, daß, wie in manchen Orten, z. B. bei Eßlingen, jeder Baum numerirt sei, und unter dieser Nummer in einem Hauptverzeichniß eingetragen werde. Diese Numerirung erleichtert besonders den Verkauf der Obsternte.

§. 9. Unter Beiziehung eines Mitgliedes der Behörde oder eines von dieser Beauftragten, hat auch der Baumwärter die sämmtlichen in der Gemarkung liegenden, mit Obstbäumen bepflanzten Staats- und Vicinalstraßen jeden Herbst zu durchgehen, um zu sehen, ob die auf den Aeckern der verschiedenen Grundbesitzer stehenden Obstbäume gut erhalten, gehörig gepflegt und die Reihen vollständig sind.

§. 10. Das Ergebniß dieser Untersuchung wird in Bezug auf die stattgefundenen Umstände und nothwendigen Abhülfen von der Behörde den betreffenden Grundbesitzern mit der Anweisung baldiger Erledigung mitgetheilt.

§. 11. Wird von den Eigenthümern die zur Erhaltung der Baumreihen an Straßen nothwendige Ergänzung und Pflege verabsäumt, so wird die Behörde die unerläßlich nöthigen, durch das allgemeine Beste gebotenen Arbeiten durch den Baumwärter, und zwar auf Kosten des säumigen Besitzers ausführen lassen. Namentlich wird jeder bis Mitte April in den Reihen noch fehlende Obstbaum sofort durch den Baumwärter gepflanzt, wobei der Besitzer des Grundstückes über die Wahl der zu pflanzenden Obstsorte entscheiden kann.

§. 12. Die erforderlichen Werkzeuge hat der Baumwärter anzuschaffen, und selbst zu erhalten. Er empfängt jedoch bei seinem Eintritt zur ersten Anschaffung derselben einen Beitrag von 12 fl. Verläßt er früher als nach 3 Jahren seinen Dienst, so ist derselbe zum Ersatz der Hälfte dieses Betrages baar oder in vollkommen guten, brauchbaren Werkzeugen verpflichtet. Zur Erhaltung und Nachschaffung von Werkzeugen ist noch außerdem je alle 3 Jahre ein Beitrag von 5 fl. zugesetzt. Dies geschieht in der Voraussetzung, daß der Baumwärter sich bemühe, neuere verbesserte Instrumente und Werkzeuge, die einen practischen Werth haben, anzuschaffen, und dadurch zu verbreiten.

§. 13. Die nöthigen Baumpfähle und Stützen liefert die Gemeinde; die zweckmäßige Aufbewahrung der letzteren und des Vorraths von Pfählen hat der Baumwärter zu besorgen, wozu ihm erforderlichen Falls ein Lokal überwiesen wird.

§. 14. Zur Gewinnung der Bindeweiden hat der Baumwärter auf einem ihm dazu zu überweisenden, geeigneten Allmandplatz einen Weidensatz anzulegen und vorzüglich die Goldweide zur Anpflanzung zu wählen. Auch ist ihm gestattet, nöthigenfalls aus dem Gemeindewalde sich seinen Weidenbedarf kostenfrei zu entnehmen.

§. 15. Baumwachs und Baumpech zum Veredlen hat der Baumwärter selbst anzuschaffen, so auch Bast und was sonst noch zu diesem Zwecke gebraucht wird.

§. 16. Den zum Verstreichen vieler Wunden erforderlichen Steinkohlentheer wird der Baumwärter für Rechnung der Gemeinde billigst ankaufen. Den gewöhnlichen aus 1 Theil Lehm, 1 Theil strohfreiem Kuhmist, ½ Theil Asche, etwas feinem Sand und Kuhhaaren bestehenden Baummörtel hat der Baumwärter selbst beizuschaffen.

§. 17. Die benöthigten Düngungsmaterialien, als Gülle, Dungsalz u. s. w. wird die Gemeinde ankaufen und überweisen. Der Baumwärter wird dabei besonders auf die Compostbereitung aufmerksam gemacht, und ihm hierfür ein außerordentliches Prämium (Belohnung) in Aussicht gestellt.

§. 18. Alle nöthig werdenden Fuhren, zum Beifahren und Abholen der Baumstützen, des Abholzes, der Baumstangen und Weiden u. s. w. übernimmt auf vorherige Anzeige die Gemeinde. Dem Baumwärter liegt jedoch die Beaufsichtigsing dieser Fuhren ob."

Ich vermisse unter diesen Bestimmungen eine über das bei dem Ausputzen großer Bäume abfallende Brennholz, und will, da in dieser Hinsicht in manchen Gemeinden schlechte Einrichtungen getroffen sind, meine Meinung aussprechen. Das Ausputzholz wird meistens dem Baumwärter als Lohnsbetrag oder besondere Begünstigung überlassen. Dies ist durchaus nachtheilig und zwar aus folgenden Gründen. Ist der Baumwärter gewissenlos und auf seinen Vortheil mehr als auf den der Gemeinde bedacht, so schneidet er, besonders wenn er es nothwendig braucht, manchen Ast ab, den er stehen lassen würde, wenn er das Holz nicht bekäme. Dies geschieht sogar bei ziemlich ehrlichen Leuten, fast unbewußt und wird zur Gewohnheit, denn der eigene Vortheil ist der größte Feind des allgemeinen Besten. Welche Nachtheile dadurch entstehen können, liegt auf der Hand. Das Gegentheil entsteht, wenn der Baumwärter auf seinen guten Ruf mehr bedacht ist, als auf die gute Baumpflege, und Holz an den Bäumen läßt, welches fort müßte, um nicht in den Verdacht zu kommen, als mache er sich etwas zu nutze. Dies geschieht aus Angst, den Dienst zu verlieren, und zur Vermeidung von Anklagen. Es giebt in allen Gemeinden viel Aufpasser, die darüber schreien, wenn ein Ast weggenommen wird, und durch diese wird der Baumwärter ängstlich. Man verkaufe daher das Ausputzholz, mag es viel oder wenig sein, und entschädige den Baumwärter auf andere Weise; besonders wird es zweckmäßig sein, dem Baumwärter in guten Obst- und Einnahmejahren ein besonderes Geschenk zu machen.

148. Ich will nun noch einige von Lucas aufgestellte besondere Bestimmungen anführen.

Der Baumwärter erhält für jeden Baum zu pflanzen: bei Neuanlagen 12 kr., bei älteren Pflanzungen 15 kr. Dafür leistet er nicht nur die sämmtlichen angeführten Arbeiten, als Setzen, Anbinden, Einbinden mit Dornen, sondern er übernimmt auch die Verbindlichkeit, daß sie anwachsen. Er hat die Verpflichtung, die nicht anwachsenden Bäume, insofern keine außerordentliche Ursachen des Mißrathens nachzuweisen sind, zur Hälfte des Betrags zu ersetzen und ohne Ersatz zu pflanzen.

Der Baumwärter erhält für das Ausputzen der Kernobstbäume und Wallnußbäume von dem Jahre an, wo das Beschneiden aufhört (5—6 Jahre nach der Pflanzung) 3 kr., für Kirschen-, Pflaumen, und Zwetschenbäume 1 kr., einschließlich des Verstreichens der Wunden mit Theer oder Baummörtel.

Für das Verjüngen (Abwerfen der Aeste) eines Kernobstbaumes erhält der Baumwärter je nach der Größe 3—6 kr., für einen Zwetschenbaum 2—4 kr. *) — Bei umgepfropften Bäumen erhält er für jede Pfropfstelle 4 kr., einschließlich des zu verbrauchenden Materials (Wachs, Baumsalbe, Bast u. s. w.) Dieser Lohn wird erst bezahlt, wenn die Edelreiser gewachsen sind Für das Abkratzen der Rinde eines kleinen Baumes wird ½—1 kr., bei größeren 1—2 kr., für das Abwaschen eines Stammes 2—3 kr. bezahlt, einschließlich der dabei gebrauchten Werkzeuge.

Für das Abraupen eines Baumes im Winter, d. h. Abnehmen aller Nester von Winkelraupen (Baumweißlings-Raupennester) 1—4 kr. Die Gemeinde bestimmt jedoch, ob und wann dies geschehen soll. — Für das Anlegen und klebrig erhalten der Theerbänder zur Abhaltung der Spannraupen (Raupen des Frost-Nachtfalters) wird für jeden Baum 1 kr. bezahlt. Es geschieht vom Ende October bis zum Eintritt starker Kälte **).

Für das Aufgraben des Bodens (Umschoren) im Herbst 3—4 Fuß vom Stamme wird durchschnittlich ¾ kr. bezahlt.

Bei dem Abschätzen des Obstertrages, sowie bei dem Verkauf muß der Baumwärter zugegen sein, um sich die Käufer zu bemerken, sowie auch bei der Schätzung (Behufs der Theilung) die Nummern oder Loose bezeichnen. Für diese Dienstleistungen, sowie für die Aufsicht bei der Obsternte bekommt der Baumwärter keinen besonderen Lohn. Bei den,

---

*) Dieser Lohn erscheint mir zu gering, indem ein großer Baum leicht einige Stunden aufhält.

**) Hierbei kann unmöglich der Theer oder was man sonst anwenden will und Papier mit inbegriffen sein. Bei großen Bäumen ist 1 kr. schon zu wenig.

Baumbeschädigungen erkannten Geldstrafen erhält er die Hälfte, um ihn zur strengen Aufsicht anzuspornen.

Alle übrigen Arbeiten werden im Taglohne gemacht. Der Baumwärter erhält außer der Bezahlung der einzelnen Arbeiten und des Tagelohns, wenn er arbeitet, noch einen bestimmten Lohn. Lucas nimmt 50 fl. an. Dafür hat er zu leisten: Allgemeine Aufsichtsführung, regelmäßige Umgänge in allen Pflanzungen, Berichterstattung über den Stand der Pflanzungen, Schutz der neu angepflanzten Obstbäume, Anbinden der des Pfahls bedürftigen Bäume, nöthige Hülfe bei Krankheiten und Unfruchtbarkeit (Ausschneiden der Wunden, Aderlassen u. s. w.), Aufsicht bei der Obsternte, Hülfe beim Einschätzen des Obstertrages.

Am besten ist es, wenn eine Gemeinde den Baumwärter so gut bezahlt, als sie es nach Maßgabe der vorhandenen Pflanzungen und deren Einträglichkeit kann, denn so wird sie am ersten vor Schaden bewahrt. Bei fleißigen Leuten finde ich es zweckmäßig, Tagelohn zu bezahlen, denn manche Akordarbeiten werden sonst zu schnell und leichtsinnig gemacht, z. B. das Pflanzen, Reinigen u. s. w. Auch ist die Aufsicht und Nachrechnung (Controle) bei den Akkordarbeiten zu lästig und weitläufig, und verlangt einen besonderen Beamten; fällt aber eine genaue Nachrechnung weg, so kann der Baumwärter machen was er will. Bei dieser Nachrechnung fallen leicht Streitigkeiten und Verdrießlichkeiten vor.

Es ist zweckmäßig, dem Baumwärter zugleich das Amt eines Gemeindedieners, Nachtwächters oder einen ähnlichen öffentlichen Dienst zu übertragen, damit er einen Gehalt bezieht, der ihn vor Mangel schützt. So wird er am ersten ein eifriger, treuer Diener der Gemeinde sein.

Druck von C. W. Leske in Darmstadt.

Verzeichniß
von Obstbaumschulen in verschiedenen Gegenden Deutschlands und dem angrenzenden Auslande.

Indem wir hier den Obstbaumfreunden ein Verzeichniß von Baumschulen geben, wobei wir die Arbeit des Herrn Professor K. Koch in Berlin im Hülfs- und Schreibkalender für Gärtner pr. 1856 zu Grunde legten, dieser aber noch manche Adressen hinzufügten, bemerken wir, daß dies Verzeichniß, da uns nicht alle Baumschulen bekannt sind, keinen Anspruch auf Vollständigkeit machen kann, und natürlich selbst manche renommirte Baumschule fehlen mag. So haben wir z. B. nur wenige Baumschulen aus Berlin und der Gegend, aus dem Königreiche Sachsen, Hessen, Baden, Würtemberg, keine aus Braunschweig, Meklenburg-Strelitz, Nassau u. s. w. anführen können. Baumschulenbesitzer, welche Ihre Verzeichnisse von Obstbäumen ehestens franco unter Kreuzband an die Verlagshandlung einschicken, können noch in einer neuen Ausgabe Aufnahme finden.

Wem an besonderen, seltneren Baumsorten gelegen ist, möge sich besonders an die Staats- und Vereinsbaumschulen wenden, außerdem an die mit einem * bezeichneten größeren Anstalten.

Anhalt.

In Zerbst: Hr. Corthum (Reben).

Baden.

* „ Wiesloch bei Heidelberg: Hr. Oekonomierath Bronner (Rebenschule).

Bayern.

„ Fachtelberg bei Passau: Hr. Franz X. Huber.

„ Frauendorf bei Wilshofen: Hr. Eug. Fürst (Practische Gartenb.-Gesellsch. in Bayern).

„ Freising: Central-Obstbaumschule.

„ Friesdorf bei Ansbach: Königliche Baumschule.

„ Kadolzburg bei Nürnberg: Hr. Pomolog F. J. Dochnal.

„ Kadolzburg bei Nürnberg: Hr. Heinrich Haffner.

„ Kadolzburg bei Nürnberg: Hr. Leop. Haffner.

In Landshut: Städtische Hofgärtnerei (Hofgärtner Grill).

„ München: Landwirthschaftl. Vereinsgarten.

„ München: Magistratsgärtnerei (Obergärtner Schuster).

„ Neustadt a. d. Hardt: Hr. Hahn.

„ Nürnberg: Heerdegens Garten (Obergärtner Reigel).

„ Ober-Wiesenfeld bei München: Hr. Hirschberger.

„ Nürnberg: Tölke u. Ceurtin.

„ München: Königliche Baumschule im englischen Garten.

„ Nymphenburg bei München: Königl. Baumschule.

„ Passau: Hr. Höger.

„ Passau: Hr. Schreit.

„ Schleißenheim b. München: Königl. Baumschule.

„ Schönbusch bei Aschaffenburg: Königl. Baumschule.

„ Speyer: Hr. Beutelspacher.

„ Speyer: Hr. Welten.

In Weyenstephan: Königliche Baumschule.

Belgien.

„ Vilrorden bei Brüssel: Hr. Virert.

„ Brüssel: Hr. Pomolog Dr. Jonghe.

„ Lüttich: Hr. Jakob Makoy.

Freie Städte.

Frankfurt.

„ Frankfurt a. M.: Hr. Hett.

„ Frankfurt a. M.: Hr. Alois Kellner.

„ Frankfurt a. M.: Hr. Rath.

„ Frankfurt a. M.: Hrn. B. u. J. Rinz.

„ Frankfurt a. M.: Hr. Scheuermann.

„ Sachsenhausen bei Frankfurt a. M.: Hr. Dietzel.

Hamburg.

* „ Flottbeck bei Hamburg: Hrn. James Booth und Söhne.

„ Hamburg: Hr. F. G. L. Jürgens, Gerrits Nachfolger.

„ Hamburg: Hrn. J. H. Ohlentorf und Söhne.

Lübeck.

„ Lübeck: Hrn. Bang u. Comp.

„ Lübeck: Hr. Christian von Brocken.

„ Lübeck: Hr. Friedrich von Brocken.

„ Lübeck: Hr. Louis Getzel (L. Pohlmanns Nachfolger).

„ Lübeck: Hr. C. Größner.

„ Lübeck: Hr. Fritz Größner.

„ Lübeck: Hr. F. Kirchner.

„ Lübeck: Hr. Philipp Paulig.

„ Lübeck: Hrn. J. S. Stelzner und Schmalz, Nachfolger.

„ Travemünde bei Lübeck: Hr. H. Behrens.

Frankreich.

* In Bollwiller bei Straßburg: Hr. A. N. Baumann.

„ Bollwiller bei Straßburg: Hrn. Joseph Baumann und Söhne.

Hannover.

„ Hannover: Königl. Obstbaumplantage.

* „ Herrenhausen bei Hannover: Königlicher Großer Garten.

Hessen.

„ Alzei: Hr. Braun.

„ Bessungen bei Darmstadt: Hr. Noack.

„ Cassel: Hr. George Bohl.

„ Cassel: Hr. August Schollhas, Nachf. (Paul Dollberg).

„ Wilhelmshöhe bei Cassel: Kurfürstliche Baumschulen.

„ Darmstadt: Garten der Knabenarbeitsanstalt (Verwalter Klett).

„ Darmstadt: Hr. L. Schneeberger.

„ Fulda: Kurfürstliche Landesbaumschule.

„ Fulda: Hr. Schwedler.

„ Mainz: Hrn. Gebr. Mardner.

„ Metz: Hr. Simon Louis.

„ Offenbach: Hr. Grundel.

Holstein.

„ Deckenhuden: Hr. Beckenthal.

Mecklenburg.

„ Güstrow: Hr. Behnke.

„ Belitz bei Laage: Hr. Müschen, Organist.

„ Rostock: Hr. Rösner.

„ Schwerin: Hr. Witzel.

Niederlande.

„ Echternach: Hr. Wagner.

* „ Gent: Hr. L. von Houtte.

* „ Wetteren bei Gent: Hr. Ad. Paglau.

* In Clausen, Vorstadt v. Luxemburg: Hr. August Wilhelm, (Dominikanergarten).

Oldenburg.

„ Jever: Hr. August Kunze und Sohn.
„ Ovelgäme: Hr. Wiesel.
„ Rastede bei Oldenburg: Hr. Walther.

Oesterreich.

„ Jungbunzlau: Hr. Schenal (Böhmen, Gitschin).
„ Lemberg: Hr. Meier (Galizien).
„ St. Florian bei Linz: Klostergarten.
„ Mailand und Turin: Hr. Burdin-Maggiore.
„ Medyka: Hr. Blaschek (Galizien).
„ Prag: Hr. Paul.
„ Preßburg: Hr. Kerner (Ungarn).
„ Preßburg: Hr. Urbanek.
„ Tetschen: Schloßgarten, Obergärtner F. Jost (Böhmen).
„ Wien: A. C. Rosenthal.
„ Wien: Joseph Weiringer.
„ Laxenburg bei Wien: Kais. Baumschule.

Preußen.

Brandenburg.

„ Arnswalde: Hr. Scharlock.
* „ Alt-Geltow und Sanssouci bei Potsdam: Königliche Landesbaumschule.
* „ Berlin: Hr. Lorberg.
„ Berlin: Hr. Lotwesen.
„ Guben: Gartenbaumschule.
„ Guben: Gartenbauverein.

Pommern.

„ Radekow bei Tantow: Pommerische Obstbaum- und Gehölzschule (Oberförster Schmidt und Hafner).

Posen.

In Posen: Hr. Pflanzungsinspektor Berthold.

Preußen.

„ Danzig: Hr. Rohde.
„ Prenst bei Danzig: Hr. Kries.
„ Tempelberg bei Danzig: Hr. Rotzell.
„ Königsberg: Hrn. Köppe u. Enders.
„ Plicken bei Gumbinnen: Hr. Neubert u. Reichenbach.
„ Alt-Regnit bei Tilsit: Hr. Gutsbesitzer Mack, Provinz.-Baumschule.
„ Naudomatschen, Reg.-B. Gumbinnen: Hr. Baron von Sander (Obergärtner Koch).
„ Tilsit: Hr. D. Evers, Firma Schlender.

Rheinprovinz.

„ Cöln: Königliche Gärtnereiverwaltung der Centralbaumschule.
„ Erkelenz bei Aachen: Hr. Mart. Auhsen.
„ Engers bei Neuwied: Landesbaumschule (Garteninspektor Weihe).
„ Hossenhaus bei Solingen: Hr. Rubens, Lehrer und Gutsbesitzer.
„ Wasserburg bei Kleve: Königl. Baumschule (Garteninspektor Wolde).
„ Roßkothen bei Essen: Hr. Wilhelm Krampen.

Sachsen.

* „ Alt-Haldensleben: Hr. Nathusius.
„ Barleben bei Magdeburg: Hr. Ed. Rasch.
„ Erfurt: Hr. Ludwig Kolbe (Rebengarten).

*

In Erfurt: Hr. Alfred Topf.
„ Halle: Hr. Röder.
„ „ Hr. Krause.
„ Kannwurf bei Kindelbrück (bei Weisensee Pr.): Hr. August Zitzling.
„ Mannsfeld: Hr. J. Lehmann.
„ Mülverstedt bei Langensalza: Hr. Friedrich Günther.
„ Quedlinburg: Hr. A. Keilholz.
„ Schulpforte bei Naumburg: Hr. Oberamtmann Jäger.
„ Seebach bei Mühlhausen: Hr. Baron von Berlepsch.
„ Wernigerode bei Nordhausen: Hr. Hofgärtner Kunike.
„ Windehausen bei Nordhausen: Hr. Pastor Steiger.

Schlesien.

„ Breslau: Hr. Ed. Breiter.
„ „ Hr. Eistert.
„ „ Hr. Krauspe.
„ „ Hr. Eduard Mohnhaupt.
„ „ Hr. Jul. Mohnhaupt.
„ „ Hr. J. G. Pohl (Gerh. Erkel).
„ „ Hr. Turnlehrer Rödelius.
„ Falkenberg in Oberschlesien: Hr. Plasel.
„ Görlitz: Hr. Carl Richtsteig (Gewerbebaumschule).
„ Grünberg: Gewerbe- und Gartenverein.
„ Gräfenort bei Habelschwerdt: Hr. C. Peisker.
„ Jauer: Hr. Hanke.
„ Neumarkt: Hr. Mohnhaupt.
„ Oels: Hr. Rendant Klose.
„ Schweidnitz: Hr. Wagner.

Westphalen.

„ Münster: Hr. Revermann.
„ Paderborn: Hr. Georg Rölding.

Königreich Sachsen.

In Dresden: Hr. Himmelsstoß.
„ Dresden: Königl. Baumschule des großen Gartens.
„ Dresden: Hrn. E. u. W. Maibier
„ Leipzig: Hr. Fr. Mönch.
„ Leipzig: Hr. Apotheker Neubert (Rebenschule).
„ Leipzig: Hr. Friedr. Nienhagen (i. Fregeschen Garten).
„ Leipzig: Hr. Rathsgärtner Siebeck.
„ Leipzig: Hr. C. F. Tube im Löhr'schen Garten.
„ Leipzig: Hr. C. Wagner.

Herz. Sachsen.

„ Altenburg: Hr. Gustav Bretschneider.
„ Altenburg: Joh. Jakob Kunze's Wittwe.
„ Altenburg: Hr. Louis Kunze.
„ Gotha: Gartenbauverein (Gärtner Barth).
„ Gotha: Hrn. Menz u. Sohn.
„ Gotha: Hr. W. Müller.
„ Jena: Hr. Heinrich Maurer (Beerenobst).
„ Hummelshain bei Weimar: Hr. Schloßgärtner Köhler.
* „ Marienhöhe bei Weimar: Großh. Centralbaumschule.

Schwarzburg.

„ Arnstadt: Hr. Möhring.
„ Sondershausen: Landesbaumschule.

Würtemberg.

„ Hohenheim: Königl. Obstbaumschule (Garteninspektor Lucas).

Schweiz.

„ Zürich: Hr. Höbel.